Marketing

Die Einführung mit Übungen

Bei Pearson Studium werden nur Bücher veröffentlicht, die wissenschaftliche Lehrinhalte durch eine Vielzahl von Fallstudien, Beispielen und Übungen veranschaulichen. Wir bringen moderne Gestaltung, wohlüberlegte Didaktik und besonders qualifizierte Autoren zusammen, um Studenten zeitgemäße Lehrbücher zu bieten. Sie finden in unseren Büchern den Prüfungsstoff in direktem Bezug zur Praxis und späterem Berufsleben.

Bisher sind im wirtschaftswissenschaftlichen Lehrbuchprogramm folgende Titel erschienen:

VWL

Blanchard/Illing (2003): *Makroökonomie, 3. Auflage*

Bofinger (2003): *Grundzüge der Volkswirtschaft*

Forster/Klüh/Sauer (2004): *Übungen zur Makroökonomie*

Krugman/Obstfeld (2003): *Internationale Wirtschaft, 6. Auflage*

Pindyck/Rubinfeld (2003): *Mikroökonomie, 5. Auflage*

BWL

Albaum et al. (2001): *Internationales Marketing und Exportmanagement*

Chaffey et al. (2001): *Internet-Marketing*

Fill (2001): *Marketingkommunikation*

Kotler et al. (2002): *Grundlagen des Marketing, 3. Auflage*

Möller/Hüfner (2004): *Betriebswirtschaftliches Rechnungswesen*

Solomon et al. (2001): *Konsumentenverhalten*

Spoun/Domnik (2004): *Erfolgreich studieren*

Zantow (2004): *Finanzierung*

Quantitative Verfahren

Hackl (2004): *Einführung in die Ökonometrie*

Moosmüller (2004): *Methoden der empirischen Wirtschaftsforschung*

Schira (2003): *Statistische Methoden der VWL und BWL*

Sydsæter/Hammond (2003): *Mathematik für Wirtschaftswissenschaftler*

Zöfel (2003): *Statistik für Wirtschaftswissenschaftler*

Weitere Informationen zu diesen Titeln und unseren Neuerscheinungen finden Sie unter *www.pearson-studium.de*

Hermann Freter

unter Mitarbeit von Carsten Baumgarth und Marcus Stuhlert

Marketing

Die Einführung mit Übungen

ein Imprint von Pearson Education
München • Boston • San Francisco • Harlow, England
Don Mills, Ontario • Sydney • Mexico City
Madrid • Amsterdam

Bibliografische Information Der Deutschen Bibliothek

Die Deutsche Bibliothek verzeichnet diese Publikation in der Deutschen Nationalbibliografie; detaillierte bibliografische Daten sind im Internet über *http://dnb.ddb.de* abrufbar.

Die Informationen in diesem Buch werden ohne Rücksicht auf einen eventuellen Patentschutz veröffentlicht. Warennamen werden ohne Gewährleistung der freien Verwendbarkeit benutzt. Bei der Zusammenstellung von Texten und Abbildungen wurde mit größter Sorgfalt vorgegangen. Trotzdem können Fehler nicht ausgeschlossen werden. Verlag, Herausgeber und Autoren können für fehlerhafte Angaben und deren Folgen weder eine juristische Verantwortung noch irgendeine Haftung übernehmen. Für Verbesserungsvorschläge und Hinweise auf Fehler sind Verlag und Herausgeber dankbar.

Alle Rechte vorbehalten, auch die der fotomechanischen Wiedergabe und der Speicherung in elektronischen Medien. Die gewerbliche Nutzung der in diesem Produkt gezeigten Modelle und Arbeiten ist nicht zulässig.

Fast alle Produktbezeichnungen und weitere Stichworte und sonstige Angaben, die in diesem Buch verwendet werden, sind als eingetragene Marken geschützt. Da es nicht möglich ist, in allen Fällen zeitnah zu ermitteln, ob ein Markenschutz besteht, wird das ® Symbol in diesem Buch nicht verwendet.

Umwelthinweis:
Dieses Produkt wurde auf chlorfrei gebleichtem Papier gedruckt. Die Einschrumpffolie – zum Schutz vor Verschmutzung – ist aus umweltverträglichem und recyclingfähigem PE-Material.

10 9 8 7 6 5 4 3 2

09 08

ISBN 978-3-8273-7127-0

© 2004 Pearson Studium
ein Imprint der Pearson Education Deutschland GmbH,
Martin-Kollar-Straße 10-12, D-81829 München/Germany
Alle Rechte vorbehalten
www.pearson-studium.de
Lektorat: Mailin Bremer, mbremer@pearson.de
Korrektorat: Lehrstuhl für Marketing, Universität Siegen
Einbandgestaltung: adesso 21, Thomas Arlt, München
Herstellung: Elisabeth Prümm, epruemm@pearson.de
Satz: mediaService, Siegen (www.media-service.tv)
Druck und Verarbeitung: Graficas, Cems

Printed in Spain

Inhaltsübersicht

	Vorwort	9
Teil A	**Grundlagen des Marketing**	**11**
Kapitel 1	Marketing als marktorientierte Unternehmensführung	13
Kapitel 2	Absatzmärkte	19
Kapitel 3	Marketing-Entscheidungen	29
Kapitel 4	Informationsbeschaffung und -verarbeitung	41
Teil B	**Marketing-Mix**	**55**
Kapitel 5	Leistungspolitik	57
Kapitel 6	Preis- und Konditionenpolitik	99
Kapitel 7	Kommunikationspolitik	127
Kapitel 8	Distributionspolitik	171
Teil C	**Koordination der Marketing-Entscheidungen**	**195**
Kapitel 9	Abstimmung der Marketing-Instrumente	197
Kapitel 10	Marketing-Organisation	201
	Klausuraufgaben	211
	Literaturverzeichnis	225
	Unternehmens- und Markenverzeichnis	235
	Sachregister	237

Inhaltsverzeichnis

Vorwort   9

Teil A Grundlagen des Marketing   11

Kapitel 1 Marketing als marktorientierte Unternehmensführung   13

1.1 Stellung des Marketing   13
1.2 Merkmale und Aufgaben des Marketing   16

Kapitel 2 Absatzmärkte   19

2.1 Begriff Absatzmarkt   19
2.2 Abgrenzung relevanter Märkte   20
2.3 Klassifikation von Märkten und Marktleistungen   21
2.4 Marktteilnehmer   25

Kapitel 3 Marketing-Entscheidungen   29

3.1 Ergebnismatrix als Ausgangspunkt   29
3.2 Marketing-Situation   34
3.3 Marketing-Ziele   35
3.4 Marketing-Instrumente   35
3.5 Marktreaktionen   37

Kapitel 4 Informationsbeschaffung und -verarbeitung   41

4.1 Marketing-Forschung   41
4.2 Markt- und Absatzprognosen   49

Teil B Marketing-Mix   55

Kapitel 5 Leistungspolitik   57

5.1 Ziele der Leistungspolitik   59
5.2 Leistungspolitische Strategien   59
5.3 Leistungspolitische Maßnahmen   66
5.4 Informationsbeschaffung und -verarbeitung   78

Kapitel 6 Preis- und Konditionenpolitik   99

6.1 Ziele der Preis- und Konditionenpolitik   101
6.2 Preispolitische Strategien   101
6.3 Preis- und rabattpolitische Maßnahmen   105
6.4 Informationsbeschaffung und -verarbeitung   120

Kapitel 7	Kommunikationspolitik	127
7.1	Ziele der Kommunikationspolitik	130
7.2	Kommunikationspolitische Strategien	131
7.3	Kommunikationspolitische Maßnahmen	133
7.4	Informationsbeschaffung und -verarbeitung	154

Kapitel 8	Distributionspolitik	171
8.1	Ziele der Distributionspolitik	173
8.2	Distributionspolitische Strategien	173
8.3	Distributionspolitische Maßnahmen	184
8.4	Informationsbeschaffung und -verarbeitung	190

Teil C Koordination der Marketing-Entscheidungen   195

Kapitel 9	Abstimmung der Marketing-Instrumente	197
9.1	Integrierte Kommunikation	197
9.2	Marginalanalytisches Marketing-Mix-Modell	199

Kapitel 10	Marketing-Organisation	201
10.1	Integration der Marketing-Funktion in die Unternehmensorganisation	202
10.2	Organisation der Marketing-Funktion	203

	Klausuraufgaben	211
	Literaturverzeichnis	225
	Unternehmens- und Markenverzeichnis	235
	Sachregister	237

Vorwort

Das vorliegende Buch richtet sich an Studierende, die im Grundstudium die einführende betriebswirtschaftliche Veranstaltung Marketing (bzw. Absatz) besuchen. Es handelt sich um eine Einführung in das Marketing, die in einem Semester abgehandelt wird, und nicht um ein das gesamte Studium begleitendes Nachschlagewerk; der Inhalt und begrenzte Seitenumfang sind darauf abgestellt. Der Text baut auf den Erfahrungen auf, die bei den bisherigen Angeboten dieser Veranstaltung gewonnen wurden.

Das Buch gliedert sich in drei große Teile: Im Teil A werden die **Grundlagen des Marketing** dargestellt, auf dem die weiteren Ausführungen aufbauen. Teil B umfasst die **vier P's**: Product (Leistungspolitik), Price (Preis- und Konditionenpolitik), Promotion (Kommunikationspolitik) und Place (Distributionspolitik). Teil C beschäftigt sich mit der **Koordination der Marketing-Entscheidungen**.

Inhaltlich musste stets zwischen der Breite und Tiefe des Stoffes abgewogen werden. Das Ergebnis stellt einen Kompromiss dar. Es wird ein Überblick über relevante Entscheidungstatbestände gegeben, und punktuell finden Vertiefungen statt. Die Ausführungen zu den vier P's im Teil B dieses Buches gliedern sich jeweils in die Unterpunkte

1. **Ziele,**

2. **Strategien,**

3. **Maßnahmen sowie**

4. **Informationsbeschaffung und -verarbeitung.**

Der letzte Punkt vertieft zugleich besonders klausurrelevante methodische Aspekte (Techniken, Methoden, Kennzahlen, Modelle). Von der wissenschaftlichen Orientierung her baut das Buch auf dem entscheidungsorientierten Management-Ansatz auf. Die Studierenden sollen sich mit Marketing-Entscheidungen auseinandersetzen. Der starken verhaltenswissenschaftlichen Orientierung des Marketing wird am Rande Rechnung getragen.

Die **Klausurvorbereitung** wird einerseits durch Aufgaben am Ende der Kapitel erleichtert. Die Wiederholungs- und Vertiefungsaufgaben entstammen zu einem großen Teil bisher gestellten Klausuraufgaben. Andererseits verdeutlichen die Klausuren nach dem letzten Kapitel, welche Anforderungen sich im Rahmen einstündiger Klausuren nach dem Leistungspunktesystem ergeben. Teilweise handelt es sich dabei um reine Wissensfragen („Was versteht man unter …"). Daneben geht es um Diskussions-, Analyse- und Rechenaufgaben sowie um Mini-Fallstudien.

Als **durchgängiges Praxisbeispiel** wurde das Sportartikelunternehmen **Adidas-Salomon AG** ausgewählt, dessen Produkte bei den Studierenden bekannt sein dürften. Darüber hinaus soll eine Vielzahl von Beispielen den Praxisbezug des Buches vertiefen.

Das Buch kann in einem Semester bearbeitet werden. Es mag im Einzelfall empfehlenswert sein, auf vertiefende Literaturquellen zurückzugreifen (insbesondere Meffert 2000, darüber hinaus Kotler/Bliemel 1999, Nieschlag/Dichtl/Hörschgen 2002 und Weis 2004). Die kompakte Darstellung des Textes kann dazu führen, dass der Studierende den Text durchliest und glaubt, ihn verstanden zu haben. Eine Vorbereitung von Klausuren setzt aber voraus, die Aufgaben am Ende eines jeden Kapitels durchgearbeitet zu haben, am besten schriftlich! Diese Aufgaben zwingen zu einer intensiven Auseinandersetzung mit dem Stoff.

An der Erstellung dieses Buches, das auf entsprechenden Vorlesungsunterlagen beruht, haben meine Mitarbeiter einen ganz wesentlichen Anteil. Mein besonderer Dank gilt Herrn Priv.-Doz. Dr. Carsten Baumgarth, der die Kapitel Leistungspolitik und Koordination der Marketing-Entscheidungen sehr kreativ bearbeitet und die Konzeption des Buches mit geprägt hat, sowie Herrn Dipl.-Wirt.-Ing. Marcus Stuhlert, der die Kapitel zur Preis- und Konditionenpolitik sowie zur Distributionspolitik bearbeitet hat. Mein Dank gilt ferner Frau Dipl.-Kffr. Ursula Hansjosten für die Übernahme der umfangreichen redaktionellen Arbeiten sowie der Koordination der Texte und Abbildungen. Darüber hinaus waren meine Sekretärin, Frau Beate Ohrendorf-Weiß, meine Mitarbeiterinnen, Frau Dipl.-Kffr. Sandra Feldmann und Frau Dipl.-Kffr. Kerstin Schuck, sowie viele studentische Hilfskräfte und ehemalige Mitarbeiter mit Teilaufgaben betraut.

Siegen, im Juli 2004   Hermann Freter

Teil A
Grundlagen des Marketing

Die ADIDAS-SALOMON AG mit Sitz in Herzogenaurach ist nach NIKE der zweit-größte Sportartikelhersteller der Welt, in Europa der größte Hersteller. Im Geschäftsjahr 2003 erzielte das Unternehmen mit 13.542 Mitarbeitern einen Umsatz von 6,267 Mrd. €. Das langfristige Unternehmensziel lautet, wieder Weltmarktführer zu werden („der beste Sportartikelhersteller der Welt"), d.h. die Firma NIKE zu überholen, die in 2003 ca. 10,7 Mrd. € Umsatz erzielt hat. ADIDAS-SALOMON ist ein deutscher Global Player. Das langfristige Ziel setzt voraus, NIKE im größten Sportartikelmarkt der Welt, den USA, zu überholen. 54 % des Umsatzes wurden in Europa erreicht, 25 % in Nordamerika, 18 % in Asien und 3 % in Lateinamerika. Der Umsatz verteilt sich folgendermaßen auf die drei Marken, unter denen weitere Submarken geführt werden: ADIDAS 79 %, SALOMON 11 % und TAYLORMADE-ADIDAS Golf 10 % (vgl. Abb. A.1). ADIDAS hat einen geschätzten Weltmarktanteil von 15 %.

Marken/ Divisionen Eigenschaften	adidas Sport Style	adidas Sport Heritage	adidas Sport Performance	Salomon	TaylorMade-adidas Golf
Produktportfolio (Logos)	adidas	adidas	adidas	SALOMON MAVIC BONFIRE ARC'TERYX CLICHé	TaylorMade adidas MAXFLI
Zielgruppe	Modebewusste Konsumenten	Sport-Lifestyle-Konsumenten	Leistungsorientierte Sportler	Individual-sportler	Golfer
Anteil am Konzernumsatz	79 %			11 %	10 %
Anzahl der Mitarbeiter	9.547			2.829	1.166

Abbildung A.1: **Divisionen des Unternehmens ADIDAS**

Der Gründer des Unternehmens, **Adi Das**sler, starb 1978. Zu diesem Zeitpunkt war das Unternehmen Weltmarktführer. Doch 1982 wurde es von einem Neuling überholt, NIKE. ADIDAS hatte weltweite Trends wie Jogging und Aerobic verschlafen. Der Sportschuh wird zum Fashion-Produkt. Das Marketing von NIKE schlägt die Technologie von ADIDAS. 1990 wurde das Unternehmen an den Franzosen Bernhard Tapie verkauft.

1992 ist das Unternehmen fast konkursreif. 1993 kommt der Franzose Robert Louis-Dreyfus, der den Marketing-Etat verdoppelt und einen Turnaround einleitet. Es beginnt eine große Markenschlacht. 1995 geht ADIDAS an die Börse; der Umsatz beträgt 1,8 Mrd. €. 1997 wird der Skihersteller SALOMON für 1,4 Mrd. US$ gekauft. Der Umsatz steigt 1998 auf knapp 5 Mrd. €. ADIDAS-SALOMON besitzt ca. 100 Tochtergesellschaften und lässt zugleich weltweit produzieren.

ADIDAS ist ein typisches Markenartikelunternehmen, das mit einer Vielzahl von Marken (ADIDAS, SALOMON und TAYLORMADE) und Submarken auf globale Markenkonzepte setzt. ADIDAS-SALOMON spricht mit diesem differenzierten Absatzprogramm Kunden aus vielen Sportarten an, d.h. die Produkte werden in eine Vielzahl von Marktsegmenten positioniert. Das Unternehmen war von Anfang an eng mit Sportlern und Mannschaften verbunden und intensiv im Sport-Sponsoring engagiert.

Quellen: Stamminger 2001, S. 477 ff.; Aaker/Joachimsthaler 2001 a, S. 175 ff.; Adidas 2004; Adidas-Salomon 2004 a; Adidas-Salomon 2004 b; Nike 2004.

Lernziele dieses Teils

Nach der Bearbeitung dieses einleitenden Kapitels sollen Sie die Grundlagen des Marketing kennen, auf denen die folgenden Kapitel aufbauen. Insbesondere sollen Sie Folgendes wissen und können:

- Marketing als duales Führungskonzept erklären können,
- Merkmale der Marketing-Management-Konzeption kennen,
- Beispiele für den Instrumentaleinsatz in Distributionssystemen nennen können,
- Alternative Möglichkeiten der Abgrenzung relevanter Märkte kennen und Marktleistungen klassifizieren können,
- Kriterien zur Beschreibung und Erklärung des Käuferverhaltens kennen,
- Die Strukturelemente einer Marketing-Entscheidung kennen,
- Teilaspekte von Marktreaktionsfunktionen kennen,
- Ausgewählte methodische Aspekte der Informationsgewinnung und -verarbeitung kennen und einzelne Methoden vergleichen können,
- Ausgewählte methodische Aspekte von Markt- und Absatzprognosen kennen und Verfahren vergleichen können.

In diesem einleitenden Kapitel wird zunächst der Begriff Marketing im Sinne einer marktorientierten Unternehmensführung eingeführt. Es folgt eine Analyse ausgewählter Aspekte von Märkten. (Der englische Begriff Marketing wird durch seinen Bestandteil „market" geprägt.) Im Sinne des entscheidungsorientierten Ansatzes der Betriebswirtschaftslehre werden im dritten Unterpunkt die Elemente von Marketing-Entscheidungen dargestellt. Die Ausführungen im Kapitel B nehmen hierauf regelmäßig Bezug. Der vierte Unterpunkt gibt einen Überblick über die Informationsseite des Marketing, nämlich die Marketing-Forschung und Markt- und Absatzprognosen.

Kapitel 1
Marketing als marktorientierte Unternehmensführung

Die Interpretation des Marketing als marktorientierte Unternehmensführung (Unternehmensphilosophie) bedingt zunächst eine Abgrenzung zum Absatz (Verkauf, Vertrieb) als Unternehmensfunktion. Es folgt ein Überblick über die Aufgaben und Merkmale des Marketing.

1.1 Stellung des Marketing

1.1.1 Absatz als Funktionsbereich

Der Absatz stellt neben der Produktion, der Finanzierung, der Beschaffung sowie der Forschung und Entwicklung einen der betrieblichen **Funktionsbereiche** dar (vgl. Abb. A.2). Funktionsbereiche fassen Tätigkeiten ähnlicher Art zusammen und ermöglichen dadurch eine Spezialisierung der Mitarbeiter. So arbeiten in der F&E Ingenieure und im Außendienst Verkäufer.

Bei dieser Eingliederung steht der Bereich Absatz (Verkauf, Vertrieb) gleichberechtigt neben den anderen Funktionsbereichen. Die Bezeichnungen Verkauf oder Vertrieb verdeutlichen noch stärker, dass bei dieser Interpretation die Aufgabe darin besteht, die produzierten Güter zu verkaufen. Im Rahmen der Wertschöpfungskette werden zunächst die benötigten Produktionsfaktoren beschafft, dann in der Produktion zu Produkten verarbeitet, um schließlich im Absatzbereich verkauft zu werden (Pepels 2002, S. 897 f.).

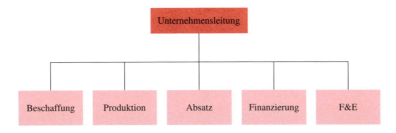

Abbildung A.2: Absatz als betrieblicher Funktionsbereich

Über die Beschaffungs- und Verkaufsabteilung sind die Unternehmen auf zwei Seiten mit Märkten verbunden, nämlich mit Beschaffungs- und Absatzmärkten (vgl. Abb. A.3). Es werden Güter gegen Geld ge- oder verkauft. Diese Transaktionen werden von Informationsflüssen begleitet. Die Informationsbeziehung kann persönlich erfolgen (Verkäufer verhandelt mit Einkäufer), oder sie ist zweigeteilt: Es werden unpersönliche Kommunikationsformen, wie z.B. die Werbung, eingesetzt, um potenzielle Kunden v. a. auf Massenmärkten zu bearbeiten. Die Rückinformation erfolgt durch die Marktforschung, welche dem Unternehmen Informationen über die Marktteilnehmer zur Verfügung stellt.

Es bestehen jeweils drei **Typen von Transaktionen** (Hempelmann 1995, S. 744 f.):

- Güterbeziehungen (Produkte und Dienstleistungen),
- Finanzbeziehungen (Geld),
- Informationsbeziehungen (Informationen).

Innerhalb des Unternehmens finden ebenfalls Güter- und Informationsprozesse statt. Im Rahmen dieses Buches steht der Absatzmarkt im Mittelpunkt. Leistungen werden gegen ein Entgelt verkauft.

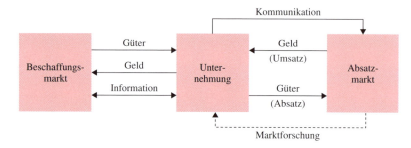

Abbildung A.3: **Marktbeziehungen eines Unternehmens**

In marktwirtschaftlichen Systemen kann eine Unternehmung auf Dauer nur existieren, wenn sie durch Bedürfnisbefriedigung bei Abnehmern Umsätze erzielt, welche die Kosten decken. Vielfach stellt der Markt einen **Engpassfaktor** dar, d.h. die Möglichkeiten der Beschaffung, Produktion und Finanzierung werden durch die Absatzmöglichkeiten begrenzt. Die Unternehmensplanung hat sich in diesem Fall am Engpassfaktor Absatz auszurichten (Böcker/Helm 2003, S. 29). Die Planungsreihenfolge lautet:

$$\text{Absatz} \Rightarrow \text{Produktion} \Rightarrow \text{Beschaffung}$$

Bei Einzelfertigung findet sogar erst der Verkauf statt, bevor eingekauft und produziert werden kann. Bei kleinen und mittleren Unternehmen stellt dagegen häufig die Finanzierung einen Engpasssektor dar.

1.1.2 Begriff Marketing

In den letzten Jahrzehnten hat sich der Begriff Marketing an Stelle des Begriffs Absatz durchgesetzt. Es soll zwischen drei Interpretationen dieses Begriffes unterschieden werden (Meffert 2000, S. 8 ff.). Die klassische Interpretation ist eng mit dem Begriff Absatz verbunden:

1. Marketing beinhaltet die Planung, Koordination und Kontrolle aller auf die Absatzmärkte gerichteten Unternehmensaktivitäten.

Insbesondere wenn der Absatz den Engpassfaktor darstellt, folgt eine größere Bedeutung des Marketing für das Gesamtunternehmen:

2. Marketing beinhaltet die bewusst marktorientierte Führung des gesamten Unternehmens.

In diesem Zusammenhang bedeutet Marketing tatsächlich mehr als nur die Funktion der Leistungsverwertung (Absatz) im Sinne einer gleichberechtigten Linieninstanz (vgl. Abb. A.2). Marketing wird als eine **Unternehmensphilosophie** verstanden (vgl. Abb. A.4). Diese Interpretation stellt darauf ab, dass der Erfolg eines Unternehmens davon abhängt, auf Absatzmärkten Güter zu verkaufen (Froböse/Kaapke 2003, S. 11). Dieser Erfolg hängt aber nicht nur von der Abteilung Vertrieb ab. Auch die anderen Funktionsbereiche beeinflussen den Absatzmarkt. In der F&E werden z.B. die Produkte entwickelt, mit denen eine Unternehmung in der Zukunft erfolgreich sein will. Die Produktion beeinflusst die Qualität der Produkte und einen Großteil der Kosten und damit indirekt auch den zu fordernden Absatzpreis. Auch der Einkauf ist teilweise über die Qualität der eingekauften Rohstoffe und Teile für die Qualität der Endprodukte verantwortlich.

Abbildung A.4: **Marketing als duales Führungskonzept**

Eine **gleichberechtigte** Abteilung Marketing kann den anderen Abteilungen aber keine Anweisungen geben. So stellt sich die Frage nach einer marktorientierten Unternehmensführung. Reicht es aus, wenn die Unternehmensleitung marktorientiert ist und die einzelnen Funktionsabteilungen entsprechend koordiniert?

Zur Organisation der marktorientierten Unternehmensführung vgl. Kapitel 10.

Die gleichzeitige Betrachtung beider Interpretationen, d.h. Marketing als gleichberechtigte Linieninstanz und als Unternehmensphilosophie, wird auch als „**duales Führungskonzept**" (Meffert 2000, S. 6) bezeichnet. Daraus ergibt sich bereits die Problematik, diese Perspektive organisatorisch zu verankern (Philosophie versus Organisation).

Eine dritte Interpretation des Marketing stellt stärker auf **nicht kommerzielle** Aspekte ab (Andreasen 2003, S. 7):

3. Marketing umfasst alle menschlichen Aktivitäten die darauf abzielen, Austauschprozesse zu erleichtern und durchzuführen.

Das betrifft z.B. nicht-kommerzielle Institutionen, wie Universitäten, Parteien und Kirchen. Im Sinne der dritten Interpretation kann man auch im privaten Bereich Marketing betreiben, z.B. bei den Bemühungen, einen Lebenspartner zu finden!

1.2 Merkmale und Aufgaben des Marketing

Für die **Management-Konzeption** des Marketing lassen sich **sieben Merkmale** hervorheben (Meffert 2000, S. 8 f.):

- Die bewusste Absatz- und Kundenorientierung aller Unternehmensbereiche. Nicht das Produkt, sondern die Probleme, Wünsche und Bedürfnisse aktueller und potenzieller Kunden stehen am Anfang der Überlegungen (**Philosophieaspekt**: „to live with the customer") (Bruhn 2003).

- Damit eng verbunden ist die Erfassung und Beobachtung der relevanten Umwelt, insbesondere des Verhaltens der Marktteilnehmer (**Verhaltensaspekt**) (vgl. dazu Punkt A 2.4).

- Die systematische Marktsuche, Markterschließung und Markterhaltung. Hierzu gehört die planmäßige Erforschung des Marktes als Voraussetzung für kundengerechtes Verhalten (**Informationsaspekt**) (vgl. dazu Punkt A 4.1).

- Langfristige Festlegung von zu bearbeitenden Märkten und die Art der Bearbeitung (**Strategieaspekt**) (vgl. dazu die jeweiligen Punkte B 5.2, 6.2, 7.2 und 8.2)

- Einsatz von Marketing-Instrumenten zur Marktbearbeitung (**Aktionsaspekt**) (vgl. dazu die 4 P's in den Unterpunkten von Teil B).

- Die Anwendung des Prinzips der differenzierten Marktbearbeitung. Der Gesamtmarkt jeder Unternehmung ist nach bestimmten Kriterien zu zerlegen. Sie bilden die Grundlage für eine segmentspezifische Marktbearbeitung (**Segmentierungsaspekt**) (vgl. dazu Punkt B 7.3.1.2).

- Ganzheitliche Betrachtung aller Zusammenhänge und die Koordination aller marktgerichteten Unternehmeraktivitäten, d.h. die organisatorische Verankerung des Marketing-Konzepts innerhalb der Unternehmensorganisation (**Koordinationsaspekt**) (vgl. dazu Teil C).

Zu diesem siebten Merkmal zählt auch die **Koordination** von **Marketing-Maßnahmen** in **Distributionssystemen** (Ahlert 1995, S. 499 ff.). Beim indirekten Vertrieb über den Handel kommt der Koordination der eigenen marktgerichteten Aktivitäten mit denen des Handels eine große Bedeutung zu (vgl. dazu Abb. A.5). Der Hersteller setzt hierbei direkte (1) oder indirekte (2) Endabnehmer gerichtete Aktivitäten ein. Zu den direkten zählen z.B. die Produktpolitik und die Werbung in Publikumszeitschriften. Bei den indirekten Maßnahmen (2) ist der Hersteller auf die Kooperationsbereitschaft des Handels angewiesen, z.B. bei Preisempfehlungen und Verkaufsförderungsmaßnahmen im Handel (vgl. dazu Punkt B 7.3.2). Darüber hinaus richten sich Maßnahmen des Herstellers an den Handel (3), wie z.B. Handelswerbung und Konditionen (vgl. dazu Punkt B 8.2.2). Schließlich setzt der (Einzel-) Handel seinerseits Marketing-Instrumente zur Bearbeitung der Endabnehmer ein (4), z.B. die Sortimentspolitik, persönliche Beratung und die Schaufensterwerbung.

Die Wahrnehmung des Herstellerprodukts wird somit auch von den Maßnahmen des Handels beeinflusst und ist im Rahmen eines **vertikalen Marketing** abzustimmen. Hier wird vereinfachend von einem einstufigen indirekten Vertrieb ausgegangen (vgl. dazu Punkt B 8.2.1). Bei mehrstufigen Systemen (z.B. zusätzliche Einschaltung von Großhändlern, Exporteuren und Importeuren) nehmen die Abstimmungsprobleme zu.

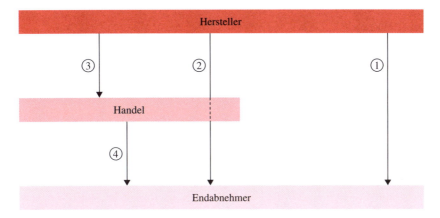

Abbildung A.5: **Marketing im Distributionssystem**

Dieses bewusst einfach gehaltene zweistufige Distributionssystem beeinflusst den Einsatz von Marketing-Instrumenten in mehrfacher Weise:

- Im Rahmen der **Leistungspolitik** ist z.B. zu berücksichtigen, dass der Handel Anforderungen an die Verpackung, die Mengendimensionierungen und die Zahl der Produktvarianten stellt.
- Es findet eine zweistufige **Preisbildung** statt: Der Hersteller legt den Fabrikabgabepreis fest, der Einzelhandel den Endabnehmerpreis.
- In der **Kommunikationspolitik** stellen Handel und Endabnehmer differenziert zu bearbeitende Kundengruppen dar.
- Im Rahmen der **Distributionspolitik** ist z.B. zu klären, wie ein Hersteller Händler zur Mitarbeit gewinnen kann (Push- und Pull-Strategie).

Eng mit den obengenannten Merkmalen des Marketing sind entsprechende Aufgaben verbunden. Inhaltlich lassen sich folgende **Aufgabenbereiche** unterscheiden (Köhler 1995, S. 1636): Informations-, Aktions- und Organisationsseite:

(1) Informationsseite
- Käuferverhalten
- Marktforschung
- Prognosen

(2) Aktionsseite
- Leistungspolitik
- Preis-/Konditionenpolitik
- Kommunikationspolitik
- Distributionspolitik

(3) Organisationsseite
- Organisatorische Stellen
- Zuständigkeiten
- Koordinationsmechanismen

Im Mittelpunkt dieses Buches steht dabei die Aktionsseite im Sinne von Entscheidungen über den Einsatz der Marketing-Instrumente. Die Unterpunkte von Teil B sind nach den vier Instrumentalbereichen gegliedert. Die Informationsseite wird in diesem Kapitel unter Punkt 4 kurz dargestellt und in jeweils einem Unterpunkt bei den Marketing-Instrumenten vertieft. Die Organisationsseite wird im abschließenden Teil C angesprochen.

Das Marketing lässt sich als **Management-Prozess** mit folgenden Phasen kennzeichnen: Situationsanalyse, Prognose, Zielfestlegung, strategische und operative Planung sowie Realisation und Kontrolle (vgl. Abb. A.6).

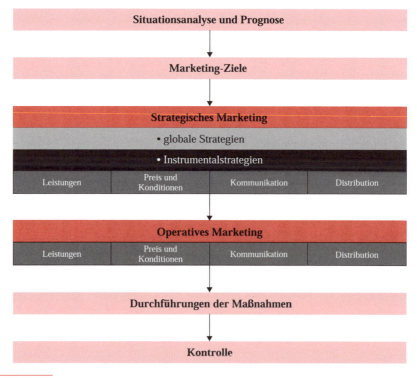

Abbildung A.6: Marketing als Management-Prozess

Kapitel
2 Absatzmärkte

Im englischsprachigen Begriff Marketing ist der Begriff „market" enthalten. Märkte stehen im Mittelpunkt des Marketing. Wegen der Vielfältigkeit der Märkte bestehen Probleme, theoretische Aussagen abzuleiten, die für alle Märkte gelten. Deswegen gibt es viele Versuche, den Begriff Absatzmarkt zu definieren, relevante Märkte abzugrenzen sowie Märkte und Marktleistungen zu klassifizieren. Eine wichtige Rolle spielen die Marktteilnehmer, wobei im Folgenden auf die Kaufentscheidungen von Konsumenten und Unternehmen Bezug genommen wird.

Das **Verhalten von Käufern** auf Absatzmärkten kann anhand von sieben Fragen gekennzeichnet werden (Meffert 2000, S. 98):

1. **Was** wird auf dem Markt gekauft? (Kaufobjekt, *z.B. Bier*)

2. **Warum** wird auf dem Markt gekauft? (Kaufmotive, *z.B. Durst*)

3. **Wer** kauft? (Kaufakteure, Träger der Kaufentscheidung, *z.B. Student*)

4. **Wie** wird gekauft? (Kaufentscheidungsprozesse, *z.B. wegen eines Sonderangebots*)

5. **Wie viel** wird gekauft? (Kaufmenge, *z.B. ein Kasten Bier*)

6. **Wo** wird gekauft? (Einkaufsstättenwahl, *z.B. Getränkemarkt*)

7. **Wann** wird gekauft? (*z.B. am Samstag*)

2.1 Begriff Absatzmarkt

Für den Begriff Absatzmarkt lassen sich mehrere Interpretationen unterscheiden:
- Zusammentreffen von Angebot und Nachfrage
- Ökonomischer Ort des Tausches zwischen Anbietern und Nachfragern
  – Wochenmarkt
  – Börse (Parketthandel) vs. virtueller Markt
- Menge der aktuellen und potenziellen Abnehmer

Im Folgenden soll der Absatzmarkt interpretiert werden als (Meffert 2000, S. 36):
- Menge der aktuellen und potenziellen Abnehmer bestimmter Leistungen,
- Menge der aktuellen und potenziellen Mitanbieter dieser Leistungen,
- Beziehungen zwischen diesen Abnehmern und Anbietern.

Hierbei bleibt aber offen, wer potenzieller Abnehmer ist, wer zu den potenziellen Mitanbietern rechnet, wie die Leistungen abzugrenzen sind und welche Beziehungen analysiert werden sollen. Es kommt in jedem Einzelfall darauf an, den relevanten Markt zweckorientiert abzugrenzen. Dabei bestehen mehrere Möglichkeiten.

2.2 Abgrenzung relevanter Märkte

1. Zunächst kann eine Marktabgrenzung nach vier Dimensionen erfolgen, die am Beispiel eines Herstellers von Snowboards problematisiert werden soll:
   – sachliche Abgrenzung:
     Konkurriert das Snowboard mit klassischen Skiern, mit Carving-Skiern, mit Snowbobs, mit Schlitten oder mit anderen Wintersportgeräten?
   – personelle Abgrenzung:
     Welche Altersklasse gehört z.B. zur potenziellen Zielgruppe?
   – räumliche Abgrenzung:
     Werden beispielsweise die Snowboards eines Herstellers lokal, regional, national, auf dem EU-Markt oder auf dem Weltmarkt nachgefragt?
   – zeitliche Abgrenzung:
     Wie lange dauert die Snowboard-Saison? Wann werden neue Snowboards gekauft?

   (*Quelle:* in Anlehnung an Meffert 2000, S. 37)

2. Der relevante Markt lässt sich darüber hinaus durch Bezugnahme auf **produktbezogene Eigenschaften** abgrenzen (Benkenstein 1997, S. 26 ff.):
   – **physisch-technische Ähnlichkeit der Produkte**
     Der relevante Markt umfasst alle Produkte, die sich nach Stoff, Verarbeitung, Form und technischer Gestaltung gleichen.
     Problem: Z.B. gehörten hiernach ein Premiumbier und ein halb so teures normales Bier demselben relevanten Markt an.
   – **Kreuz-Preis-Elastizität (Triffin'scher Koeffizient)** (Benkenstein 1997, S. 27)
     Der relevante Markt umfasst Produkte, zwischen denen die Kreuz-Preis-Elastizität eine gewisse Höhe aufweist. Diese Elastizität ist wie folgt definiert: Wie ändert sich die nachgefragte Menge bei einem Produkt i, wenn der Preis eines Produktes k variiert wird?

$$T = \frac{dx_i}{x_i} : \frac{dp_k}{p_k} \quad (0 < T < \infty)$$

mit: x_i = Menge Produkt i

p_k = Preis Produkt k

Problem: Bei einem allgemeinen Wettbewerb um das frei verfügbare Einkommen gibt es z.B. auch eine positive Kreuz-Preis-Elastizität zwischen einem Fernseher und einer Italienreise.

– **funktionale Ähnlichkeit**
Der relevante Markt umfasst alle Produkte, die das gleiche Grundbedürfnis der Abnehmer bzw. die gleiche Funktion erfüllen.
Problem: In Bezug auf das Informationsbedürfnis würden dann z.B. das Fernsehen, das Radio und eine Zeitung demselben relevanten Markt angehören.

3. Schließlich lassen sich **nachfragerbezogene Ansätze** der Marktabgrenzung anführen (Benkenstein 1997, S. 30 f.):
Problem: In Bezug auf das Informationsbedürfnis würden dann z.B. das Fernsehen, das Radio und eine Zeitung demselben relevanten Markt angehören.

– **subjektive Austauschbarkeit**
Hierbei handelt es sich um Produkte, die vom Verwender generell oder in einer bestimmten Situation als subjektiv austauschbar angesehen werden. Dabei kann der Fall auftreten, dass ein Teil der Verwender zwei Produkte als austauschbar betrachtet, ein anderer Teil dagegen nicht.

– **Konzept der Kundendifferenzierung**
Hiernach gehören Produkte demselben relevanten Markt an, die von den gleichen Kundentypen nachgefragt werden.

Die Vielzahl der dargestellten Ansätze verdeutlicht das Problem, einen relevanten Markt abzugrenzen.

2.3 Klassifikation von Märkten und Marktleistungen

Sowohl bei der Klassifikation von Märkten als auch von Marktleistungen gibt es mehrere Ansätze.

2.3.1 Klassifikation von Märkten

In der Volkswirtschaftslehre werden Märkte in Bezug auf ihren Vollkommenheitsgrad sowie die Zahl und Größe der Marktteilnehmer klassifiziert, im Marketing kommt eine grundsätzliche Unterscheidung in Bezug auf die Art der Käufer hinzu:

■ **Vollkommenheitsgrad des Marktes** (Böcker/Helm 2003, S. 306 f.)

Es lassen sich vollkommene und unvollkommene Märkte unterscheiden. Dem vollkommenen Markt kommt allerdings nur ein hypothetischer Charakter zu. Als vollkommen gilt ein Markt dann, wenn folgende Merkmale gegeben sind, beziehungsweise als unvollkommen, wenn mindestens eines davon nicht vorliegt:

1. Alle Marktteilnehmer handeln nach dem Maximumprinzip, d.h. die Käufer streben nach Nutzenmaximierung, Unternehmer nach Gewinnmaximierung.

2. Es treten keine zeitlichen Verzögerungen bei einer Preisanpassung auf (unendlich große Reaktionsgeschwindigkeit).

3. Sowohl auf der Angebots- als auch auf der Nachfrageseite fehlen Präferenzen in örtlicher, zeitlicher, persönlicher oder sachlicher Sicht (Homogenitätsbedingung).

4. Schließlich herrscht vollkommene Markttransparenz vor, d.h. beide Marktseiten haben stets eine vollkommene Information über Zahl der Marktteilnehmer, die Bedingungen, zu denen sie sich bereit finden, Kaufverträge abzuschließen, die Angebots- und Nachfragemengen usw.

(Bei der Preisbestimmung im Polypol wird verdeutlicht, welche Auswirkungen auf die Preisbildung sich bei einem vollkommenen und einem unvollkommenen Markt ergeben, vgl. Punkt B 6.3.1.3.)

■ **Anzahl und Größe der Anbieter** (Kotler u.a. 2002, S. 616)

Hier sollen in Bezug auf die Anbieterseite folgende drei Hauptmarktformen unterschieden werden:
– Angebotsmonopol (ein Anbieter)
– Angebotspolypol (viele – kleine – Anbieter)
– Angebotsoligopol (wenige – große – Anbieter)

Es wird vereinfachend davon ausgegangen, dass es sich jeweils um viele – kleine – Nachfrager handelt.

■ **Art der Nachfrager (Markttypen)**

Im Marketing hat es sich als zweckmäßig erwiesen, aus der Sicht eines Anbieters folgende „Markttypen" zu unterscheiden, wobei insbesondere auf die jeweiligen Unterschiede beim Kaufverhalten abgestellt wird, d.h. die Art des Kunden und nicht die Art des Produkts steht im Vordergrund:
– Konsumentenmärkte (Business-to-Consumer-Märkte, B2C),
– Produzentenmärkte (Business-to-Business-Märkte, B2B),
– Wiederverkäufermärkte,
– Märkte der öffentlichen Betriebe.

Abb. A.7 vergleicht Konsumenten- und Produzentenmärkte anhand ausgewählter Beurteilungskriterien. Es handelt sich dabei um eine grobe Unterscheidung; in beiden Bereichen ergeben sich weitere Differenzierungen.

Beurteilungskriterien	Markttyp	
	Konsumentenmarkt	Produzentenmarkt
Einkaufsziele	Bedürfnisbefriedigung	ökonomische Ziele
Zahl der Käufer	viele	weniger
Art der Nachfrage	originär	abgeleitet
Volumen pro Kaufbeteiligten	gering	hoch
Zahl der Kaufbeteiligten	wenige	viele
Dauer des Entscheidungsprozesses	kurz	lang

Abbildung A.7: **Vergleich von Konsumenten- und Produzentenmärkten**

Die behandelten Teilaspekte der „Klassifikation von Märkten" zeigen die Probleme auf, einen Absatzmarkt zu definieren. Teilweise wird die Anbieterseite in den Vordergrund gestellt, teilweise die Nachfragerseite.

2.3.2 Klassifikation von Marktleistungen

Es sollen Gruppen von Marktleistungen gebildet werden, die in sich „einheitliche Implikationen für das Marketing besitzen" (Meffert 2000, S. 49).

1. Klassische Einteilung

Nach der Materialität der Leistungen wird zwischen immateriellen Dienstleistungen und materiellen Produkten (Sachgütern) unterschieden. Eine zweite Ebene betrifft die Unterscheidung nach der Art der Käufer in Konsumenten und Unternehmen (vgl. dazu Abb. A.8). Konsum- und Investitionsgüter unterscheiden sich teilweise durch die Eigenschaften der jeweils verkauften Produkte (Käse vs. Maschinen). Hier soll aber darauf abgestellt werden, ob das Gut von Konsumenten oder Organisationen gekauft wird. So kann ein PC sowohl ein Konsum- als auch ein Investitionsgut darstellen, je nachdem ob er von einem Konsumenten oder einem Unternehmen gekauft wird.

	Materialitätsgrad	
Art der Käufer	**Produkt**	**Dienstleistung**
Konsument	Käse	Haarschnitt
Unternehmung	Maschine	Unternehmensberatung

Abbildung A.8: **Klassische Einteilung von Marktleistungen**

Konsum- und Investitionsgüter lassen sich weiter unterteilen:
- Konsumgüter
  - Güter des täglichen Bedarfs (convenience goods),
  - Güter des gehobenen Bedarfs (shopping goods),
  - Spezialitäten (speciality goods).
- Investitionsgüter
  - Rohstoffe,
  - Komponenten,
  - Anlagen.

Neben einer Vielzahl von Marketing-Lehrbüchern, die sich zumeist auf Konsumgüter beziehen, erschienen in den letzten Jahren gesonderte Lehrbücher, die sich auf das Investitionsgüter-Marketing (z.B. Backhaus 2003) und auf das Dienstleistungs-Marketing (z.B. Meffert/Bruhn 2000; Biberstein 2001; Scheuch 2002) beziehen. Daneben finden sich spezielle Veröffentlichungen über einzelne Leistungskategorien, z.B. zum Marketing für Gebrauchsgüter, Banken, Universitäten etc.

2. Leistungstypologien nach zwei Dimensionen

Eine Leistungstypologie lässt sich nach den folgenden zwei Dimensionen erstellen:

- Immaterialitätsgrad des Leistungsergebnisses,
- Integrationsgrad der betrieblichen Leistungsprozesse. Hierbei wird auf die Intensität der Teilnahme des Kunden (des sog. externen Faktors) am „Prozess der Leistungserstellung" Bezug genommen.

Daraus ergeben sich **vier Grundtypen** von Leistungen (vgl. Abb. A.9)

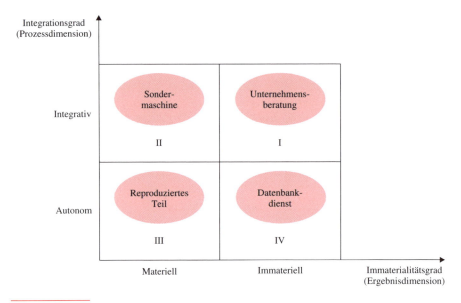

Abbildung A.9: Leistungstypologie
(*Quelle:* Engelhardt u.a. 1992, S. 35)

3. Informationsökonomische Leistungstypologie

Hierbei stehen Kaufprozesse der Konsumenten im Vordergrund, wobei insbesondere auf die wahrgenommene Verhaltensunsicherheit abgestellt wird (Kaufrisiko). Es lassen sich drei Kategorien von Produkteigenschaften unterscheiden:

- **Sucheigenschaften (Inspektionseigenschaften)**
  Diese Eigenschaften können vor dem Kauf überprüft werden; z.B. die Anprobe einer Hose vor dem Kauf.
- **Erfahrungseigenschaften**
  Diese Eigenschaften können erst nach dem Kauf beim Gebrauch des Produktes überprüft werden, z.B. die Bügelfreiheit eines Hemdes nach dem Waschen.
- **Vertrauenseigenschaften**
  Diese Eigenschaften können auch während der Nutzung nicht überprüft werden, z.B. ob ein Lebensmittel wirklich aus einem Öko-Anbau kommt.

Die meisten Güter weisen eine **Kombination** aller drei Eigenschaften auf (vgl. dazu Abb. A.10). Insbesondere die Vermarktung von Produkten mit einem hohen Anteil von Vertrauenseigenschaften weist zusätzliche Probleme auf. Hier kann z.B. durch den Einsatz von Prüf- oder Gütesiegeln versucht werden, Vertrauen zu schaffen.

Produkt	Eigenschaften		
	Inspektions-eigenschaften	Erfahrungs-eigenschaften	Vertrauens-eigenschaften
PKW	geräumiger Kofferraum, Automatik, Design, Metalliclackierung.	Zuverlässigkeit, Benzinverbrauch, Fahrkomfort.	geringe Schadstoff-emission, Aufprallschutz bis 60 km/h.
Deospray	Größe, leicht Handhabbarkeit, ansprechende Aufma-chung.	Hautverträglichkeit, Duft, stoppt Achselnässe, schütz vor Geruchs-bildung.	ohne Tierversuche, FCKW-frei.
Schnell-restaurant	einladende Räumlich-keiten, reichhaltige Speise-karte.	Speisengeschmack, schneller Service, appetitliche Speisen-anrichtung.	umweltgerechte Abfallentsorgung, Beachtung der Hygienevorschrift.

Abbildung A.10: **Eigenschaften von drei Gütern**
(*Quelle:* Kaas/Busch 1996)

2.4 Marktteilnehmer

Es lassen sich folgende wichtige Gruppen von Marktteilnehmern unterscheiden (Kotler u.a. 2002, S. 160 ff.):

- Produzenten,
- Endabnehmer (Produzenten, Konsumenten),
- Absatzmittler (Groß-, Einzelhändler),
- Absatzhelfer (Makler, Kommissionäre, Kreditinstitute, Spediteure, Werbeagenturen, Marktforschungs-Institute),
- sonstige Marktteilnehmer. (Sie beeinflussen Kaufentscheidungen, ohne dass sie evtl. selbst wirtschaftlich am Abschluss interessiert sind, z.B. Architekten, Ärzte, Lehrer, Meinungsführer.)

Im Folgenden soll zwischen dem Kaufverhalten von Konsumenten und Unternehmen unterschieden werden (vgl. Abb. A.11). In beiden Fällen kann die Kaufentscheidung von nur einer Person getroffen werden, oder aber es sind mehrere Personen daran beteiligt:

■ familiärer Kaufentscheid,

■ Einkaufsgremium (buying center).

Bei mehreren Kaufbeteiligten stellt sich die Frage, welche der Beteiligten wie durch den Einsatz der Marketing-Instrumente zu bearbeiten sind. Werden z.B. Herrenparfums von den Ehefrauen gekauft (inklusive Markenwahl!), so könnte man sich in der Werbung auf die Frauen als Zielgruppe konzentrieren und Werbeträger wie Brigitte und Freundin belegen.

Zahl Kaufbeteiligter	Art der Käufer	
	Haushalt	Unternehmung bzw. Institution
Individuum	Kaufentscheidung des Konsumenten	Kaufentscheidung des Repräsentanten
Kollektiv	Kaufentscheidung von Familien	Kaufentscheidung des Einkaufsgremiums (Buying Center)

Abbildung A.11: **Grundtypen von Kaufentscheidungen**
(*Quelle:* Meffert 2000, S. 101)

2.4.1   Kaufentscheidungen von Konsumenten

Zur Optimierung von Marketing-Entscheidungen benötigt das Unternehmen Informationen über kaufrelevante Eigenschaften der Konsumenten sowie die Größe von Märkten und Marktsegmenten. Zur **Erklärung** des Konsumentenverhaltens und zur **Segmentierung** des Marktes werden folgende Kriterien herangezogen (vgl. Abb. A.12):

■ Marketing-Mix bezogene Reaktionskoeffizienten,

■ sozio-demographische Kriterien,

■ psychographische Kriterien,

■ Kriterien des beobachtbaren Einkaufsverhaltens.

Eine besonders hohe Bedeutung kommt der Frage zu, wie die Konsumenten auf den Einsatz der Marketing-Instrumente reagieren. Im Bereich der Preis- und der Kommunikationspolitik spielen z.B. aggregierte Erklärungsansätze der Käuferverhaltens eine Rolle, die davon ausgehen, dass die Konsumenten auf einen Stimulus (z.B. Höhe des Werbebudgets) mit einer Response (z.B. Kauf des Produktes) reagieren. Es handelt sich um einen **Stimulus-Response-Ansatz** (S-R-Ansatz) (vgl. dazu den Punkt 3.5 Marktreaktionsfunktionen und die Werbewirkungskurve in Abb. A.21).

2.4 Markttteilnehmer

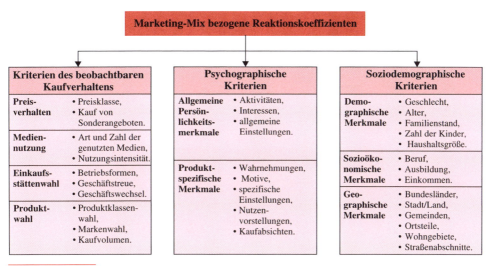

Abbildung A.12: Kaufverhalten relevante Eigenschaften von Konsumenten
(*Quelle:* Freter 1983, S. 46)

Verhaltenswissenschaftliche Ansätze analysieren dagegen häufig das individuelle Verhalten und erfassen zusätzlich nicht beobachtbare „hypothetische Konstrukte", wie z.B. Motive und Einstellungen. Hierbei handelt es sich um **Stimulus-Organismus-Response-Ansätze** (S-O-R) (vgl. Abb. A.13) (Weis 2004, S. 75 ff.). Wichtige psychologische Bestimmungsfaktoren des Konsumentenverhaltens sind z.B. Wahrnehmungen und Einstellungen. Eine Werbung, die den Umsatz positiv beeinflussen soll, setzt voraus, dass zuvor entsprechende psychologische Größen wie Wahrnehmungen, Bekanntheit und Einstellungen positiv beeinflusst wurden (vgl. dazu den Punkt B 7.1 Ziele der Kommunikationspolitik).

Abbildung A.13: S-O-R-Modell des Käuferverhaltens

In der Regel ist es nicht zweckmäßig, sich beim Einsatz der Marketing-Instrumente am „durchschnittlichen" Abnehmer auszurichten. Das Marketing sollte sich vielmehr auf homogene Gruppen von Abnehmern (**Marktsegmente**) beziehen. Im Extremfall stellt jeder Kunde ein „Segment" dar, z.B. bei der individuellen Anfertigung eines Maßanzuges. Segmente lassen sich anhand der Ausprägungen einzelner Eigenschaften bilden (z.B. Alters- oder Einkommenssegmente) oder als Kombination von mehreren Eigenschaften (Typologien).

2.4.2 Kaufentscheidungen von Unternehmen

Das Entscheidungsverhalten industrieller Unternehmen kann im Sinne eines **Drei-Schichten-Modells** erklärt werden (vgl. Abb. A.14):

- Merkmale des Unternehmens,
- Merkmale des Entscheidungskollektivs (buying center),
- Merkmale der am Einkauf beteiligten Personen.

Abbildung A.14: **Bestimmungsfaktoren des Kaufverhaltens von Unternehmen**
(*Quelle:* Gröne 1977, S. 27)

Ebenso wie beim Konsumentenverhalten dienen diese Kriterien zugleich einer Segmentbildung, hier im Investitionsgüterbereich. Ein Hersteller von Elektromotoren kann sich in Bezug auf das Kriterium **Branchenzugehörigkeit** z.B. auf Hersteller von Eisenbahnmodellen konzentrieren und Kleinstmotoren anbieten oder auf Werften und Großmotoren für den Schiffbau anbieten.

In Bezug auf das **Buying Center** ist zu entscheiden, welche am Einkauf beteiligten Personen bearbeitet werden sollen, z.B. ob nur der Einkäufer, nur der Betriebsleiter oder beide durch den Außendienstmitarbeiter anzusprechen sind. Zur medialen Ansprache z.B. der Betriebsleiter ist zu prüfen, über welche Fachzeitschriften diese erreicht werden können.

Kapitel

3 Marketing-Entscheidungen

Dieses Buch basiert auf dem **entscheidungsorientierten Ansatz** der Betriebswirtschafts-lehre. Dahinter steht das pragmatische Wissenschaftsziel, unternehmerische Entschei-dungen, hier im Marketing, zu analysieren und Handlungsempfehlungen zu geben. Eine Entscheidung zu treffen heißt, eine Wahl zwischen Alternativen zu treffen. Es soll diejenige Alternative bestimmt werden, welche zur höchsten Zielerreichung führt, d.h. z.B. den Marktanteil des Unternehmens maximiert. Dabei wird auf die Ergebnismatrix und ihre Elemente Bezug genommen.

3.1 Ergebnismatrix als Ausgangspunkt

Die Strukturelemente einer (Marketing-)Entscheidung lassen sich anhand einer Ergebnis-matrix veranschaulichen. Einige Elemente hängen von der konkreten Planungs-/Entschei-dungssituation ab (vom sog. „Entscheidungsfeld") und stellen für den Planer/Entscheider ein Datum dar (Eisenführ/ Weber 2003, S. 36 ff.):

- die Marketing-**Alternativen** (A_i),
- die **Situationen**/Umweltzustände (S_j). Ggf. können für die zukünftig erwarteten Situa-tionen Wahrscheinlichkeiten (W_j) angegeben werden,
- die Entscheidungs**konsequenzen** E_{ijk} einer Alternative i (in Abhängigkeit von der erwarteten Umweltsituation j).

Hinzu kommen zwei Elemente, die vom Planer/Entscheider abhängen:

- die Marketing-**Ziele** (Z_k),
- **Präferenzen** bzw. eine entsprechende Nutzenfunktion.

Die genannten fünf Elemente ermöglichen die Bestimmung einer optimalen Alternative. Abbildung A.15 führt die fünf Elemente zur Ergebnis-/Entscheidungsmatrix zusammen.

	② Situation S_1		Situation S_2		⑤ Σ
	④ Gewinn	Absatz-menge	Gewinn	Absatz-menge	
Alternative A_1	14	...	6	...	...
①	③	E_{ijk}	...	...	...
Alternative A_2	9	...	12	...	...

Abbildung A.15: **Ergebnis-/Entscheidungsmatrix**

Dabei ist zu beachten, dass in der Matrix nicht irgendwelche Konsequenzen der einzelnen Alternativen stehen. Es handelt es sich vielmehr um die **Zielerreichungsgrade**, d.h. die Konsequenz der Alternative in Bezug auf die vom Planer vorgegebenen Ziele (im Beispiel: G = Gewinn; x = Absatzmenge). Im Folgenden werden vier Fälle näher betrachtet:

1. Fall (Sicherheit, ein Ziel, eine Periode):

Die Alternativen mögen z.B. lauten, einen Preis in Höhe von $p_1 = 3,00$ € (Alternative A_1) oder in Höhe von 2,50 € (Alternative A_2) zu setzen. Diesen Alternativen sind die zugehörigen Konsequenzen (Zielerreichungsgrade, d.h. hier die Auswirkungen auf den Gewinn und die Absatzmenge) zuzuordnen. Verfolgt das Unternehmen nur ein Ziel, z.B. die Gewinnmaximierung, und ist die zukünftige Situation, in der die Preise wirksam werden, bekannt (z.B. Situation S_1), so ist die Alternative A_1 vorzuziehen, da sie mit 14 gegenüber 9 einen höheren Gewinn aufweist. Von einer solchen Situation wird im Kapitel Preisbestimmung ausgegangen (vgl. Punkt B 6.3.1.2).

2. Fall (Unsicherheit, ein Ziel, eine Periode):

Können dagegen mehrere alternative Umweltsituationen eintreten (im Beispiel S_1 oder S_2), so ist A_1 bei der zukünftigen Situation S_1 optimal, A_2 bei der alternativen Umweltsituation S_2. Probleme ergeben sich, wenn man mit der Entscheidung nicht auf das Eintreten der Situation warten kann, sondern sich bereits vorher entscheiden muss. In diesem Fall hat der Entscheidungsträger eine **Risikopräferenz** anzugeben. Bei bekannten Wahrscheinlichkeiten für das Eintreten der Umweltsituationen stellt die Erwartungswertmaximierung eine bekannte Entscheidungsregel dar:

$$\mu_i = \sum_{j=1}^{J} E_{ij} \cdot W_j \rightarrow \max!$$

mit:

E_{ij} = Ergebnisse einer Alternative i für die Umweltsituation j

W_j = Wahrscheinlichkeit für das Eintreten einer Umweltsituation j

i = Alternativen (i = 1,..., I)

j = Umweltsituation (j = 1,..., J)

Für das Beispiel in der Abbildung A.15 lassen sich Gewinnerwartungswerte berechnen (vgl. Abb. A.16). Die Wahrscheinlichkeit für das Eintreten der Umweltsituation S_1 beträgt $W_1 = 0{,}6$; und für S_2 lautet sie $W_2 = 0{,}4$. Die Alternative mit dem höchsten Gewinnerwartungswert wird gewählt (A_1).

Die Entscheidungsregel erlaubt es, die Konsequenzen der Alternativen in Abhängigkeit mehrerer Umweltsituationen zu einem Nutzwert zusammenzufassen. Für den Fall der Wiederholung derselben Problemstellung wird die Zielerreichung optimiert. Bei einer einmaligen Entscheidung wird im obigen Beispiel nicht die optimale Alternative gewählt, wenn tatsächlich die Situation S_2 eintritt, da hier die Alternative A_2 mit 12 gegenüber 6 GE Gewinn vorzuziehen ist.

Alternativen A_i	Umweltsituationen S_j Eintrittswahrscheinlichkeiten für die Situationen W_j				Erwartungs- wert μ_i
	S_1 $W_1 = 0{,}6$		S_2 $W_2 = 0{,}4$		
	E_{ij}	$E_{ij} \cdot W_j$	E_{ij}	$E_{ij} \cdot W_j$	$\sum\limits_{j=1}^{J} E_{ij} \cdot W_j$
A_1	14	8,4	6	2,4	10,8
A_2	9	5,4	12	4,8	9,8

Abbildung A.16: **Berücksichtigung der Sicherheitspräferenz in der Ergebnis-/Entscheidungsmatrix mittels Erwartungswerten**

3. Fall (Sicherheit, mehrere Ziele, eine Periode):

Werden mehrere Ziele gleichzeitig verfolgt, so hat der Entscheidungsträger **Zielpräferenzen** anzugeben. Die Ziele mögen z.B. Gewinn- und Absatzmengenmaximierung lauten. Im Fall der Sicherheit müssen die Konsequenzen einer Alternative in Bezug auf den Gewinn (G) und die Absatzmenge (x) zu einer Nutzengröße verrechnet werden Die Ziele können z.B. nach ihrer Bedeutung B gewichtet werden, oder für ein Ziel ist ein Mindestwert vorzugeben und der Wert für das andere Ziel wird maximiert.

Bei konstanten Gewichtungswerten berechnet sich der Nutzen (N) einer Alternative (vgl. Abb. A.17), nach folgender Formel:

$$N_i = \sum_{k=1}^{K} E_{ik} \cdot B_k \rightarrow \max!$$

mit: B_k = Gewicht des Zieles k (k = 1,..., K)

Alternativen A_i	Ziele$_k$ und Zielgewichte B_k				Nutzenwerte
	Gewinn G $B_1 = 1{,}0$		Absatzmenge x $B_2 = 0{,}5$		
	E_{ik}	$E_{ik} \cdot B_k$	E_{ik}	$E_{ik} \cdot B_k$	$\sum_{k=1}^{K} E_{ik} \cdot B_k$
A_1	14	14	6	3	17
A_2	9	9	12	6	15

Abbildung A.17: Ergebnis-/Entscheidungsmatrix im Fall multipler Marketing-Ziele (konstante Zielgewichte)

Abbildung A.18 stellt die Anwendung dieser Regel zur Berücksichtigung der Zielpräferenz mittels konstanter Gewichtungsfaktoren grafisch dar. Das Beispiel verdeutlicht, dass weder der maximale Gewinn noch die maximale Absatzmenge realisiert werden.

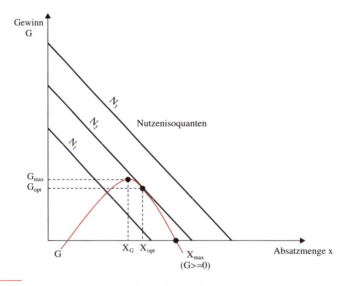

Abbildung A.18: Nutzenisoquanten im Fall multipler Marketing-Ziele

4. Fall (Sicherheit, ein Ziel, mehrere Perioden):

Eine weitere Größe der Ergebnismatrix stellen die häufig über die Zeit verteilten Konsequenzen einer Alternativen dar. Z.B. führt eine Investition in ein neues Produkt zu mehrperiodischen Einzahlungsüberschüssen. Der Entscheidungsträger hat hier zusätzlich **Zeitpräferenzen** anzugeben. Auch hier werden die einzelnen Werte pro Alternative zu einem Nutzwert zusammengefasst, um eine Entscheidung treffen zu können. Das soll am Beispiel zweier alternativer Neuprodukteinführungen (A_1 und A_2) verdeutlicht werden.

Alternative	Zeitpunkt		
	t_0	t_1	t_2
A_1	-10	$+12$	0
A_2	-10	0	$+15$

A_1 bedingt eine Investition von 10 und erbringt einen Einzahlungsüberschuss von 12 nach einer Periode. A_2 erbringt zwar einen höheren Überschuss in Höhe von 15, aber erst eine Periode später. Die Zeitpräferenz lässt sich mittels eines **Diskontierungsfaktors** abbilden, mit dem die Einzahlungsüberschüsse auf die Planungsperiode abgezinst werden (vgl. dazu den Punkt B 5.4.3).

Kritische Würdigung: Obwohl die Ergebnis-/Entscheidungsmatrix als Ausgangspunkt für entscheidungstheoretische Analysen den Fall mehrwertiger Umweltsituationen und den Fall multipler Ziele berücksichtigen kann, sind ihr Grenzen gesetzt:

- Bei vielen Marketing-Entscheidungen stehen die Entscheidungs**alternativen** nicht fest, sondern stellen das Ergebnis von zeit- und kostenintensiven Suchprozessen dar (z.B. Neuproduktvarianten, Werbemittelvarianten, Lagerstandorte).

- Die Umwelt**situationen** decken ein sehr breites Feld möglicher Einflussfaktoren auf die Zielerreichung ab (z.B. Verhalten der Wettbewerber, der Absatzmittler und des Staates; Konjunktur, technologische Entwicklungen). Da sich die Umweltsituationen gegenseitig ausschließen müssen, ist eine Großzahl von Situationen zu benennen.

- Für jede Situation müssen dann die **Konsequenzen** der Alternativen prognostiziert werden, und das evtl. jeweils für mehrere Ziele. Bei der Bestimmung der Konsequenzen stößt man bereits für den Fall der Sicherheit schnell an die Grenzen der Prognostizierbarkeit. Das gilt erst recht bei der Berücksichtigung vieler Umweltsituationen.

- Im Marketing treten viele Entscheidungssituationen neu auf. In diesem Fall kann man bei der Schätzung der **Eintrittswahrscheinlichkeiten** nicht auf Erfahrungen zurückgreifen.

- Teilweise lassen sich die Zusammenhänge zwischen Alternativen und ihrer Zielauswirkung in mathematischen Funktionen darstellen. Trotzdem ist es teilweise nicht möglich, ein exaktes **mathematisches Optimum** zu berechnen, und es werden sog. heuristische Lösungsmethoden herangezogen, die aber zu suboptimalen Ergebnissen führen (können).

- Die Matrix unterstellt eine **Unabhängigkeit zwischen Alternativen und Umweltsituationen**. Diese ist aber nicht immer gewährleistet. Z.B. lässt ein relevanter Wettbewerber seinen Preis konstant, wenn das Unternehmen den Preis erhöht, senkt aber den Preis, wenn das Unternehmen den Preis senkt.

- Es wird unterstellt, dass der Entscheidungsträger seine Ziel-, Zeit- und Sicherheitspräferenz explizit machen kann. Die o.g. Verfahren (Erwartungswertmaximierung, Zielgewichtung, Diskontierung) setzen eine **Quantifizierung** voraus.

■ Die **tabellarische Darstellung** kommt rein formal an ihre Grenzen, wenn gleichzeitig mehrere Ziele, mehrere Umweltsituationen und mehrperiodische Ergebnisse berücksichtigt werden sollen.

Die Vielzahl von Problemen verdeutlicht die Grenzen der zunächst so einfach erscheinenden Ergebnis-/Entscheidungsmatrix und damit auch die Grenzen des entscheidungsorientierten Ansatzes.

Aus didaktischen Gründen wird im Folgenden häufig unterstellt, dass die Alternativen und deren Konsequenzen bekannt sind und dass der Fall der Sicherheit bezüglich der Umweltsituation vorliegt.

3.2 Marketing-Situation

Die Ergebnismatrix verdeutlichte, dass die Auswahl einer optimalen Marketing-Alternative auch von der jeweiligen Situation beeinflusst wird. Bei den wichtigsten Komponenten einer Situationsanalyse wird zwischen einer Makro-Umwelt und einer Aufgabenumwelt unterschieden (Meffert 2000, S. 64):

(1) Makro-Umwelt
- Natürliche Umwelt (*z.B. Witterung*),
- Ökonomische Umwelt (*z.B. Konjunktur*),
- Technische Umwelt (*z.B. technischer Fortschritt*),
- Politisch-rechtliche Umwelt (*z.B. Rechtsnormen*),
- Soziokulturelle Umwelt (*z.B. Einfluss der Medien*).

(2) Aufgabenumwelt
- Absatzmärkte (z.B. Handel, Endabnehmer, Absatzhelfer),
- Wettbewerber (aktuelle, potenzielle),
- Beschaffungsmärkte (Güter, Finanzen, Personal).

Da – v. a. strategische – Marketing-Entscheidungen in die Zukunft reichen, hängt deren Wirkung auch von den in der Zukunft herrschenden Umweltsituationen ab. So wird z.B. die Zielerreichung von Energieunternehmen wie RWE stark vom staatlichen Verhalten in der Energie- und Ökopolitik beeinflusst. Wenn unternehmerische Entscheidungen einen längeren Vorlauf benötigen (z.B. Bau eines Kraftwerkes), so sind die Situationen zu prognostizieren, die im Zeitpunkt der Umsetzung der Entscheidung einwirken.

Die Analyse der Marketing-Situation bedingt somit die Beantwortung von zwei Fragen:

1. Von welchen konkreten situativen Kriterien hängt die Wirkung von Alternativen ab? (Die Einwirkung des 11.9.2001 auf die Luftfahrtgesellschaften zeigen die Grenzen solcher Analysen auf.)

2. Wie sind diese Situationsvariablen in der Zukunft ausgeprägt, wenn die Marketing-Maßnahmen umgesetzt werden?

3.3 Marketing-Ziele

Die Marketing-Ziele sind aus den übergeordneten Unternehmenszielen abzuleiten. Teilweise entsprechen sie diesen Zielen, teilweise kommen weitere Ziele hinzu, insbesondere die psychographischen Ziele (vgl. Abb. A.19) (Winkelmann 2002, S. 53 ff.; Weis 2004, S. 27 ff.). Exakterweise müsste jeweils von Zielinhalten gesprochen werden.

Psychographische Ziele	Ökonomische Ziele
Wahrnehmung	Gewinn
Bekanntheit	Umsatz
Wissen	Absatz
Einstellung	Marktanteil
Image	Kosten
Präferenzen	Kapazitätsauslastung

Abbildung A.19: **Marketing-Ziele**

Die Marketing-Instrumente weisen Unterschiede in Bezug auf die Erreichbarkeit einzelner Ziele auf. Deswegen wird zu Beginn eines jeden Kapitels in Teil B auf die besonders relevanten Ziele Bezug genommen.

Die Ziele sind nach **vier Dimensionen** zu operationalisieren (Schneider 1995, S. 1689):

- **Inhalt**: Was wird angestrebt? (*z.B. Umsatz*)
- **Ausmaß**: Wie viel Umsatz wird angestrebt? (*z.B. 10 % Umsatzsteigerung*)
- **Zeitbezug**: Wann soll das Ziel erreicht werden? (*z.B. im Planungsjahr*)
- **Segmentbezug**: Bei wem soll das Ziel erreicht werden? (*z.B. in den USA*)

Teilweise wird auch in diesem Buch mit der „klassischen" Zielformulierung „Gewinnmaximierung" gearbeitet, die allerdings nur auf die Dimensionen Inhalt und Ausmaß Bezug nimmt. Ziele erfüllen neben der Beurteilung von Handlungsalternativen anhand ihres Beitrages zur Zielerreichung (vgl. Punkt A 3.1) weitere Funktionen, z.B. der Motivation von Mitarbeitern, die sich für die Erreichung von Zielen einsetzen sollen, sowie der Leistungsbeurteilung (vgl. dazu den Punkt „Führung des Außendienstes" in Teil B 8.3.1).

3.4 Marketing-Instrumente

Die Vielzahl an Marketing-Instrumenten wird üblicherweise vier Submix-Bereichen zugeordnet (vgl. Abb. A.20), der Leistungs-, Preis- und Konditionen-, Distributions- und Kommunikationspolitik (sog. 4 P's: Product, Price, Place, Promotion):

- Die **Leistungspolitik** bezieht sich auf die Gestaltung aller vom Unternehmen angebotenen Leistungen. Sie wird auch als das „Herz des Marketing" bezeichnet, da sich die anderen Marketing-Instrumente häufig auf die angebotene Leistung beziehen.

- Die **Preis- und Konditionenpolitik** umfasst alle Vereinbarungen über die Gegenleistungen des Kunden (Preise, Rabatte) sowie über die Liefer- und Zahlungsbedingungen.
- Im Rahmen der **Distributionspolitik** wird die Übermittlung der Leistungen vom Hersteller zum Endabnehmer gestaltet, wobei zwischen einer akquisitorischen Distribution (Gestaltung der Absatzkanäle und Einsatz von Außendienstmitarbeitern) und der physischen Distribution (Marketing-Logistik) unterschieden wird.
- Im Mittelpunkt der **Kommunikationspolitik** stehen die Information und die Beeinflussung der Marktteilnehmer.

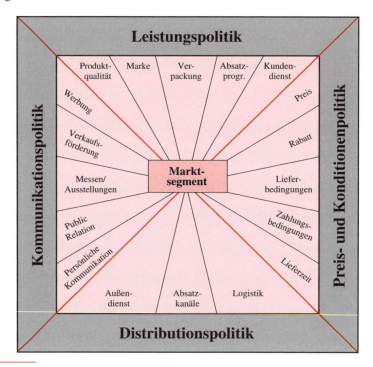

Abbildung A.20: **Marketing-Instrumentarium**

Diese vier Bereiche müssen – im kommerziellen Marketing – eingesetzt werden. Das gilt nicht für die jeweils beispielhaft zugeordneten Instrumente. Diese Zuordnung weist zugleich Probleme auf, da zwischen dem Einsatz der Instrumente Interdependenzen bestehen. So betrifft die Markenpolitik die Leistungs- und Kommunikationspolitik; die persönliche Kommunikation wird vom Außendienst durchgeführt, und die Lieferzeit hängt von der Logistik ab (Froböse/Kaapke 2003, S. 147 f.).

Die beispielhaft genannten Instrumente müssen nicht von allen Unternehmen eingesetzt werden. Z.B. verzichten manche Investitionsgüterunternehmen auf den Einsatz der klassischen Werbung. Wenn ein Instrument eingesetzt wird, stellt sich die Frage nach seiner optimalen Ausprägung, z.B.:
– Werbebudget in Höhe von 2,0 oder 2,5 Mio. €,
– Absatzpreis in Höhe von 1,80 oder 2,00 €?

Gerade das Beispiel der Werbung zeigt, dass es dabei nicht nur um die Höhe des monetären Einsatzes geht (Werbebudget pro Produkt und Jahr in €). Die Wirksamkeit der Werbung hängt ganz wesentlich von qualitativen Faktoren ab, insbesondere von der Gestaltung der Werbemittel.

Dieses Lehrbuch gliedert sich insbesondere in Bezug auf die sukzessive Behandlung der vier P's. Es wird analysiert, wie in den einzelnen Bereichen optimale Entscheidungen getroffen werden können. Erst im Teil C wird auf die notwendige Koordination aller Marketing-Entscheidungen Bezug genommen. Selbst innerhalb der vier Submix-Bereiche der Marketing-Instrumente bestehen erhebliche Interdependenzen, z.B. im Bereich der Kommunikationspolitik. Bei der isolierten Analyse eines Instruments handelt es sich um Ceteris-paribus-Entscheidungen, d.h. der Einsatz der übrigen Instrumente wird als gegeben vorausgesetzt. Diese Vorgehenswiese ist didaktisch sinnvoll, um den Komplexitätsgrad überschaubar zu halten, entspricht allerdings nicht der Problemstellung der Realität. Fallstudien ermöglichen es, die Realität besser abzubilden, geben allerdings aufgrund ihres Einzelfallcharakters keine generell gültigen Antworten.

3.5 Marktreaktionen

Die Marktreaktionen stehen als Ergebnisse in der Ergebnismatrix und beinhalten die Zielwirkung einer Alternative in einer gegebenen Umweltsituation. Die sog. „Gretchen-Frage" lautet: Wie wirkt der Einsatz eines Marketing-Instruments in Bezug auf die Erreichung der Marketing-Ziele? **Marktreaktionsfunktionen** (Steffenhagen 2000, S. 190 ff.; Diller 2002, S. 77 ff.) stellen einen mathematischen Zusammenhang zwischen einer unabhängigen Instrumentalvariablen (z.B. Werbebudget) und einer abhängigen Zielvariablen (z.B. Umsatz) her (vgl. dazu Abb. A.21):

$$\text{Umsatz} = f\,(\text{Werbebudget})$$

Im Beispiel führt eine Steigerung des Werbebudgets von W_1 auf W_2 zu einer Umsatzsteigerung von U_1 auf U_2. Bei einem Verzicht auf Werbung lässt sich ein Umsatz von U_0 erreichen.

Vereinfachend wird davon ausgegangen, dass sich eine Wirkung kausal zurechnen lässt und dass die Zusammenhänge deterministisch sind. Beides ist in der Realität nicht der Fall.

Marktreaktionsfunktionen umfassen mehrere Aspekte:

(1) Abhängige Größe: Marketing-Ziele

- ökonomische,
- psychographische.

Die Marktreaktionsfunktion im obigen Beispiel stellt auf die abhängige Variable Umsatz ab, d.h. auf eine ökonomische Zielgröße.

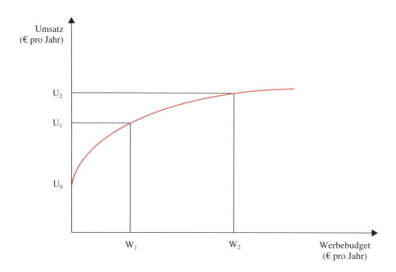

Abbildung A.21: Marktreaktionsfunktion in der Werbung

(2) Unabhängige Größen

- monokausal: Die abhängige Größe wird in Abhängigkeit von nur einer unabhängigen Größe analysiert:

$$\text{Umsatz} = f\,(\text{Werbung})$$

- multikausal: Die abhängige Größe wird in Abhängigkeit von mehrerer unabhängigen Größen analysiert:

$$\text{Umsatz} = f\,(\text{Werbung, Preis, etc.})$$

- Vollständigkeit der unabhängigen Größen:
  alle Marketing-Instrumente,
  Wettbewerbsmaßnahmen,
  sonstige Umwelt, z.B. Konjunktur.

> Die Marktreaktionsfunktion im obigen Beispiel berücksichtigt nur eine unabhängige Variable, nämlich das Werbebudget. Weitere Marketing-Maßnahmen und sonstige den Umsatz beeinflussende Größen werden nicht erfasst. Es handelt sich um eine monokausale Funktion.

(3) Aggregationsgrad

- aggregiert: Es wird die Reaktion des gesamten Marktes (ggf. eines Marktsegments) erfasst.
- disaggregiert: Es wird die individuelle Reaktion erfasst.

Teilweise setzt die Bestimmung einer Gesamtreaktion eine Erfassung und Verrechnung individueller Reaktionen voraus. So ergibt sich der Periodenumsatz für ein Produkt aus der Addition von einzelnen Rechnungen. Beim indirekten Vertrieb handelt es sich dabei um den Umsatz mit Händlern, beim Direktvertrieb um den Umsatz mit Endabnehmern.

Wenn auf einer individuellen Ebene ein psychografisches Marketing-Ziel, wie die Bekanntheit einer Marke, abgebildet werden soll, kann sich eine sog. **Sprungfunktion** ergeben: Das Individuum kennt die Marke oder es kennt sie nicht. Die Kurve konkretisiert, wie viele Werbekontakte notwendig sind, bis der Umworbene die Marke kennt (vgl. Abb. A.22). In diesem Fall fällt eine Aggregation schwieriger. Man gibt üblicherweise an, wie viel Prozent der Kunden die Marke nach einem Kontakt kennen, nach zwei Kontakten usw. (Bekanntheitsgrad).

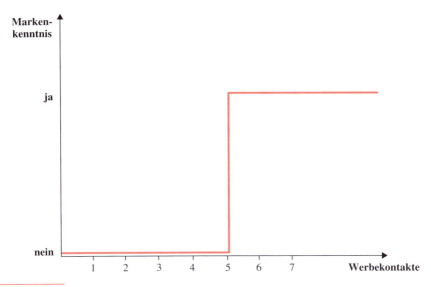

Abbildung A.22: **Individuelle Reaktionsfunktion**

Wenn dieser Umworbene 1 bis 4 Kontakte erhält, ergibt sich keine Wirkung. Bei 5 Kontakten kennt er die Marke (Wirkung = 100 %). Bei 6 und mehr Kontakten kann die Wirkung nicht mehr gesteigert werden.

(4) Zeitaspekt

- statische MRF: $U = f(W)$
- dynamische MRF: $U = f(W_t, W_{t-1}, W_{t-2})$

Die Marktreaktionsfunktion im Beispiel der Abbildung A.21 ist statisch, d.h. der Umsatz der laufenden Planperiode wird nur vom Werbebudget der laufenden Planperiode beeinflusst und nicht von den Werbebudgets der Vorperioden.

(5) Sachliche Interdependenzen

- Limitationalität
 Der Einsatz eines Instruments hängt linear vom Niveau der Zielgröße (z.B. Umsatz oder Absatz) ab.
- (Teilweise) Substitutionalität
 Ein vorgegebener Umsatz kann durch mehrere, alternative Kombinationen der Instrumente erreicht werden.

Bei der Bestimmung der optimalen Zahl von Außendienstmitarbeitern besteht z.B. eine Methode darin, für einen gewissen Umsatzbetrag einen Mitarbeiter einzustellen. Es wird davon ausgegangen, dass ein Mitarbeiter nur einen bestimmten Umsatzbetrag betreuen kann.

(6) Definition der Instrumente

- Instrumente mit rein **quantitativen Ausprägungen** (z.B. Preis in €, Rabatt in %). Dieser Fall ist unproblematisch.

- Instrumente mit **qualitativen Ausprägungen** (z.B. Werbemittelgestaltung, Produktqualität). Diese Instrumente lassen sich nicht stetig variieren. So lässt sich z.B. das Design der VW-Subbrands Polo, Lupo, Golf etc. kaum quantifizieren.

(7) Messung der Marktreaktion

- **Querschnittsanalysen**
  In mehreren parallelen Teilmärkten werden z.B. gleichzeitig verschiedene Ausprägungen der Marketing-Instrumente getestet. Es wird ein MarktTest mit mehreren vergleichbaren Teilmärkten durchgeführt (vgl. dazu auch Punkt 7.3.4.1).

- **Längsschnittsanalysen**
  Hier erfolgt eine Auswertung historischen Datenmaterials aus mehreren Perioden, z.B. mittels der multiplen Regressionsanalyse.

  Bei der Marktreaktionskurve in der Abbildung A.21 bleibt offen, ob die benötigten Informationen über Quer- oder Längsschnittsanalysen beschafft werden können.

Marktreaktionsfunktionen stellen **Erklärungsmodelle** dar, wenn sie einen beobachteten Zusammenhang zwischen den Variablen analysieren. Bei der Planung des Einsatzes von Marketing-Instrumenten wird allerdings auf die Wirkung abgestellt, die sich nach Durchführung der Maßnahme ergeben wird. Damit handelt es sich um eine **Wirkungsprognose** (vgl. dazu Punkt A.4.2.1). Zwischen der Vergangenheit und der Zukunft kann sich die Umweltsituation verändern, so dass Gesetzmäßigkeiten der Vergangenheit nicht einfach fortgeschrieben werden dürfen (Hruschka 1996 S. 7 ff.).

Kapitel 4
Informationsbeschaffung und -verarbeitung

Die Informationsseite des Marketing umfasst die Marketing-Forschung (Marktforschung) sowie Markt- und Absatzprognosen.

4.1 Marketing-Forschung

Bei allen Stufen eines Marketing-Entscheidungsprozesses von der Situationsanalyse, über die Festlegung der Ziele, bis hin zur Kontrolle spielen Informationen eine entscheidende Rolle (vgl. Abb. A.23). Die Marketing-Forschung hat sicherzustellen, dass solche entscheidungsrelevanten Informationen gewonnen bzw. durch geeignete Auswertungsverfahren aufbereitet werden.

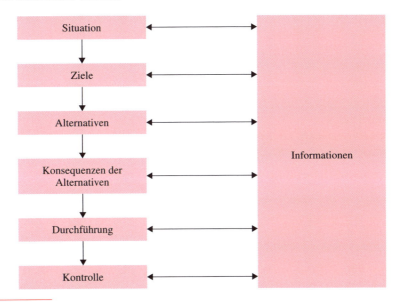

Abbildung A.23: Stellung von Informationen im Planungsprozess

Die Begriffe **Marktforschung** und **Marketing-Forschung** sind voneinander abzugrenzen. Die Marktforschung umfasst zusätzlich auch die Beschaffungs-Marktforschung, während die Marketing-Forschung neben marktlichen Aspekten (Absatzmarktforschung) auch innerbetriebliche Aspekte beinhaltet (vgl. Abb. A.24). Üblicherweise wird allerdings der Begriff Marktforschung benutzt.

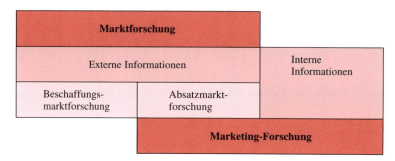

Abbildung A.24: **Unterschiede zw. Marktforschung und Marketing-Forschung**
(*Quelle:* Böhler 2004, S. 20; Weis/Steinmetz 2000, S. 16)

4.1.1 Datengewinnung

4.1.1.1 Grundlagen

(1) Messniveaus

Die Datenerhebung legt bereits die Möglichkeiten der anschließenden Datenauswertung fest. Das betrifft die inhaltlichen Aspekte ebenso wie das in einem Fragebogen vorgegebene Messniveau. Es lassen sich metrische und nicht-metrische Messniveaus mit jeweils zwei Unterfällen unterscheiden:

- **Nicht-metrische Daten**
  - Nominal-Niveau (*z.B. Geschlecht*),
  - Ordinal-Niveau (*z.B. Präferenzen wie A>B*).
- **Metrische Daten**
  - Intervall-Niveau (*z.B. Image-Skala*),
  - Verhältnis-Skala/Ratio-Niveau (*z.B. Jahresumsatz*).

(2) Verfahren zur Stichprobenauswahl

Bei der Befragung von Marktteilnehmern kann man i.d.R. nicht alle befragen (**Vollerhebung**), vielmehr ist eine Auswahl von Personen zu treffen, die befragt werden sollen (**Teilerhebung**, d.h. eine **Stichprobe**). Es bieten sich mehrere Auswahlverfahren an. Abbildung A.25 gibt einen Überblick über ausgewählte Verfahren.

Im Folgenden soll auf die genannten Auswahlverfahren kurz eingegangen werden (Böcker/Helm 2003, S. 238 ff.):

- **einfache Zufallsauswahl** nach dem sog. Urnenmodell
  Jedes Element der Grundgesamtheit hat die gleiche Chance, ausgewählt zu werden. Den Interviewern werden konkrete Adressen vorgegeben, die aus einer Kartei gezogen wurden. Das setzt voraus, dass die Adressen der Personen der Grundgesamtheit bekannt sind.

- **Quotenauswahl**
Hier müssen gewisse Informationen über die Grundgesamtheit vorliegen (z.B. Verteilung der Geschlechter und der Berufe). Den Interviewern werden bestimmte Quoten vorgegeben, bei 10 Interviews z.B.
    6 Männer/4 Frauen,
    4 Arbeiter/3 Angestellte/3 Beamte.
Es werden keine Angaben über die Adressen der Grundgesamtheit benötigt.
- **willkürliche Auswahl**
Man befragt aufs Geratewohl ausgewählte Personen der Grundgesamtheit (z.B. Passantenbefragung). Hierbei werden ex ante keine Informationen über die Befragten benötigt.

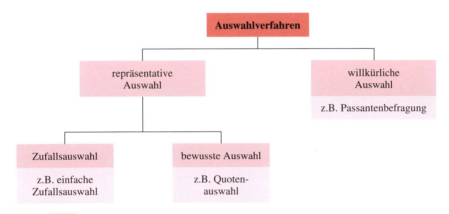

Abbildung A.25: Auswahlverfahren (Beispiele)
(*Quelle:* in Anlehnung an Berekoven u.a. 2001, S. 62)

Das Problem der Stichprobenziehung besteht darin, die Ergebnisse dieser Teilerhebung auf die Grundgesamtheit hochzurechnen. Deswegen muss die Stichprobe repräsentativ für die Grundgesamtheit sein. Die Anwendbarkeit der genannten Verfahren hängt von den Informationen ab, die zur Verfügung stehen.

Die Exaktheit der Hochrechnung auf die Grundgesamtheit wird auch vom **Stichprobenumfang** beeinflusst, d.h. der Zahl befragter Personen. Es ist zwischen der Zahl der Personen, die befragt werden sollen, und der Zahl der Personen, die tatsächlich antworten, zu unterscheiden (Rücklaufquote).

4.1.1.2 Methoden der Datengewinnung

Bezüglich einer Klassifikation von Methoden lassen sich mehrere Ebenen unterscheiden (vgl. Abb. A.26):

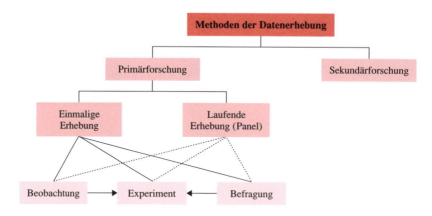

Abbildung A.26: **Methoden der Datenerhebung**

Bei der **Primärforschung** (Feldforschung) müssen die Daten erst problemorientiert im Markt erhoben werden (z.B. Durchführung einer mündlichen Befragung). Bei der **Sekundärforschung** („Schreibtischforschung") geht es um die Erfassung und Auswertung bereits vorhandener Informationen (z.B. Umsatzstatistiken). Die Primär- und Sekundärforschung besitzen jeweils Vor- und Nachteile (vgl. dazu Abb. A.27). Sie stellen aber nicht unbedingt Alternativen dar. Wegen der Kostengünstigkeit und Schnelligkeit der Sekundärforschung ist es zweckmäßig, zunächst eine Sekundärforschung und ggf. anschließend eine Primärforschung durchzuführen (Böhler 2004, S. 64).

Es ist zwischen einmaligen und laufenden Erhebungen zu differenzieren. Bei laufenden Erhebungen (**Panel-Forschung**, auch Tracking-Forschung genannt) werden bei den selben Erhebungsobjekten in regelmäßigen Abständen dieselben Messungen vorgenommen. Dadurch lassen sich Veränderungen erkennen. Das Einzelhandels- und das Haushalts-Panel stellen bekannte Anwendungen dar. Die Daten können mittels Befragung und/oder Beobachtung gewonnen werden.

Bei der **Befragung** sind grundsätzlich drei Befragungsarten zu unterscheiden (Scheffer 1999, S. 69 ff.):

- schriftliches Interview,
- telefonisches Interview,
- mündliches Interview.

Diese lassen sich durch drei moderne Versionen ergänzen:

- PC-gestütztes Interview,
- WWW-Befragung,
- E-Mail-Interview (geringe praktische Bedeutung).

Beurteilungskriterien	Methode	
	Primärforschung	**Sekundärforschung**
Relevanz	durch geeignetes Design herstellbar	hängt vom Sekundärmaterial ab; häufig nicht ausreichend
Aktualität	gegeben	häufig gering
Genauigkeit	durch den Umfang der Stichprobe herstellbar	hängt vom Sekundärmaterial ab
Kosten	hoch	niedrig
Geschwindigkeit der Durchführung	hoch	niedrig

Abbildung A.27: **Vergleich von Primär- und Sekundärforschung**

Abbildung A.28 vergleicht diese fünf Arten anhand ausgewählter Beurteilungskriterien. Sowohl bei einer mündlichen Befragung mit einer Rücklaufquote von 80 %, als auch bei einer schriftlichen Befragung mit einer Rücklaufquote von 15 % stellt sich die Frage, ob die Antwortenden repräsentativ für die Grundgesamtheit sind.

Beobachtungen beziehen sich z.B. auf die Analyse des Laufverhaltens der Kunden im Supermarkt, auf die automatische Aufzeichnung des Nutzungsverhaltens beim Fernsehen oder auf die Messung der Produkt- oder Verpackungspräferenzen mittels einer Schnellgreifbühne.

Bei einem **Experiment** handelt es sich um eine Beobachtung und/oder Befragung unter kontrollierten Bedingungen. Dabei steht die Erfassung von Ursachen-Wirkungs-Zusammenhängen im Mittelpunkt (vgl. dazu die Ausführungen zur Leistungspolitik, Kapitel B 5.4.4, und zur Kommunikationspolitik, Kapitel B 7.4.1). Experimente können unter sehr kontrollierbaren, aber „künstlichen" Bedingungen im Labor (Labortest) oder unter weniger gut kontrollierbaren, aber „realen" Bedingungen im Markt (Markttest) stattfinden.

4.1.2 Datenauswertung

Die Datengewinnung liefert in der Regel umfangreiche Datensätze, z.B. bei einer Befragung von 1.000 Personen zu 80 Items 80.000 Daten. Es bedarf geeigneter Auswertungsmethoden, um aus diesen Daten Informationen zu generieren, welche eine Grundlage für die Unterstützung von Marketing-Entscheidungen darstellen können. Nach der Zahl der gleichzeitig analysierten Variablen lassen sich uni-, bi- und multivariate statistische Auswertungen unterscheiden.

Beurteilungs-kriterien	Befragungsart				
	schriftlich	telefonisch	mündlich	computer-integriert	E-Mail
Rücklaufquote	unter-schiedlich	hoch	hoch	hoch	hoch
Beeinflussung durch Dritte	möglich	nicht möglich	kaum möglich	nicht möglich	möglich
Umfang der Befragung	mittelgroß	klein	groß	mittelgroß	mittelgroß
Interviewer-einfluss	nicht möglich	relativ groß	groß	nicht möglich	nicht möglich
Genauigkeit	gering	unter-schiedlich	hoch	unter-schiedlich	unter-schiedlich
Zuverlässigkeit	unter-schiedlich	relativ hoch	hoch	relativ hoch	relativ hoch
Geschwindigkeit der Durchführung	relativ niedrig	hoch	niedrig	relativ hoch	sehr hoch
Kosten	niedrig	relativ nied-rig	hoch	unter-schiedlich	niedrig
Repräsentanz	relativ niedrig	gering	relativ hoch	unter-schiedlich	gering
Erklärung der Fragen	nicht möglich	möglich	möglich	möglich	möglich

Abbildung A.28: **Vergleichende Beurteilung der Befragungsarten**
(*Quelle:* Weis 2004, S. 169)

(1) univariate statistische Auswertung

Hier stellt *eine* Variable den Gegenstand der Analyse dar.

- Häufigkeiten
  Es lassen sich **absolute Häufigkeiten** (z.B. Zahl der Befragten in einzelnen Berufs-gruppen) und **relative Häufigkeiten** (z.B. Anteil der Klasse an der Gesamtheit) unter-scheiden (vgl. Abb. A.29).

- Lageparameter
  Bei den Mittelwerten ist insbesondere zwischen dem arithmetischen **Mittelwert** und dem **Median** zu unterscheiden. Für die Monatseinkommen von fünf Haushalten (mit 2.000, 3.000, 5.000, 7.000 und 43.000 €) ergibt sich folgendes **arithmetisches Mittel** μ:

$$\mu = \frac{1}{n}\sum_{i=1}^{n} x_i = \frac{2.000 + 3.000 + 5.000 + 7.000 + 43.000}{5} = 12.000 \text{ €}$$

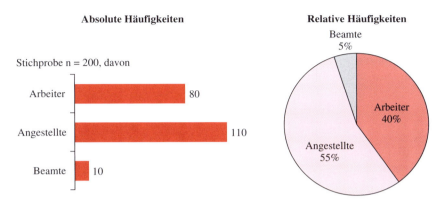

Abbildung A.29: **Absolute und relative Häufigkeiten**

Der **Median** als mittlerer Wert der Reihe beträgt dagegen 5.000 €.

Die Mittelwerte verdichten eine Verteilung auf einen Wert und führen somit zu einem Informationsverlust. Bei der Ansprache von 10-jährigen und 70-jährigen müsste man sich an einen durchschnittlich 40-jährigen wenden!

- **Streuungsparameter**
Streuungsmaße beschreiben, wie weit die Ausgangswerte streuen bzw. vom Mittelwert abweichen.

Die **Spannweite** misst die Differenz zwischen dem größten und kleinsten Wert der Verteilung und beträgt im obigen Beispiel 43.000 € – 2.000 € = 41.000 €.

Die **Varianz** δ^2 ergibt sich als Summe der quadrierten Abweichungen der Ausgangswerte vom arithmetischen Mittel, geteilt durch die Anzahl der Werte. Im obigen Beispiel erhält man:

$$\delta^2 = \frac{1}{n}\sum_{i=1}^{n}(x_i - \mu)^2 = \frac{(-10.000)^2 + (-9.000)^2 + (-7.000)^2 + (-5.000)^2 + (31.000)^2}{5}$$

$$= 1.216.000.000 \text{ €}$$

Die **Standardabweichung** ergibt sich als Wurzel aus der Streuung:

$$\delta = \sqrt{\delta^2} = \sqrt{1.216.000.000} \approx 34.871 \text{ €}$$

(vgl. Homburg/ Herrmann/Plesser 1999, S. 107 f.)

(2) bivariate statistische Auswertung

Hier stellen *zwei* Variablen den Gegenstand der Analyse dar. Abbildung A.30 bildet eine zweidimensionale Häufigkeitsanalyse ab (Kreuztabellierung mit den Dimensionen Einkommen und Berufsgruppe).

Lesebeispiel (Zelle 1): 50 der 80 befragten Arbeiter verdienen weniger als 3.000 €. Das sind 62,5 % aller befragten Arbeiter. 48,5 % der Befragten, die unter 3.000 € verdienen, gehören zur Gruppe der Arbeiter. 25,0 % aller 200 Befragten sind Arbeiter und verdienen weniger als 3.000 €.

Berufsgruppe	Einkommen		Zeilensumme
	≤ 2.999 €	≥ 3.000 €	
Arbeiter			
absolut	50	30	80
Zeilen in %	62,5	37,5	100
Spalten in %	48,5	30,9	
Gesamt in %	25,0	15,0	40,0
Angestellte			
absolut	50	60	110
Zeilen in %	45,5	54,5	100
Spalten in %	48,5	61,9	
Gesamt in %	25,0	30,0	55,0
Beamte			
absolut	3	7	10
Zeilen in %	30,0	70,0	100
Spalten in %	3,0	7,2	
Gesamt in %	1,5	3,5	5,0
Spaltensumme			
absolut	103	97	200
%	51,5	48,5	100

Abbildung A.30:   **Zweidimensionale Häufigkeitsanalysen**

(3) multivariate statistische Verfahren

Hier sollen beispielhaft zwei multivariate Verfahren erwähnt werden (vgl. den umfassenden Überblick bei Backhaus u.a. 2003):

■ **multiple Regressionsanalyse**

Bei der multiplen Regressionsanalyse wird z.B. der Zusammenhang zwischen einer abhängigen Variablen (Umsatz) von mehreren unabhängigen Variablen (Werbung,

Qualität, Preis und Distribution) untersucht (vgl. dazu auch die Ausführungen zu Marktreaktionsfunktionen in Punkt A 3.5):

$$U = f(W, Q, P, D)$$

Abhängige und unabhängige Variable müssen ein metrisches Datenniveau aufweisen.

■ **Clusteranalyse**
Bei der Clusteranalyse werden z.B. Personen aufgrund ihrer Ähnlichkeit in einer Mehrzahl von Eigenschaften zu Segmenten (cluster) zusammengefasst, die in sich homogen, untereinander aber heterogen sind.

4.2 Markt- und Absatzprognosen

Prognosen sollen hier nach zwei Dimensionen klassifiziert werden (vgl. dazu Abb. A.31):

	Art mathematischer Zusammenhang	
Art der erklärenden Größe	**Quantitativ**	**Qualitativ**
Entwicklungsprognose	z.B. Trendextrapolation	z.B. Delphi-Methode
Wirkungsprognose	z.B. Werbewirkungskurve	z.B. Gruppendiskussion

Abbildung A.31: **Klassifikation von Prognosemethoden**

■ **Art der erklärenden Größe:**
Es ist zwischen Entwicklungs- und Wirkungsprognosen zu unterscheiden:
– **Entwicklungsprognosen** schreiben eine historische Entwicklung fort (z.B. den Umsatz eines Produkts in den letzten Monaten).
– **Wirkungsprognosen** stellen einen kausalen Zusammenhang zwischen einer verursachenden Größe (z.B. Werbung) und einer davon abhängigen Größe (z.B. Umsatz) her (vgl. dazu auch Punkt A 3.4).

■ **Art des mathematischen Zusammenhangs:**
Es ist zwischen quantitativen und qualitativen Prognosen zu unterscheiden:
– **Quantitative Prognosen** ermitteln die Prognosewerte durch eine Anwendung von Rechenregeln (z.B. Trendextrapolation).
– **Qualitative Prognosen** leiten Aussagen über die Zukunft z.B. mittels Expertenbefragungen ab.

4.2.1 Quantitative Prognoseverfahren

Es kann zwischen kurz- und langfristigen **quantitativen Entwicklungsprognosen** unterschieden werden.

Bei einer **kurzfristigen** Absatzprognose lässt sich z.B. die **Methode der gleitenden Durchschnitte** anwenden:

$$U_{t+1} = \frac{U_t + U_{t-1} + U_{t-2}}{3}$$

Beispiel:

Umsatz im

Januar: 11.000 €

Februar: 9.000 €

März: 13.000 €

Prognose April:

$$U_A = \frac{11.000 + 9.000 + 13.000}{3} = 11.000 \text{ €}$$

Eine **langfristige** quantitative Absatzprognose kann z.B. mit Hilfe einer **Trendextrapolation** erstellt werden:

$$U = f(t)$$

Hier wird die zu prognostizierende Größe (z.B. Umsatz) in Abhängigkeit von der Zeit analysiert (vgl. dazu Abb. A.32). Die Zeit erklärt die zu prognostizierende Größe. Es wird mittels der **Regressionsanalyse** eine mathematische Funktion gesucht, welche die Gesetzmäßigkeiten der in der Vergangenheit realisierten Umsatzwerte wiedergibt (zur Messung der Marktreaktion mittels Längsschnitts- und Querschnittsanalysen vgl. die Ausführungen zu Marktreaktionsfunktionen in Punkt A 3.5).

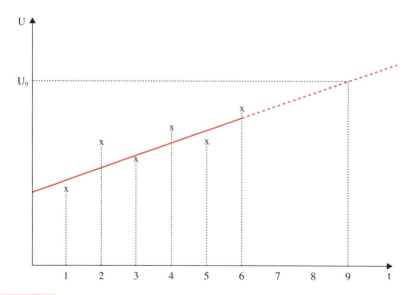

Abbildung A.32: Entwicklungsprognose (Trendextrapolation)

Für eine lineare Trendextrapolation lautet die zu schätzende Trendgerade:

$$U = a + b \cdot t$$

Unter der Annahme der sog. Zeitstabilitätshypothese lassen sich dann durch Einsetzen zukünftiger Jahre in die mathematische Funktion die entsprechenden Prognosewerte berechnen

Bei der **quantitativen Wirkungsprognosen** (Marktreaktionsfunktionen) wird die prognostizierte Größe (z.B. Umsatz) durch eine kausale Variable erklärt (z.B. Werbung, vgl. dazu Abb. A.21). Der Umsatz wird also nicht durch die Zeit erklärt sondern durch ein Marketing-Instrument. Bei der Wirkungsprognose auf Basis von Vergangenheitsdaten bestehen zwei Möglichkeiten. Einerseits wird von einer Konstanz der Wirkungszusammenhänge auch für die Zukunft ausgegangen. Andererseits wird die Wirkungsprognose unter Berücksichtigung erwarteter Umweltsituationen variiert. Dabei stellen sich Fragen nach der Prognostizierbarkeit der zukünftigen Umweltsituationen einerseits sowie des Einflusses dieser Situation auf den historischen Wirkungszusammenhang.

4.2.2 Qualitative Prognoseverfahren

Der Einsatz qualitativer Prognoseverfahren bietet sich an, wenn kein historisches Datenmaterial vorliegt oder wenn mit Strukturbrüchen zu rechnen ist, d.h. wenn die Zeitstabilitätshypothese nicht zutrifft.

Mittels einer Expertenbefragung im Rahmen der sog. **Delphi-Methode** lassen sich z.B. Voraussagungen über zukünftige Entwicklungen schätzen, z.B. die Marktentwicklung in China (**qualitative Trendprognose**):

- unabhängige Befragung mehrerer Experten über die Zukunft,
- Ergebnisauswertung, Rückkopplung der Ergebnisse an die Experten,
- Neue Prognosen der Experten.

Im Rahmen einer **Gruppendiskussion** lässt sich z.B. feststellen, welche Gestaltungsalternative einer Anzeige von den Zielpersonen bevorzugt wird (**qualitative Wirkungsprognose**).

Übungen

I. Wiederholungsaufgaben

1. Welche **Typen** von **Transaktionen** kennzeichnen die Absatzmarktbeziehungen eines Unternehmens? (S. 14)

2. Kennzeichnen Sie **Marketing** als „**duales Führungskonzept**"! Warum betrifft der Philosophieaspekt (marktorientierte Unternehmensführung, „to live with the customer") nicht nur die Marketing-/Vertriebsabteilung? (S. 15 ff.)

3. Erläutern Sie die **Stellung** der **Absatzpolitik** im Rahmen der Unternehmenspolitik! Welche Konsequenzen ergeben sich daraus insbesondere für die langfristige Marketing-Planung? (S. 14 ff.)

4. Erläutern Sie die zentralen **Merkmale** der **Marketing-Management-Konzeption**! (S. 16)

5. Erläutern Sie, warum es zweckmäßig ist, bei der Lösung eines Marketing-Problems mit einer **Situationsanalyse** zu beginnen! (S. 18, 29 ff.)

6. Was versteht man unter einem **Absatzmarkt**? (S. 19)

7. Nach welchen Dimensionen lassen sich **relevante Märkte** abgrenzen? (S. 20 ff.)

8. Eine Preissenkung bei Produkt B beeinflusst die Absatzmenge von Produkt A:

	Produkt A		Produkt B	
	p	x	p	x
t_0	10	10.000	12	4.000
t_1	10	6.000	10	8.000

Berechnen Sie den **Triffin'schen Koeffizienten**! (S. 20 f.)

9. Verdeutlichen Sie anhand von drei ausgewählten Kriterien die **Unterschiede** zwischen den Absatzmärkten von **Konsumgüterherstellern** und **Investitionsgüterherstellern**! (S. 22)

10. Nach welchen Kriterien lassen sich **Konsumenten** beschreiben? (S. 26 ff.)

11. Kennzeichnen Sie das **organisationale Einkaufsverhalten** nach dem Drei-Schichten-Modell! (S. 28)

12. Vergleichen Sie das **Kaufverhalten** von **Konsumenten** und **Unternehmen**! (S.26 ff.)

13. Kennzeichnen Sie die Strukturelemente einer Marketing-Entscheidung anhand einer **Ergebnis-/Entscheidungsmatrix**! (S. 29 ff.)

14. Analysieren Sie die **Präferenzen**, die sich bei der Umwandlung der Ergebnis- in eine Entscheidungsmatrix berücksichtigen lassen! (S. 30 ff.)

15. Warum kann es im Absatzbereich problematisch sein, ein Unternehmensziel wie **Gewinnmaximierung** vorzugeben? (S. 35)

16. Skizzieren Sie mögliche **Überschneidungen** zwischen den einzelnen Instrumenten der Leistungs-, der Preis- und Konditionen-, der Distributions- sowie der Kommunikationspolitik! (S. 36 ff.)

17. Welche Unterschiede bestehen zwischen der **Marktforschung** und der **Marketing**-Forschung? (S. 41 f.)

18. Welchen **Informationsbedarf** haben die vier genannten **Methoden zur Stichprobenauswahl**? (S. 42 ff.)

19. Kennzeichnen Sie die **Unterschiede** zwischen den **Auswahlverfahren** „einfache Stichprobe" und „Quotenverfahren"! (S. 42 ff.)

20. Beurteilen Sie das **Auswahlverfahren** „Willkürliche Auswahl"! (S. 42 ff.)

21. Skizzieren Sie die **Methoden** der **Marktforschung**! (S. 44 ff.)

22. Was versteht man unter einer **Panel-Forschung**? (S. 44)

23. Vergleichen Sie die Vor- und Nachteile der **Primär**- und der **Sekundärforschung** miteinander! (S. 44 ff.)

24. Vergleichen Sie die Vor- und Nachteile folgender **Befragungsarten** miteinander: schriftliches, mündliches und telefonisches Interview! (S. 46)

25. Interpretieren Sie folgende **Zelle** in Abbildung 29: Angestellte mit einem Einkommen über 3.000 €! (S. 48)

26. Kennzeichnen Sie die Unterschiede zwischen einer **Wirkungs**- und einer **Entwicklungsprognose**! (S. 49)

II. Vertiefungsaufgaben

1. Analysieren Sie den Aussagewert von **Klassifikationen** von **Marktleistungen** für das Marketing!

2. **Ergebnis-/Entscheidungsmatrix**
   a. Stellen Sie einen Zusammenhang zwischen einer Entscheidungsmatrix und dem Käuferverhalten her!
   b. Eine Werbeagentur will für einen Kunden die optimale Anzeige auswählen. Wie viele Alternativen sind dabei zu berücksichtigen?
   c. Es soll die optimale Kombination der Marketing-Instrumente bestimmt werden. Es stehen (nur!) fünf Instrumente, die jeweils (nur!) drei Ausprägungen haben. Wie viele Alternativen sind zu bewerten?
   d. Im Rahmen der Werbeträgerplanung stehen 100 Medien zur Verfügung, die jeweils 50 Mal in der Planungsperiode belegt werden können. Wie viele alternative Kombinationen müssen bewertet werden?

e. Ein Marketing-Leiter will das Werbebudget für ein Produkt für das nächste Jahr festlegen. Welche Umweltsituationen hat er dabei zu berücksichtigen?

f. Analysieren Sie die Probleme, die sich beim praktischen Einsatz der Ergebnis-/Entscheidungsmatrix ergeben!

3. In welchen **Märkten** sind die folgenden Unternehmen tätig, welche **Bedürfnisse** wollen sie befriedigen?

Unternehmen	Produkte
Volkswagen AG	Golf
Bayer AG	Kunstdünger
Ruhrkohle AG	Kohle

4. Kennzeichnen Sie die **Leistung** eines **Damenfrisörs** nach den Dimensionen Immaterialitäts- und Integrationsgrad einerseits sowie nach der informationsökonomischen Leistungstypologie andererseits!

5. Grenzen Sie relevante **Absatzmärkte** im **PKW-Bereich** voneinander ab!

6. **Marktreaktionsfunktionen**

a. Erläutern Sie, was eine Marktreaktionsfunktion ist!

b. Stellen Sie folgende Marktreaktionsfunktion grafisch dar: Der Umsatz eines Produktes hängt vom Werbebudget und vom Absatzpreis ab ($U = f(p, W)$)!

c. Analysieren Sie folgende Marktreaktionsfunktion: Die Absatzmenge eines Produkts pro Periode hängt vom Absatzpreis ab ($x = f(p)$)!

d. Welche Probleme bestehen bei der Ermittlung realistischer Marktreaktionsfunktionen?

e. Lässt sich auf der Grundlage der Ergebnisse einer Längsschnittsanalyse eine Wirkungsprognose durchführen?

7. Führen Sie auf der Basis folgender Monatsumsätze eine **Prognose** mittels der Methode der gleitenden Dreierdurchschnitte für den Monat April durch: Januar 310 €, Februar 260 € und März 330 €!

8. Beurteilen Sie eine **Befragung** über das **WWW** (Internet) anhand der Beurteilungskriterien der Abbildung A.27!

Teil B
Marketing-Mix

Kapitelübersicht

5	Leistungspolitik	57
6	Preis- und Konditionenpolitik	99
7	Kommunikationspolitik	127
8	Distributionspolitik	171

Kapitel

5 Leistungspolitik

ADIDAS-SALOMON AG ist einer der weltgrößten Hersteller im Bereich Sportbekleidung und Sportgeräte. Das Absatzprogramm von ADIDAS-SALOMON reicht von Sportbekleidung und -schuhen (ADIDAS) über Fahrradzubehör (MAVIC) bis hin zu Golf-
schlägern und -bällen (MAXFLI, TAYLORMADE).

Unter der Marke ADIDAS, die mit einem Markenwert von 3,441 Mrd. € (Semion 2004)
eine der wertvollsten deutschen Marken darstellt, werden insbesondere Sport- und Frei-
zeitbekleidung angeboten. Zur Strukturierung des Angebotes wurde eine Einteilung in
drei Familienmarken vorgenommen, die unterschiedliche Produkte umfassen:

ADIDAS SPORT PERFORMANCE: Bekleidung und Schuhe für Breiten- und Leis-
tungssport (Hauptkategorien: Running, Basketball, Fußball, Tennis, Training),

ADIDAS SPORT HERITAGE: Lifestyle-Bekleidung, die insbesondere frühere Modelle
wieder neu einführt, neu interpretiert oder neu gestaltet. Zielgruppe sind jugendliche
Trendsetter.

ADIDAS SPORT STYLE: Design-Sportschuh und -Bekleidung (u.a. in Kooperation mit
dem Designer Yohji Yamamoto) für eine anspruchsvolle und sportbegeisterte Zielgruppe
zwischen 25 und 40 Jahren.

Neben dem Markenaufbau und -pflege führt ADIDAS-SALOMON insbesondere im Bereich
der Produktgruppenmarke ADIDAS SPORT PERFORMANCE Produktinnovationen wie
2002 das neue Lüftungssystem CLIMACOOL, dass die Temperatur im Schuh regelt, ein.
Darüber hinaus wird unter der Bezeichnung MI-ADIDAS ein Mass Customization-Ansatz
entwickelt. Dieser basiert auf einer individuellen Fertigung eines ADIDAS-Schuhs nach persönlichen Fußdaten und modischen Vorlieben. Die Daten werden in ausgewählten Geschäf-
ten erhoben und an ADIDAS weitergeleitet.

Unabhängig von dem eigentlichen Kerngeschäft führt ADIDAS durch die Vergabe von
Markenlizenzen an andere Unternehmen Markentransfers u.a. in die Bereiche Parfüm,
Duschgel und Uhren durch.

Quellen: Adidas-Salomon 2004 a; Adidas Salomon 2004 b; Semion 2004.

Lernziele dieses Kapitels

In diesem Kapitel lernen Sie die wichtigsten Entscheidungstatbestände der Produkt-, Programm- und Markenpolitik kennen. Weiterhin wird eine Vielzahl von Methoden zur Unterstützung der Entscheidungen dargestellt. Nach der Bearbeitung dieses Kapitels sollen Sie Folgendes wissen und können:

- Kenntnis wichtiger Markenstrategien,
- Kenntnis der Diversifikationsstrategie,
- Kenntnis wichtiger Gestaltungsmöglichkeiten von Produkten,
- Verständnis für den Prozess der Produktinnovation,
- Kenntnis über die Probleme der Programmgestaltung,
- Anwendung der Kreativitätstechniken,
- Transfer des Punktbewertungsverfahrens,
- Transfer von Wirtschaftlichkeitsanalysen,
- Anwendung der experimentellen Methode,
- Kenntnis des Lebenszykluskonzeptes,
- Anwendung der Programmstrukturanalysen,
- Anwendung der Kostenrechnung zur Programmgestaltung.

Abbildung B.1 ordnet die Leistungspolitik in das Marketing-Instrumentarium ein.

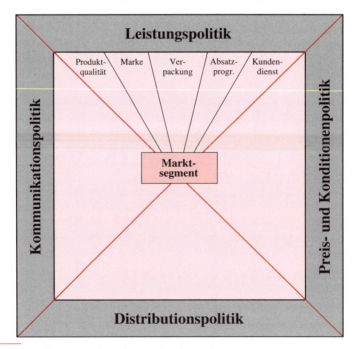

Abbildung B.1: **Leistungspolitik im Marketing-Mix**

5.1 Ziele der Leistungspolitik

Die Ziele der Leistungspolitik leiten sich aus den übergeordneten Unternehmens- und Marketing-Zielen ab. Die Ziele lassen sich in psychographische und ökonomische Ziele aufteilen (Meffert 2000, S. 329 ff.) (vgl. Abb. B.2).

Psychographische Ziele	Ökonomische Ziele
Image und Präferenzen	Erstkauf
Kaufabsicht	Wiederkauf
Zufriedenheit	Cross-Selling
	Kapazitätsauslastung
	Nutzung von Synergien in der Produktion
	Marktanteil

Abbildung B.2: **Zielinhalte der Leistungspolitik**

5.2 Leistungspolitische Strategien

Im Folgenden werden mit den Marken-, den Diversifikations- und den Programmstrategien drei Strategien mit einem engen Leistungsbezug behandelt.

5.2.1 Markenstrategien

Marken lassen sich aus Sicht der Abnehmer definieren (**wirkungsorientierter Ansatz**), wobei alles eine Marke darstellt, was die Abnehmer als Marke empfinden (Berekoven 1978, S. 43; Bruhn/G. E. M. 2003, S. 7).

Zentrale Instrumente zur Umsetzung einer Markenstrategie bilden neben der Kommunikationspolitik die Markierung der Leistung durch einen Namen (z.B. PERSIL), durch ein Logo (z.B. ADIDAS-Streifen), durch eine Verpackungsgestaltung (z.B. MAGGI-Flasche), durch einen Klang (z.B. INTEL-Melodie) oder sonstige Zeichen (Baumgarth 2001, S. 148 ff.).

Abbildung B.3 verdeutlicht die Wirkung von Marken am Beispiel von COCA-COLA. Dabei wurde mit einer Gruppe ein Geschmackstest ohne Markierungen durchgeführt (Blindtest) und mit einer anderen Gruppe ein Geschmackstest mit den Markierungen.

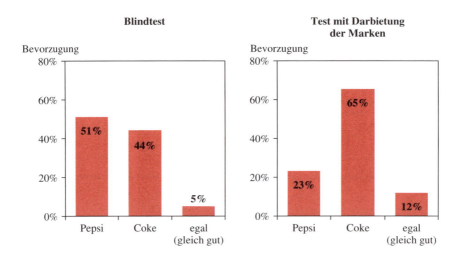

Abbildung B.3: Wirkungen von Marken
(*Quelle:* Chernatony/McDonald 1998, S. 83)

Die **Markenstrategien** beschäftigen sich im Kern mit der Frage der Verknüpfung von **Marke und Leistung**. Dabei lassen sich statische und dynamische Strategien voneinander abgrenzen. Während die statischen Strategien die Zuordnung von Leistungen zu Marken zu einem bestimmten Zeitpunkt beschreiben, behandeln dynamische Strategien die Veränderungsmöglichkeiten dieser Zuordnungen im Zeitablauf.

Die **statischen Strategien** lassen sich weiter nach der Breite und der Tiefe unterscheiden (Keller 1998, S. 401). Abbildung B.4 zeigt die statischen Markenstrategien im Überblick. Die **Breite** der Markenstrategie betrifft die Fragestellung, wie viele Produkte unter einer Marke geführt werden. Als Idealtypen lassen sich Dach-, Familien- und Einzelmarken voneinander abgrenzen (Esch 2004, S. 265 ff.; Becker 2001, S. 301 ff.):

- Bei **Dachmarken**, die häufig identisch mit der Firmenmarke sind, werden alle Leistungen eines Unternehmens unter einer Marke angeboten (z.B. BOSS, BOSCH, SIEMENS, SONY).
- Hingegen erfolgt bei **Einzelmarken** die Verknüpfung einer Marke mit einer Leistung (z.B. AFTER EIGHT, HANUTA, TWIX).
- Einen Mittelweg stellen **Familienmarken** dar, bei denen eine Marke mit mehreren i.d.R. komplementären Leistungen verbunden wird (z.B. BILD, MILKA, NIVEA).

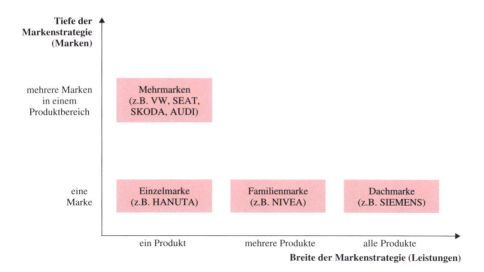

Abbildung B.4: **Statische Markenstrategien**

In Abhängigkeit der Breite der Markenstrategie ergeben sich entsprechende Vorteile und Nachteile. Abbildung B.5 listet nur die jeweiligen Vorteile für die Markenstrategie mit der geringsten Breite (Einzelmarke) und der größten Breite (Dachmarke) auf (z.B. Becker 1998, S. 195 ff.; Baumgarth 2001, S. 124 ff.; Erdem 2001), da die Vorteile der einen Strategie die Nachteile der anderen Strategie darstellen.

Einzelmarke	Dachmarke
klare („spitze") Positionierung einer Leistung möglich,	alle Leistungen tragen den notwendigen Markenaufwand gemeinsam,
Konzentration auf eine definierte Zielgruppe,	vorhandene Dachmarke ermöglicht relativ einfach die Einführung neuer Leistungen,
gute Darstellungsmöglichkeit des Innovationscharakters einer neuen Leistung,	neue Leistungen partizipieren am Goodwill der Dachmarke,
Positionierungsfreiheiten im Lebenszyklus (z.B. Relaunch),	Engagement in kleineren Teilmärkten ist möglich,
bei Misserfolg einer Leistung Vermeidung eines Badwill-Effektes auf die anderen Leistungen eines Unternehmens.	kurze Lebenszyklen der Leistungen gefährden nicht das Markenkapital,
	Verzicht auf Suche nach schutzfähigen Markenelementen.

Abbildung B.5: **Vorteile der Markenstrategie in Abhängigkeit von der Breite**

Die **Tiefe** der Markenstrategie legt die Anzahl der Marken in einem Leistungsbereich fest. Als grundsätzliche Optionen kommen Einmarken- und Mehrmarkenstrategie in Betracht. Im Rahmen einer **Einmarkenstrategie** führt das Unternehmen in jeder Leistungskategorie, die sie anbietet, nur eine Marke. Bei der **Mehrmarkenstrategie** handelt es sich dagegen um die parallele Führung mehrerer selbständiger Marken mit folgenden Merkmalen (Meffert/Perrey 1998, S. 5):

- Ausrichtung auf denselben Leistungsbereich,
- Marken unterscheiden sich anhand zentraler Merkmale,
- getrennter Marktauftritt wird vom Nachfrager als solcher wahrgenommen,
- organisatorische Selbständigkeit der Markenpolitik innerhalb des Unternehmens.

Unternehmen mit einer ausgeprägten Mehrmarkenstrategie finden sich im Automobilbereich (z.B. VOLKSWAGEN: VW, AUDI, SEAT, SKODA etc.), im Lebensmittelbereich (z.B. UNILEVER im Margarinemarkt: RAMA, FLORA SOFT, SB, SANELLA, BONELLA, DU DARFST, BECEL, LÄTTA) oder im Dienstleistungsbereich (z.B. ACCOR-Gruppe bei Hotels: NOVOTEL, MERCURE, IBIS, ETAP etc.). Die Mehrmarkenstrategie weist eine Reihe von Vor- und Nachteilen auf (vgl. Abb. B.6).

Vorteile	Nachteile
gezielte und bedarfsgerechte Zielgruppenansprache,	Kannibalisierung durch gegenseitige Marktanteilssubstitution,
Ausweitung der Kundengewinnung und -bindung,	Einschränkung der Handlungsfreiräume durch zentrale Entscheidungen,
Förderung des internen Wettbewerbs,	Gefahr der Übersegmentierung,
Nutzung von Synergiepotentialen (z.B. Plattformenstrategie im PKW-Bereich),	strukturelle Nachfrageveränderungen gefährden Markendifferenzierung,
Absicherung der Wettbewerbsposition durch Markteintrittsbarrieren,	negativer Imagetransfer bei homogenisiertem Marktauftritt,
Markterschließung mit jeweils bestgeeigneten Marken,	suboptimale Verwendung personeller und finanzieller Ressourcen,
breitere Marktabdeckung durch differenzierte Positionierung,	Gefahr einer zu intensiven Synergienutzung,
Reduktion des Marktrisikos und höhere Aktionsflexibilität.	hohe Kosten durch parallele Marktbearbeitung.

Abbildung B.6: **Beurteilung der Mehrmarkenstrategie**
(*Quelle:* Meffert/Perrey 1998, S. 8 ff.)

Die **dynamischen Markenstrategien** umfassen die Veränderungen der Zuordnung der Leistungen und Marken im Zeitablauf. Dabei lassen sich **Neumarken**, **Markeneliminierung** und **Markentransfers** voneinander abgrenzen. Die größte Bedeutung weisen aktuell Markentransfers auf, weshalb im Folgenden nur auf diese Strategie eingegangen wird.

Ganz allgemein versteht man unter Markentransfer die Nutzung einer vorhandenen Marke für eine neue Leistung (Zatloukal, G. 2002; S. 1 ff.). Durch einen Markentransfer vergrößert sich die Breite einer Marke. Der Markentransfer bildet mit dem Aufbau von Neumarken eine zweite markenstrategische Option für Produktinnovationen. Der

Markentransfer führt zu einer Ausweitung der Leistungen einer Marke, wodurch sich z.B. eine Einzelmarke zu einer Familienmarke entwickelt.

In den letzten Jahren nahm die Zahl von Markentransfers stark zu. Bekannte **Beispiele** für **Markentransfers** sind u.a. folgende:

- MARS-Schokoriegel → Eiscreme,
- MÖVENPICK (Catering, Hotels) → Eis, Kaffee, Joghurt, Konfitüre,
- GRANINI-Fruchtsäfte → Bonbons,
- ADIDAS → Parfüm, Duschgel,
- NIVEA → Make-up, After-Shave, Haarspray etc.

Mit der Markentransferstrategie ist eine Reihe von Vor- aber auch Nachteilen verbunden (vgl. Abb. B.7) (Baumgarth 2001, S. 134).

Vorteile	Nachteile
Leistungsinnovation ist sofort Marke, Reduzierung der Markenbildungskosten, Senkung der Markteintrittsbarrieren („Regalplatz im Handel"), Gewinnung neuer Zielgruppen, etablierte Marke ermutigt Abnehmer zum Erstkauf, Reduzierung des Floprisikos, Vertrauen der Abnehmer, positive Rückwirkungen auf die Muttermarke.	Verwässerung des Markenimages, Kannibalisierungseffekte, geringer Handlungsspielraum, negative Badwill-Effekte (z.B. negative Erfahrungen mit der Leistungsinnovation, Markenerpressung), häufig spätere Einführung der Leistungsinnovation im Vergleich zur Neumarkenpolitik.

Abbildung B.7: **Beurteilung der Markentransferstrategie**

5.2.2　Diversifikationsstrategien

Die Diversifikationsstrategien stellen eine Ausweitung der Geschäftstätigkeit des Unternehmens auf **neue Märkte mit neuen Leistungen** (aus Sicht des Unternehmens) dar (ausführlicher bei Löbler 1988). Ziele dieser Strategie sind insbesondere Erschließung von Wachstumschancen in neuen Bereichen, die Nutzung von Synergien sowie die Reduzierung des Risikos. Als Optionen für eine Diversifikation stehen idealtypisch folgende Optionen zur Verfügung (Ansoff 1966, S. 152 ff.):

- horizontale Diversifikation,
- vertikale Diversifikation,
- laterale Diversifikation.

Die **horizontale** Diversifikation ist dadurch charakterisiert, dass eine Erweiterung des Leistungsprogramms auf der gleichen Wirtschaftsstufe und in verwandten Märkten erfolgt. Beispielsweise hat VW durch Zukauf von Unternehmen (z.B. SEAT und SKODA) sein Leistungsspektrum erweitert.

Die **vertikale** Diversifikation zeichnet sich dadurch aus, dass eine Erweiterung in der Wertschöpfungskette stattfindet. Dabei ist sowohl eine vorwärts- als auch eine rückwärtsgerichtete vertikale Diversifikation möglich. Ein Beispiel dafür ist NIKE mit der Eröffnung eigener Einzelhandelsgeschäfte.

Die **laterale** Diversifikation beinhaltet die Ausweitung des Leistungsprogramms auf weit entfernt liegende Leistungen. Ergebnis von lateralen Diversifikationen sind Mischkonzerne. Ein Beispiel für einen Mischkonzern bildet PHILIP MORRIS, der u.a. in den Bereichen Zigaretten (z.B. MARLBORO), Banken, Bier (MILLER-BEER) und Lebensmitteln (z.B. MILKA, JACOBS KAFFEE, KRAFT KÄSE) tätig ist.

Die drei Optionen der Diversifikation lassen sich durch unterschiedliche unternehmensinterne und -externe Maßnahmen realisieren (Becker 2001, S. 171 ff.). Während bei internen Maßnahmen die Erweiterung des Leistungsspektrums durch eigene Forschung & Entwicklung, Übernahme von Lizenzen (Know-how, Markenrechte) oder die Aufnahme von Handelsware in das Angebotsprogramm erfolgt, basieren externe Maßnahmen auf der Kooperation mit Partnern (insbesondere in Form von Joint Ventures) oder auf der Beteiligung an anderen Unternehmen bzw. dem Aufkauf von Unternehmen. Die einzelnen Maßnahmen unterscheiden sich im Hinblick auf den Zeitfaktor, die Kosten, die Organisationsprobleme sowie das Risiko (vgl. Abb. B.8).

Beurteilungs-kriterien	Maßnahmen				
	Eigene Forschung & Entwicklung	Lizenz-übernahme	Aufnahme von Handels-ware	Koopera-tionen in Form von Joint Ventures	Beteiligung/ Fusion
Zeitbedarf	langsam	schnell	schnell	mittel	mittel
Kosten	hoch	mittel	mittel	niedrig	niedrig
Organisations-problematik	niedrig	niedrig	niedrig	mittel	hoch
Risiko	groß	klein	klein	mittel	mittel

Abbildung B.8: **Beurteilung der Maßnahmen zur Realisierung von Diversifikationen**
(*Quelle:* Becker 2001, S. 172)

5.2.3 Programmpolitische Strategien

Die Absatzprogrammgestaltung umfasst die Zusammenstellung aller Leistungen eines Unternehmens. Vom Absatzprogramm eines Herstellers ist das Sortiment abzugrenzen, da sich das Sortiment auf die Gesamtheit der angebotenen Leistungen eines Handelsunternehmens bezieht.

Im Rahmen der strategischen Programmgestaltung sind Entscheidungen über die **Breite** und **Tiefe** sowie die **grundsätzliche Ausrichtung** des Programms zu treffen. Die Differenzierung zwischen Programmbreite und -tiefe verdeutlicht Abbildung B.9.

Im Allgemeinen bestehen aufgrund der Komplexitätskosten folgende Kombinationen zwischen Tiefe und Breite:

- breites und flaches Programm,
- schmales und tiefes Programm.

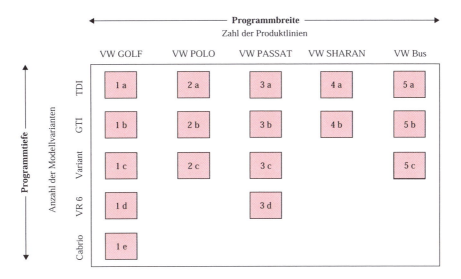

Abbildung B.9: **Breite und Tiefe des Produktprogramms bzw. Sortiments**
(*Quelle:* Meffert 2000, S. 462)

Neben der Entscheidung des Programmumfangs durch die Festlegung der Breite und Tiefe ist strategisch die grundsätzliche Ausrichtung des Programms zu bestimmen. Dabei kommen folgende Prinzipien zum Einsatz (Nieschlag/Dichtl/Hörschgen 2002, S. 685 f.):

- Ausrichtung an den sich wechselnden Bedürfnissen einer bestimmten Kundengruppe (**Problemtreue**) (*z.B. MLP Finanzdienstleistungen für die Zielgruppe Akademiker an*),
- Produktionsanlagen oder die Bindung an bestimmte Rohstoffe determinieren das Programm (**Materialtreue**) (*z.B. Stahlunternehmen bietet warmgewalzten Stahl für unterschiedlichste Verwendungsbereiche an*),

- Produktionsprogramm richtet sich an einem bestimmten Wissens- und Erfahrungsschatz aus (**Wissenstreue**) (*z.B. Bauunternehmen besitzt spezifisches Know-how für die Projektierung von Großobjekten in Asien*).

5.3 Leistungspolitische Maßnahmen

Die Realisierung der Strategien erfolgt durch die Gestaltung von Leistungen. Dabei lassen sich insbesondere zwei Betrachtungsweisen voneinander abgrenzen. Die erste Sicht konzentriert sich auf die einzelne Leistung. Zu dieser Gruppe zählen die Gestaltung des Produktes, die Produktinnovation, die Produktvariation und -differenzierung (= Produktmodifikation) sowie die Produkteliminierung. Die zweite Sichtweise betrachtet mehrere Leistungen gleichzeitig. Diese Sichtweise wird unter dem Abschnitt Absatzprogramm thematisiert. Allerdings bestehen in der Realität zwischen diesen beiden Sichtweisen starke Interdependenzen, d.h. eine isolierte Optimierung eines Entscheidungsbereiches ist wenig Erfolg versprechend.

5.3.1 Gestaltung des Produktes

Ein Produkt lässt sich allgemein als ein Bündel von nutzenstiftenden Eigenschaften charakterisieren. Das bedeutet, dass ein Abnehmer ein Produkt nicht aufgrund einer Eigenschaft, sondern dem damit verbundenen Nutzen kauft. Eng verbunden mit dieser Differenzierung ist die Unterscheidung zwischen objektiver und subjektiver Qualität. Während sich eine objektive Qualität durch Messungen quantifizieren lässt, stellt die subjektive Qualität die Beurteilung eines Produktes durch den Abnehmer dar. Aufgabe der Produktgestaltung ist die Auswahl und Kombination verschiedener Elemente, die aus Sicht der Abnehmer zu einem höheren Nutzen bzw. einer besseren subjektiven Produktqualität im Vergleich zu Konkurrenzprodukten führen.

Zur Systematisierung der verschiedenen Ebenen eines Produktes lassen sich unterschiedliche Ansätze identifizieren. Dabei existieren einerseits Ansätze, welche die Vielzahl an Gestaltungsparametern des Marketing bei der Produktgestaltung aufzeigen und andererseits solche, welche die Wahrnehmung bzw. Beurteilung eines Produktes aus Sicht der Abnehmer systematisieren. Im Folgenden wird jeweils prototypisch ein Ansatz dargestellt.

(1) Anbieterorientierte Sicht

Ein Produkt erfüllt eine Kernfunktion (z.B. PKW als Fortbewegungsmittel) (vgl. Abb. B.10). Zunächst wird diese Kernleistung mit ihren physikalisch-funktionalen Eigenschaften gestaltet. Folgende Gestaltungselemente kommen u.a. in Betracht (Koppelmann 1997):

- Stoff/Material (z.B. Metalle, Kunststoffe, Keramik/Glas),
- Form (z.B. rund, eckig, oval),
- Farbe,
- Oberflächenbeschaffenheit.

Teilweise erfolgt mit der Auswahl der Gestaltungsparameter auch die Festlegung der Ästhetik eines Produktes (z.B. APPLE-Design). Weiterhin kann das Produkt um Serviceleistungen ergänzt werden (z.B. Finanzierung bei einem Autokauf). Als vierter Parameter der Produktgestaltung erfolgt die Verbindung des Produktes mit einer Markierung (z.B. Lippenstift mit NIVEA).

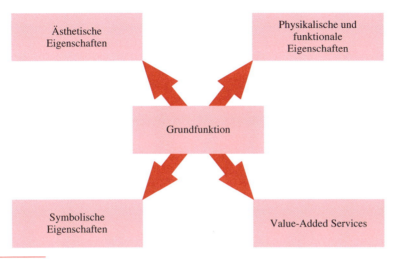

Abbildung B.10: **Ebenen der Produktgestaltung**
(*Quelle:* Meffert 2000, S. 437)

(2) Nachfragerorientierter Ansatz

Die Gestaltung des Produktes soll zu einer Nutzenstiftung beim Abnehmer beitragen. Zur Systematisierung der verschiedenen Nutzenkomponenten bietet sich zunächst eine Zweiteilung in Grund- und Zusatznutzen an (vgl. Abb. B.11). Der Grundnutzen resultiert aus den funktionellen Eigenschaften eines Produktes. Aufgrund der technologischen Entwicklung lassen sich auf dieser Ebene nur selten Differenzierungen zwischen verschiedenen Produkten auf einem Markt erzielen. Die Differenzierung erfolgt überwiegend über den Zusatznutzen. Dieser lässt sich weiter aufteilen in einen Erbauungs- und Geltungsnutzen. Während ersterer aus ästhetischen Eigenschaften resultiert (*z.B. ALESSI-Design gefällt*), entsteht der Geltungsnutzen über die Anerkennung des Abnehmers durch andere Personen aufgrund des verwendeten Produktes (*z.B. PORSCHE als Statussymbol*).

Definition		Beispiel Auto
Die aus den physikalischen Eigenschaften eines Produktes resultierende Bedürfnisbefriedigung		Bequemer und sicherer Transport von A nach B
Über den Grundnutzen hinausgehende Bedürfnisbefriedigung		Alle über reinen Transportnutzen hinausgehenden Nutzungskomponenten
Aus den ästhetischen Eigenschaften eines Produktes resultierende Bedürfnisbefriedigung		Befriedigung des Schönheitsempfindens bei der Betrachtung von Form und Farbe
Aus den sozialen Eigenschaften eines Produkts resultierende Bedürfnisbefriedigung		Soziale Anerkennung oder Aufwertung durch den Kauf und die öffentliche Nutzung einer prestigeträchtigen Luxusmarke (z.B. Mercedes-Benz)
Die aus allen Eigenschaften eines Produktes resultierende Bedürfnisbefriedigung		Summe aller Nutzenkomponenten des Automobils

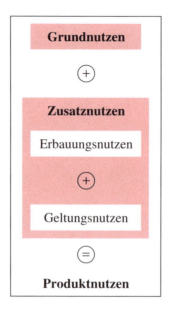

Abbildung B.11: **Ebenen des Produktnutzens**
(*Quelle:* Bänsch 1996)

5.3.2 Produktinnovation

Bei Produktinnovationen handelt es sich um eine Wachstumsstrategie. Dabei kann eine Produktinnovation entweder aus einer **internen Neuproduktentwicklung** oder aus einer **externen Akquisition** (z.B. Fusion, Kauf von Patenten und Lizenzen) resultieren. Durch Produktinnovationen lassen sich sowohl psychographische Ziele, wie z.B. Image („innovativ", „modern"), als auch ökonomische Ziele, wie z.B. Gewinnung von Erstkäufern, realisieren. Im Folgenden steht die Neuproduktentwicklung im Mittelpunkt der Betrachtung. Diese Neuproduktentwicklung kann eine echte **Marktneuheit**, eine **Unternehmensneuheit** oder eine **Produktmodifikation** darstellen (vgl. Abb. B.12).

Mit einer echten Marktneuheit wird eine neue Produktkategorie geschaffen, d.h. es entsteht ein neuer Markt. Anzumerken ist, dass es sich bei der Differenzierung der verschiedenen Produktinnovationen nicht um eindeutige Klassen, sondern um Intensität mäßige Abstufungen handelt. Zur Verdeutlichung einer Produktinnovation, die zu einer starken Veränderung des Marktes geführt hat, beschreibt das Praxisbeispiel die Produktinnovation RED BULL.

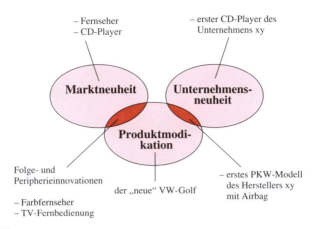

Abbildung B.12: **Arten von Innovationen**
(*Quelle:* Schmidt 1996, S. 20)

Beispiel: Red Bull

RED BULL wurde 1984 von Dietrich Mateschitz gegründet. Erst drei Jahre später wurde das Getränk in Österreich eingeführt und schuf damit die neue Produktkategorie „Energy drinks". 1994 wurde RED BULL u.a. auch in Deutschland eingeführt. Der Marke RED BULL ist es gelungen, durch ein neuartiges Getränk verbunden mit einer kontinuierlichen Markenführung und einem hohen Kommunikationsdruck (z.B. Spots im Hörfunk, Fernsehen und Kino; Sportsponsoring; Events wie die „Flugtage"; Verkaufsförderung) einen Absatz von ca. 1,3 Mrd. Dosen (Stand 2002; Anteil Deutschland: ca. 15 %) zu erreichen. Die Markenbekanntheit in der Zielgruppe 14 – 29 Jahre beträgt 93%. Der Erfolg der Marktinnovation führte auch zu einer Vielzahl von Nachahmern. Nach eigenen Angaben hatte RED BULL zeitweise allein in Deutschland über 100 Wettbewerber. Trotz dieser Konkurrenz erreicht RED BULL einen wertmäßigen Marktanteil in Deutschland von 77 % (Stand 2002).

Quelle: Clef 2001; Baumgarth 2001, S. 193; Marketing-Club München (2002).

Produktinnovationen sind das Resultat eines mehr oder weniger **systematisch ablaufenden Prozesses**, der mit der Idee oder einem Innovationsanstoß beginnt und im Idealfall mit der erfolgreichen Markteinführung des fertig entwickelten Produktes endet. Innovationsprozesse zeichnen sich durch Unsicherheit und schlechte Strukturierbarkeit aus. Um trotz dieser problemimmanenten Eigenschaften der Innovation eine Ordnung in das „Chaos" der Innovationstätigkeit zu bringen, hat die Literatur eine Reihe von (idealtypischen) Phasenmodellen entwickelt (Schmidt 1996, S. 21 ff., Call 1997, S. 20 ff.). Im Folgenden wird ein dreistufiger Prozess zugrundegelegt, der die Phasen Gewinnung, Prüfung und Realisierung von Neuproduktideen unterscheidet (vgl. Abb. B.13).

Abbildung B.13: **Produktinnovationsprozess**

Die folgenden Ausführungen behandeln einzelne Aspekte der Prozessschritte. Die ausführliche Diskussion von ausgewählten Methoden zur Unterstützung des Innovationsprozesses erfolgt im Abschnitt Informationsbeschaffung und -verarbeitung.

(1) Gewinnung von Neuproduktideen

In dieser ersten Phase wird versucht, möglichst viele **Ideen zu generieren** und anschließend **erfolgsversprechende Ideen** zu identifizieren. Zur Generierung lassen sich zunächst verschiedene interne und externe Quellen heranziehen (u. a. Haedrich/Tomczak 1996, S. 187; vgl. Abb. B.14).

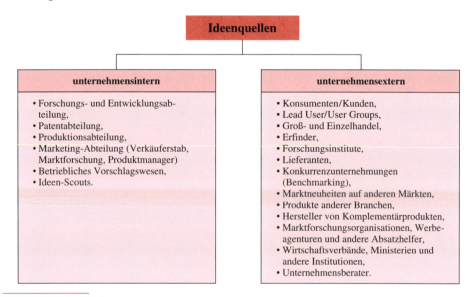

Abbildung B.14: **Quellen von Produktideen**

Neben diesen Quellen lassen sich Methoden einsetzen, welche die Ideenfindung fördern. Diese Methoden werden unter dem Begriff der Kreativitätstechniken zusammengefasst. Zur Klassifizierung der verschiedenen Kreativitätstechniken greift die Literatur hauptsächlich auf zwei Merkmale zurück:

- zugrundeliegende Heuristik: **systematisch-analytische** vs. **intuitive Verfahren**,
- Anzahl der beteiligten Personen: **Individual-** vs. **Gruppenmethoden**.

Abbildung B.15 gibt einen Überblick wichtiger Kreativitätstechniken (zur Darstellung einiger Methoden vgl. Punkt B 5.4.1; ausführlicher Geschka 1986, S. 50 ff.; Kepper 2000). Die fett gedruckten Techniken werden im Abschnitt Informationsgewinnung und -verarbeitung behandelt.

Anzahl der Teilnehmer	zugrunde liegende Heuristik	
	systematisch- analytisch	**intuitiv**
einer (Individual)	**Attribute Listing** Morphologischer Kasten	**Bionik** Checklistenverfahren
mehrere (Gruppen)	Morphologischer Kasten	**Brainstorming** **Methode 635** Synektik

Abbildung B.15: Überblick Kreativitätstechniken

Die Leistungsfähigkeit der Kreativitätstechniken lässt sich durch ihren Nutzen und ihre Kosten grob abschätzen. Der Nutzen setzt sich zusammen aus dem Reifegrad der produzierten Ideen, Komplexität der Problemlösung sowie Analogie/Nähe zu bisherigen Lösungen. Die Kosten ergeben sich aus der Ausbildungsdauer sowie dem Zeitbedarf der Anwendung.

(2) Prüfung von Neuproduktideen

Im zweiten Schritt des Produktinnovationsprozesses werden die generierten Ideen geprüft. Dabei empfiehlt sich eine zweistufige Vorgehensweise. In einem ersten Schritt erfolgt auf der Basis globaler Kriterien die Grobauswahl ausgewählter Ideen. In einem zweiten Schritt erfolgt eine Detailbeurteilung der Erfolg versprechenden Ideen. Dabei finden sowohl Kosten- als auch Absatzaspekte Berücksichtigung. Diese Informationen erlauben eine Prognose über die Erfolgsaussichten der Produktinnovation.

Bei der Grobauswahl finden nur leicht zu beurteilende Kriterien Berücksichtigung, die eine schnelle und kostengünstige Reduzierung der generierten Ideen ermöglichen. Folgende Gesichtspunkte sind in dieser Phase zu berücksichtigen (Haedrich/Tomczak 1996, S. 192 f.; Koppelmann 1997, S. 283 ff.):

- rechtliche Restriktionen,
- Ziele des Managements,
- technische Realisierbarkeit,
- wirtschaftliche Realisierbarkeit,
- Reaktion der Abnehmer auf die Ideen.

Zur methodischen Unterstützung dieser Grobauswahl werden u.a. Punktbewertungsverfahren eingesetzt.

Im Prozessabschnitt der Wirtschaftlichkeitsanalyse erfolgt die Beurteilung von Produktkonzepten anhand von ökonomischen Kriterien wie z.B. **Gewinn**, **Umsatz**, **Amortisationsdauer** und **Kapitalwert**. Problematisch an diesem Schritt ist die Prognose der wirtschaftlichen Größen wie z.B. Kosten, Preise sowie Absatzmengen. Als methodische Hilfsmittel stehen u.a. die Break-Even-Analyse, statische sowie dynamische Investitionsrechnungsverfahren zur Verfügung.

Zur Abschätzung des Markterfolges (z.B. Präferenzen, Kaufbereitschaft) bieten sich unterschiedliche Testinstrumente wie Konzept-, Produkt- und Markt-Test an (Berekoven/Eckert/Ellenrieder 1999, S. 151 ff.).

Im Rahmen von **Konzept-Tests** erfolgt häufig die Überprüfung der Konzepte (schriftliche Beschreibung oder visuelle Darstellung der Produktinnovation) anhand von **Kaufbereitschaften**.

Ein **Produkt-Test** ist ein **Experiment**, in dessen Rahmen eine Gruppe von Testpersonen zum Probe weisen Konsum unentgeltlich bereitgestellter Produkte aufgefordert wird, um danach durch eine Befragung die **subjektive Wahrnehmung** oder Beurteilung dieser Produkte zu erheben (Bauer 1984). Streng vom Produkt-Test zu unterscheiden sind ingenieurtechnisch-naturwissenschaftliche Tests (z.B. Lebensmittel-Test) und Waren-Tests (z.B. Stiftung Warentest), da diese die objektiv vorhandenen Qualitätsmerkmale ermitteln. Im Rahmen des Produkt-Tests existiert eine Reihe von Gestaltungsmöglichkeiten (vgl. Abb. B.16).

Abgrenzungskriterium	Ausprägungen			
Testware	Volltest	Partialtest (z.B. Namenstest)		
Testpersonen	Experten	Unternehmensangehörige	Stichprobe potenzieller Verwender	
Anzahl der zu testenden Produkte pro Person	nur ein Produkt (monadischer Test)	mehr als ein Produkt (komparativer Test)		
Aufmachung der Testware	ohne Markenbezug (Blindtest)	mit Markenbezug (identifizierter Test)		
Testort	Haushaltstest	Labortest		
Untersuchte Wirkungen	sensorischer Test (Geschmack, Geruch)	Greiftest	akustischer Test	kognitive Wirkungen (Recall, Recognition, Einstellung)
Zeitdauer des Tests	Kurzzeit	Langzeit		

Abbildung B.16: **Arten von Produkt-Tests**

Produkt-Tests sind ein wichtiges Prognoseinstrument, allerdings verlangt die Planung hohes marktforscherisches Know-how (z.B. Stichprobenbildung, Fragebogenkonstruktion, Experimentalanordnungen). Besonders problematisch an Produkt-Tests ist, dass nur wenige Merkmale simultan getestet werden können und ein Test des gesamten Marketing-Mix unmöglich ist.

Dieses Defizit der fehlenden Berücksichtigung aller Einflussfaktoren versuchen **Markt-Tests** zu beseitigen. Bei einem Markt-Test wird ein Teil oder das gesamte Marketing-Mix in einem räumlich begrenzten Markt getestet. Ein Markt-Test zielt darauf ab, repräsentative Ergebnisse für den Gesamtmarkt zu ermitteln. Daher ist es notwendig, dass der auszuwählende Testmarkt ein strukturgleiches, verkleinertes Abbild des Gesamtmarktes darstellt. Einzelanforderungen an einen Testmarkt sind folgende Übereinstimmungen zwischen Test- und Gesamtmarkt:

- Bevölkerungsstruktur,
- Bedarfsstruktur,
- Handelsstruktur,
- Wettbewerbsstruktur,
- Mediastruktur.

Markt-Tests weisen im Vergleich zum Konzept- und Produkt-Test den Vorteil relativ genauer Prognosen über die Erreichung ökonomischer Ziele (z.B. Absatz) auf. Allerdings zeigt der Markt-Test z.B. nur auf, dass das neue Produkt nicht erfolgreich ist, gibt aber keinen Hinweis auf die Gründe für den Misserfolg.

Abbildung B.17 vergleicht zusammenfassend die drei Methoden zur Abschätzung des Markterfolges von Produktinnovationen.

	Test		
Beurteilungskriterien	**Konzepttest**	**Produkttest**	**Markttest**
Zeitbedarf	+	0	–
Kosten	+	+	–
Geheimhaltung	+	+	–
Analyse psychografischer Wirkungen	+	+	–
Analyse ökonomischer Wirkungen	–	–	+
Bewertung: + = positiv – = negativ 0 = neutral			

Abbildung B.17:   **Vergleich von Methoden zur Markterfolgsabschätzung bei Produktinnovationen**

(3) Realisierung von Neuproduktideen

Die Realisierung der Neuproduktidee umfasst die Markteinführung der Produktinnovation. In dieser Phase sind die **Markteinführungsstrategie** sowie das **gesamte Marketing-Mix** festzulegen (Witt 1996). Bei Marktneuheiten kommt es darauf an, die sog. **Innovatoren** zu bestimmen und zu bearbeiten, damit sich die Innovationen in der Zielgruppe schnell ausbreiten (Diffusionsprozess, Ursprung bei Rogers 1962).

Bei der Festlegung des Marketing-Mix sind alle Instrumente zu gestalten. Im Folgenden werden einige wichtige Instrumente für Produktinnovationen aufgezeigt:

- **Preispolitik**: Penetrations- vs. Skimming-Preispolitik; Finanzierungshilfen,
- **Kommunikationspolitik**: Vorankündigungen in der klassischen Werbung oder auf Messen,
- **Distributionspolitik**: selektive/exklusive Distribution,
- **Leistungspolitik**: verstärkter Service.

Das folgende Beispiel zeigt für die Produktinnovation PLAX (Zahnspülung) die Schwerpunkte eines typischen Einführungs-Marketing-Mix im Verbrauchsgüterbereich auf.

Beispiel: Marketing-Mix für die Einführung PLAX

Bei der Einführung der Zahnspülung PLAX in Deutschland wurden zunächst nur Apotheken als Absatzmittler eingesetzt (selektive Distribution). Anschließend wurden zunächst mit Drogeriefachgeschäfte und dann mit dem LebensmittelEinzelhandel Listungsgespräche geführt. Um die Listung zu erreichen, fanden Händler-Promotions (z.B. Werbekostenzuschüsse) statt und es wurden gute Konditionen (z.B. Rückgaberecht für unverkaufte Produkte) angeboten. Die Kommunikationspolitik in der Einführungsphase zielte insbesondere auf die Zielgruppen Einkäufer im Lebensmittel- und Drogeriebereich, Apotheker, Zahnärzte sowie Endverbraucher. Bereits vor der eigentlichen Markteinführung wurden Print-Anzeigen in der Lebensmittelzeitung geschaltet, die die Einkäufer auf die Marktinnovation aufmerksam machen sollten. Ca. ein halbes Jahr nach der Markteinführung nachdem bereits eine gewisse Distribution aufgebaut war, erfolgte der verstärkte Einsatz von TV-Werbung, die auf die Endverbraucher abzielte. Zusätzlich wurde die breite Endverbraucher-Ansprache durch den Einsatz des Verkaufsförderungsinstruments Zweitplatzierung unterstützt. Aufgrund der Zielsetzung einer schnellen Marktdurchdringung wurde für PLAX eine Penetrationspreis-Strategie gewählt.

5.3.3 Produktmodifikation

Im Zeitablauf kann sich ergeben, dass die angebotene Leistung verändert werden muss, um die angestrebten Ziele auch zukünftig erreichen zu können. Die möglichen Alternativen lassen sich unter dem Begriff der **Modifikation** subsumieren. Bei der Produktmodifikation lassen sich nach dem Zeitbezug die **Produktdifferenzierung** und **Produktvariation** unterscheiden (Brockhoff 1999, S. 303 ff. und 289 ff.). Während bei der Produktdifferenzierung neben einer bestehenden Variante gleichzeitig weitere Varianten auf dem Markt angeboten werden, ersetzt bei der Produktvariation die Variante ein bestehendes Produkt.

Gründe für eine Produktmodifikation können u.a. folgende sein (Koppelmann 1997, S. 584):
- Autonome Anspruchsänderungen,
- Modeänderungen,
- Technischer Fortschritt,
- Änderungen des Angebotsimage,
- gesetzliche Vorschriften,
- Fehler bei der Markteinführung,
- Ausschöpfung des Käuferpotentials.

Als **Ansatzpunkte** für Produktmodifikationen bieten sich ästhetische, physikalische/funktionale, symbolische Eigenschaften sowie Services an (vgl. Abb. B.18).

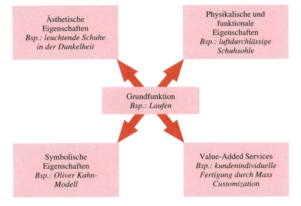

Abbildung B.18: Ansatzpunkte für Produktmodifikation am Beispiel Sportschuhe

Das folgende Praxisbeispiel belegt anhand des Waschmittels PERSIL, wie gezielte Produktmodifikationen ein Produkt über Jahrzehnte aktuell halten können.

\multicolumn{4}{c}{**Beispiel: Produktmodifikationen von PERSIL**}
Zeit	**Trend**	**Variation von PERSIL**	**Schlagwort**
1965	Verbreitung von Trommelwaschmaschinen	Beimischung von Schauminhibitoren	Die vollkommene Waschpflege
1970	Einführung von synthetischen Geweben	Zusetzung von Enzymen	Persil mit Weißmacher
1973	Waschpulver muss maschinenschonend sein	Beimengung von Korrosionsinhibitoren	Persil waschmaschinenschonend
1986	Weniger Schadstoffe sollen ins Abwasser gelangen	Waschmittel ohne Phosphat	Persil Phosphat frei
1994	Kleinere Verpackungen gewünscht	Waschmittel als Perlen anstatt als Pulver	Persil mit Megaperls

Das Hauptproblem der Produktvariation besteht darin, den **richtigen Zeitpunkt** für eine Veränderung zu bestimmen. Bei der Produktdifferenzierung dagegen bildet die Bestimmung des **optimalen Verhältnisses** zwischen **Komplexitätskosten** und **zusätzlichen Einnahmen** durch die Differenzierung das Hauptproblem. Die Komplexitätskosten resultieren aus der großen Anzahl möglicher Alternativen, die schon dann auftreten, wenn nur wenige Merkmale frei kombinierbar sind.

Das Beispiel Automobile verdeutlicht die grundsätzliche Problematik (Schlegel 1978, S. 65 ff.). Die Automobilindustrie wählt folgende Hauptansatzpunkte zur Differenzierung:

- Karosserie (Stufenheck, Variant, Coupé, Cabriolet, 2-/4-Türer etc.),
- Aggregate (4-, 5-, 6-, und 8-Zylinder, 5-Gang-Getriebe, Benziner/Diesel etc.),
- Außen- und Innenfarben,
- Gesetze und Vorschriften im internationalen Bereich.

Wenn auch nur zwei Ansatzpunkte frei variabel gestaltet werden können, ergibt sich eine große Anzahl von Alternativen. Die PKW-Hersteller setzen folgende Maßnahmen zur Reduzierung der Variantenzahl ein:

- Vereinheitlichung von internationalen Gesetzen und Vorschriften (Lobbying),
- Technische Vereinheitlichung (Baukastenprinzip, Plattformstrategie),
- Paketbildung (Bundling).

5.3.4 Produkteliminierung

Den vierten Entscheidungsbereich der Leistungspolitik bildet die Eliminierung einzelner Produkte. Ähnlich dem Ablaufschema im Rahmen der Produktinnovation lässt sich ein idealtypischer Prozess aufstellen (Brockhoff 1999, S. 321 ff., vgl. Abb. B.19).

Abbildung B.19: **Prozess der Produkteliminierung**

Zur Identifizierung eliminierungsverdächtiger Produkte dienen unterschiedliche Kriterien, die sich nach ihrer Art in quantitative und qualitative Kriterien einteilen lassen (Herrmann 1998, S. 545 ff., vgl. Abb. B.20).

Zur methodischen Integration mehrerer Kriterien bietet sich u.a. das Punktbewertungsverfahren an.

quantitativ	qualitativ
sinkender Umsatz, sinkender Marktanteil, geringer Umsatzanteil, sinkende Deckungsbeiträge, sinkende Rentabilität, hohe Beanspruchung knapper Ressourcen (z.B. Außendienst).	Einführung von Konkurrenzprodukten, negativer Einfluss auf das Firmenimage, Änderung der Bedarfsstruktur der bisherigen Kunden, Änderung gesetzlicher Vorschriften, technologische Veränderungen.

Abbildung B.20: **Übersicht Produkteliminierungskriterien**
(*Quelle:* Meffert 2000, S. 453)

5.3.5 Absatzprogramm

Die taktisch-operative Programmgestaltung zielt insbesondere auf das Ausnutzen von positiven und die Vermeidung von negativen Verbundeffekten ab (vgl. Abb. B.21).

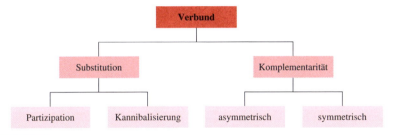

Abbildung B.21: **Systematisierung von Verbundeffekten**

Bei **Partizipationseffekten** handelt es sich um Substitutionsbeziehungen zwischen den Leistungen **verschiedener** Unternehmen (z.B. bisheriger FORD-Fahrer kauft einen VW). Die **Kannibalisierung** betrifft dagegen Substitutionsbeziehungen zwischen Leistungen *eines* Unternehmens (z.B. bisheriger VW-Fahrer kauft einen AUDI). Bei der **Komplementarität** lässt sich diese Differenzierung (zwischen Leistungen verschiedener Unternehmen bzw. eines Unternehmens) auch vornehmen.

Weiterhin lassen sich nach den zugrundeliegenden Motiven drei verschiedene Typen von Verbundeffekten differenzieren (Böcker 1978, S. 19 ff.). Zunächst existiert ein **Bedarfsverbund**, der dadurch zustande kommt, dass die Leistungen in einem komplementären Verhältnis zueinander stehen. Davon abzugrenzen ist der **Nachfrageverbund**, der neben dem Bedarfsverbund auch durch gezielte Verkaufsförderungsmaßnahmen (z.B. Bundling von Hamburgern und Cola-Getränk in Fast-Food-Restaurants) und Bequemlichkeit (z.B. „one stop shopping" im Einkaufszentrum) auftreten kann. Die dritte Form bildet die direkt feststellbare Form des **Kaufverbundes**. Neben dem Bedarfs- und Nachfrageverbund treten Kaufverbund-Effekte auch durch gezielte Maßnahmen am Verkaufsort (POS) oder Zufall bedingt auf.

5.4 Informationsbeschaffung und -verarbeitung

Die verschiedenen Entscheidungstatbestände der Leistungspolitik erfordern eine systematische informatorische Fundierung. Dabei lassen sich drei Arten von Verfahren unterscheiden. Die erste Art zielt auf die Generierung von möglichst vielen Alternativen ab (**Kreativitätstechniken**). Die zweite Methodengruppe umfasst Methoden zur Abschätzung der Wirkungen einzelner Entscheidungen (**Testverfahren**). Die letzte Gruppe bilden Verfahren, die eine Verdichtung von Informationen vornehmen und teilweise auch zu einer Entscheidung führen (Punktbewertungsverfahren, Wirtschaftlichkeitsrechnung, Lebenszyklusanalyse, Programmstrukturanalyse, Kostenrechnungen). Im Folgenden werden die Methoden zunächst abstrakt beschrieben. Anschließend erfolgt jeweils die Anwendung der Methode auf einen Entscheidungstatbestand aus der Leistungspolitik. Abgeschlossen wird die Darstellung der Methode jeweils durch eine kritische Würdigung des Verfahrens. Daran anschließend erfolgt der Hinweis auf weitere Einsatzmöglichkeiten der Methode im Marketing.

5.4.1 Kreativitätstechniken

Aus der Vielzahl von Kreativitätstechniken (z.B. Weis 2004, S. 251 ff.; Schlicksupp 1999; Knieß 1995) behandelt der folgende Abschnitt das Brainstorming und Brainwriting (Methode 6-3-5), das Attribute Listing sowie die Bionik.

(1) Brainstorming und Brainwriting

Die Kreativitätstechniken Brainstorming und Brainwriting gehören zu den intuitiven Gruppenmethoden (Ursprung bei Osborn 1963, vgl. Abb. B.15). Beim **Brainstorming** kommt eine Zahl von Personen unter der Leitung eines Moderators zu einer Sitzung zusammen, um gemeinsam Vorschläge zu einem vorher bekannt gegebenen Thema zu entwickeln. Die Ideen können dabei auf Kärtchen geschrieben, an einer Pinwand befestigt und nach einem ersten Durchgang sortiert werden. Das Verfahren zeichnet sich durch folgende Regeln aus:

- keine Kritik (Vermeidung von „Killerphrasen" und non-verbaler Kritik),
- Quantität vor Qualität,
- freier Lauf von Assoziationen,
- Aufgreifen und Weiterentwicklung von Ideen Dritter.

Im Anschluss an die Kreativsitzung können die erarbeiteten Ideen von den Teilnehmern bewertet werden, indem z.B. jeder Teilnehmer Klebepunkte erhält und damit die nach seiner Meinung wichtigsten Ideen kennzeichnet. Aufgrund der Punktzahl pro Idee werden diese in eine Rangfolge gebracht. Probleme können sich durch dominante Personen und Kreativität mindernde Kritiken ergeben.

Das **Brainwriting (Methode 6-3-5)** baut auf dem klassischen Brainstorming auf und stellt eine schriftliche Variante dar. Hierbei schreiben idealtypisch 6 Teilnehmer jeweils 3 Ideen in Zeitabschnitten von 5 Minuten auf. Nach der ersten Phase werden die Ideen in der zweiten Phase an den Nachbarn weiter gereicht, der sich durch die aufgelisteten Ideen zu neuen Ideen anregen lässt. Bei sechs Teilnehmern ergeben sich fünf Weitergaben.

Im Anschluss an eine 6-3-5-Sitzung empfiehlt sich, durch einen wiederholten Durchgang eine Grobbewertung der Ideen durchzuführen. Bei diesem Durchgang soll jeder Teilnehmer jene drei Ideen mit einem Kreuz kennzeichnen, die ihm am erfolgversprechendsten erscheinen. Empfehlenswert ist diese Methode bei folgenden Situationen:

- viele Personen sollen gleichzeitig in einer Ideenfindungsphase eingeschaltet werden (mehrere 6-3-5-Gruppen),
- „kritische" Gruppe, d.h. in der Diskussion sind Spannungen und Konflikte zu erwarten,
- Gefahr von dominanten Personen.

Die Methode 6-3-5 vermeidet einige der Probleme des Brainstorming. Allerdings kann die schriftliche Form zu Kommunikationsproblemen zwischen den Teilnehmern führen.

Brainstorming und Brainwriting eignen sich insbesondere für relativ einfache Problemstellungen in frühen Planungsphasen. Die Methoden lassen sich für Produktinnovationen, Produktmodifikationen und Verpackungsgestaltungen einsetzen.

Weitere Einsatzgebiete im Marketing sind u.a. folgende:

- Werbegestaltung,
- Verkaufsförderungsideen,
- Generierung von alternativen Distributionskanälen.

(2) Attribute Listing

Die Attribute-Listing-Methode stellt eine systematisch-analytische Individualmethode dar (vgl. Abb. B.15) und besitzt Ähnlichkeit zu der Morphologischen Methode. Das Grundprinzip des Attribute Listing ist die Zerlegung einer bestehenden Lösung in Einzelmerkmale und die daran anschließende systematische Variation dieser Einzelmerkmale. Im Einzelnen setzt sich die Methode aus folgenden Schritten zusammen:

1. Zerlegung eines Produktes, Verfahrens etc. in einzelne Merkmale,

2. Beschreibung der derzeitigen Ausführungen aller Merkmale (IST-Zustand),

3. Systematische Suche nach Variationsmöglichkeiten der Gestaltung eines jeden Merkmals,

4. Auswahl und Realisation interessanter Variationen.

Das Beispiel „Schokolade" verdeutlicht in Abbildung B.22 die Vorgehensweise des Attribute Listing im Rahmen der Produktmodifikation.

Merkmal	bisherige Lösung	Alternativen
Form	rechteckig	rund, oval, quadratisch, dreieckig ...
Geschmack	Kakao	Biergeschmack, sauer ...
Gewicht	100 g	200 g, 1 kg, 20 g, ...
Farbe	braun	rot, gelb, grün, ...

Abbildung B.22: **Beispiel zum Attribute Listing (Schokolade)**

(3) Bionik

Die Bionik stellt ein intuitives Individualverfahren dar (vgl. Abb. B.15). Der Grundgedanke dieser Methode besteht in der Übertragung von Systemen und Lösungen der Natur auf technische Probleme. Die Vorgehensweise gliedert sich in folgende zwei Schritte:

■ Problemlösungen der Natur werden systematisch untersucht,

■ Übertragung geeigneter Lösungsprinzipien auf technische Probleme.

Im Gegensatz zu den bisher behandelten Techniken lässt sich die Bionik auch bei komplexen Problemstellungen einsetzen. Die folgenden Beispiele verdeutlichen für den Bereich Produktinnovation die Idee der Bionik.

Lösungen, die auf bionischen Prinzipien basieren, sind z.B. folgende:

■ Orientierung von Vögeln, Fledermäusen, Fischen, Bienen und anderen Tieren → Kompass, Ultraschall, Radar,

■ Leichtbauarten in der Natur → Sandwichkonstruktionen, Rohrkonstruktionen,

■ Menschliches Gehirn → neuronale Netze.

Die Bionik stellt eine Methode dar, die im Marketing insbesondere für den Bereich der Leistungspolitik geeignet ist. Die Bionik stellt auch einen wichtigen Baustein der Synthetik-Methode nach Gordon dar.

Abschließend sollen die drei behandelten Methoden kurz beurteilt werden. Als Beurteilungskriterien finden der Reifegrad der Ideen, die Komplexität der Lösung, die Nähe zu bisherigen Lösungen, die Ausbildungsdauer sowie der Zeitbedarf der Anwendung Berücksichtigung (vgl. Abb. B.23).

Beurteilungskriterien	Methode		
	Brainstorming/ Brainwriting (6-3-5)	Attribute Listing	Bionik
Reifegrad der Ideen	gering	hoch	mittel
Komplexität der Lösung	gering	mittel	hoch
Analogie (Nähe) zu bisherigen Lösungen	mittel	hoch	gering
Ausbildungsdauer	gering	gering	mittel
Zeitbedarf der Anwendung	gering	mittel	mittel

Abbildung B.23: **Vergleichende Beurteilung der Kreativitätstechniken**

5.4.2 Punktbewertungsverfahren

Idee des Punktbewertungsverfahrens (synonym: Scoring-Verfahren) ist die gleichzeitige Berücksichtigung mehrerer Kriterien zur Entscheidungsfindung. Zu diesem Zweck erfolgt zunächst die Sammlung relevanter **Kriterien**, die einen Zusammenhang zu den Marketing-Zielen aufweisen sollten. Anschließend werden für die einzelnen Kriterien Messvorschriften und **Beurteilungsskalen** entwickelt. Dabei wird i.d.R. eine umgekehrte Zahlenzuordnung wie bei der Schulnotenskala eingesetzt, d.h. bessere Ausprägungen erhalten höhere Zahlenwerte.

Das Verfahren kann sich durch eine Berücksichtigung der unterschiedlichen Bedeutungen der Einzelkriterien durch die Einführung einer **Gewichtung** verfeinern. Formal werden das Punktbewertungsverfahren folgendermaßen formuliert werden:

$$U_j = \sum_{i=1}^{n} a_i \cdot x_{ij}$$

mit : U_j = Gesamtscore über eine Alternative j

a_i = Bedeutung, die dem Kriterium i beigemessen wird

x_{ij} = Ausmaß, in dem die Alternative j das Kriterium i erfüllt

Danach erfolgen eine **Bewertung** der Alternativen anhand dieser Skala sowie eine **Multiplikation** der Bewertungen mit den jeweiligen Bedeutungsgewichten. Im nächsten Schritt erfolgt für jede Alternative eine **Aufsummierung** der Beurteilungen zu einem Gesamtwert. Mit diesen Gesamtwerten können **Entscheidungen** unterstützt werden: Bei einer Auswahlentscheidung sollte die Alternative mit dem höchsten Gesamtwert gewählt werden. Daneben können z.B. alle Alternativen gewählt werden, die eine vorgegebene Mindestpunktzahl überschreiten.

Weiterhin lässt sich die Stabilität des Ergebnisses durch eine **Sensitivitätsanalyse** überprüfen. Zu diesem Zweck werden einzelne Schritte (z.B. Kriterienauswahl, Kriteriengewichtung, Beurteilung der Alternativen) leicht variiert und mit diesen veränderten Werten der Gesamt-Score berechnet. Ein stabiles Ergebnis liegt dann vor, wenn die Rangfolge der Gesamtbeurteilungen der Alternativen auch nach der Veränderung konstant bleibt.

Schließlich ermöglicht die Berücksichtigung von **k.o.-Kriterien**, dass die zu beurteilenden Alternativen bei bestimmten Merkmalen gewisse Mindestniveaus erreichen müssen.

Beispiel: Scoring-Verfahren

In der Abbildung B.24 werden die Alternativen A, B und C anhand von drei Kriterien beurteilt. Die Kriteriengewichte sollten sich auf 100 Punkte (bzw. auf 1,0) summieren. Die Alternativen werden auf einer 10-Punkte-Skala beurteilt. Die Alternative A weist mit 610 Punkten (von maximal 1.000 erreichbaren Punkten) die beste Beurteilung auf. Bei einer vorgegebenen Mindestpunktzahl von z.B. 800 würden allerdings alle drei Alternativen verworfen.

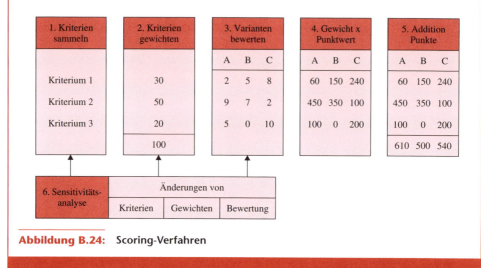

Abbildung B.24: Scoring-Verfahren

Im Rahmen der Produktinnovation dient das Scoring-Verfahren zur Grobauswahl von Ideen.

Neben der Produktinnovation lassen sich Punktbewertungsverfahren in vielen weiteren Marketingbereichen sinnvoll einsetzen, z.B:

- Marktselektion im internationalen Marketing,
- Mediaselektion (Auswahl von Werbeträgergruppen),
- Handelsvertreter vs. Reisender,
- Absatzmittlerwahl,
- Portfolio-Analyse (z.B. McKinsey-Portfolio).

Obwohl das Scoring-Verfahren wegen seiner Vorteile in der Praxis starke Verbreitung gefunden hat, besitzt es eine Reihe von Nachteilen (vgl. Abb. B.25).

Vorteile	Nachteile
Transparenz, Ermöglichung von Sensitivitätsanalysen, Berücksichtigung qualitativer und quantitativer Kriterien, einfache Handhabung, Konfliktvermeidung.	subjektive Auswahl der Beurteilungskriterien und Gewichtungsfaktoren, Skalenproblem (Ordinal- vs. metrische Skala), subjektive Beurteilung, Kompensationsproblem zwischen verschiedenen Merkmalen, Überschneidung der Merkmale.

Abbildung B.25: **Beurteilung des Punktbewertungsverfahrens**

5.4.3 Wirtschaftlichkeitsanalysen

Zur detaillierteren Analyse von Alternativen, welche die Phase der Grobauswahl überstanden haben, bieten sich Wirtschaftlichkeitsanalysen an. Diese basieren auf Prognosewerten und berechnen auf der Basis dieser Werte die ökonomischen Konsequenzen verschiedener Alternativen. Im Folgenden werden die Break-Even-Analyse, die statische Amortisationsrechnung sowie die Kapitalwertmethode behandelt.

(1) Break-Even-Analyse

Grundidee der Break-Even-Analyse (Gewinnschwellenanalyse) ist der Zusammenhang zwischen der Absatzmenge, den Kosten, dem Umsatz und dem aus diesem Zusammenhang resultierenden Gewinn (Ehrmann 2004, S. 205 ff.; Weis 2004, S. 269 ff.). Zunächst wird diejenige Absatzmenge bestimmt, bei dem die Kosten gleich dem Umsatz sind, d.h. bei welchem der Gewinn gleich null ist (vgl. Abb. B.26).

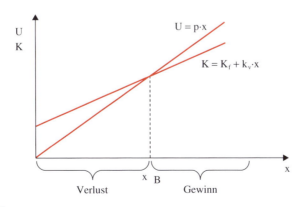

Abbildung B.26: **Break-Even-Analyse**

Formal lässt sich die Break-Even-Analyse wie folgt formulieren:

1. $\quad G = U - K$

2. $\quad U = p \cdot x$

3. $\quad K = K_f + k_v \cdot x$

4. Break-Even-Punkt: $\quad G = 0 \;\Rightarrow U = K$

$$p \cdot x_B = K_f + k_v \cdot x_B$$

$$\Leftrightarrow x_B = \frac{K_f}{(p - k_v)}$$

mit: $\quad$ G = Gewinn $\qquad\qquad$ p = Preis

$\qquad$ U = Umsatz $\qquad\qquad$ x = Menge

$\qquad$ K = Kosten $\quad$ K_f = Fixkosten

$\qquad$ k_v = variable Stückkosten $\quad$ x_B = Break-Even-Menge

In einem zweiten Schritt wird analysiert, ob die Neuproduktidee zu einer größeren Absatzmenge als die Break-Even-Menge führt. Im Rahmen der Planung wird eine Absatzprognose erstellt und dieser Wert mit der Break-Even-Menge verglichen. Die **Entscheidungsregel** lautet dabei:

$$x_p > x_B \qquad \text{Einführung}$$

$$x_p < x_B \qquad \text{keine Einführung}$$

mit: $\quad$ x_p: prognostizierte Absatzmenge

Beispiel: Die geschätzten Fixkosten für das neue Produkt belaufen sich auf 100.000 €. Der Preis, der am Markt durchsetzbar ist, beträgt 600 €. Weiterhin fallen variable Stückkosten von 200 € an.

Die Break-Even-Menge ergibt sich durch folgende Berechnung:

$$x_B = \frac{100.000}{(600 - 200)} = 250 \, \text{Stück}$$

Die Marktforschung ergab, dass mit einem Absatz von 200 Stück pro Periode zu rechnen ist. Damit wird die Break-Even-Menge nicht erreicht und das neue Produkt nicht eingeführt.

Weitere Einsatzgebiete der Break-Even-Analyse im Marketing sind z.B:

- Produktmodifikation,
- Preisbestimmung,
- Werbeplanung.

Beurteilung:

- Die Break-Even-Analyse stellt ein **einfaches** und flexibel einsetzbares Verfahren dar. Allerdings ist es auch mit einer Reihe von Problemen verbunden.

- Erstes Problem bildet die **Prognose** von x_p, da es sich insbesondere im Rahmen der Produktinnovation um eine Prognose mit einem großen Unsicherheitsfaktor handelt, da diese noch vor der Markteinführung erfolgt.

- Weiterhin stellt die Break-Even-Methode ein **statisches Verfahren** dar, das auf Durchschnittswerten basiert. Häufig wird bei Produkteinführungen die benötigte Break-Even-Menge nicht im Jahr der Einführung erreicht, und deswegen sollte sich die prognostizierte Absatzmenge nicht auf das Einführungsjahr beziehen. Unterliegt das Produkt einem Produktlebenszyklus (vgl. Punkt B 1.4.5), stellt sich die Frage nach der richtigen durchschnittlichen Absatzmenge. Im Jahr der Einführung fallen darüber hinaus höhere Marketing-Kosten als in den Folgejahren an.

- Weiterhin vernachlässigt die Break-Even-Analyse im Rahmen der Produktinnovation die **anderen Marketing-Instrumente**, bzw. es wird davon ausgegangen, dass die Ausprägungen des Marketing-Mix festliegen. Allerdings kann das Grundmodell variiert werden. Beispielsweise bedingt die Berücksichtigung unterschiedlicher Preise eine Drehung der Umsatzkurve im Ursprung oder die Erhöhung der Fixkosten z.B. durch Werbung eine parallele Verschiebung der Kostenfunktion. In beiden Fällen verändert sich die Break-Even-Menge. Ein höherer Preis führt zu einer scheinbar günstigen Verringerung dieser Menge, eine zusätzliche Werbung zu einer scheinbar ungünstigeren Erhöhung der Menge. In beiden Fällen ist allerdings zu berücksichtigen, dass die veränderten Marketing-Maßnahmen auch die prognostizierte Absatzmenge beeinflussen.

(2) Amortisationsrechnung

Bei der Amortisationsrechnung wird in Bezug auf die Beurteilung einer Neuproduktidee die Zeitdauer bestimmt, in der die Anschaffungsauszahlungen (a_o) durch die kumulierten jährlichen Zahlungsüberschüsse $\sum (e_t - a_t)$ gedeckt werden.

Es werden folgende Größen eingeführt:

a_o = Anschaffungsauszahlungen, die mit dem neuen Produkt verbunden sind (z.B. Kauf einer neuen Maschine)

e_t = erwartete Einzahlungen in den einzelnen Jahren (insb. Umsätze)

a_t = erwartete Auszahlungen in den einzelnen Jahren (z.B. Löhne, Gehälter, Material)

$d_t = e_t - a_t$ (jährlicher Zahlungsüberschuss)

t_i = Ist-Amortisationsdauer

t_s = Soll-Amortisationsdauer

Abbildung B.27 zeigt die Grundidee der **statischen** Amortisationsrechnung.

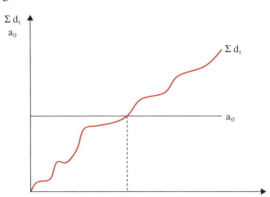

Abbildung B.27: **Modell der Amortisationsrechnung**

Algebraisch ist diejenige Ist-Amortisationsdauer t_i zu berechnen, bei der gilt:

$$a_0 = \sum_{t=1}^{t_i}(e_t - a_t)$$

Die **Entscheidungsregel** lautet:

$t_s \geq t_i \rightarrow$ Einführung

$t_s < t_i \rightarrow$ keine Einführung

Beispiel: Die Entwicklungskosten eines neuen Produkts belaufen sich auf 500.000 €. Weiterhin erfordert die Aufnahme der Produktion die Anschaffung einer neuen Maschine für 400.000 €. Damit belaufen sich die Anschaffungsauszahlungen auf 900.000 €. Weiterhin werden für die ersten drei Jahre folgende Ein- und Auszahlungen geschätzt (vgl. Abb. B.28).

	Periode		
Zahlung	1. Jahr	2. Jahr	3. Jahr
Einzahlungen	700.000 €	900.000 €	1.000.000 €
Auszahlungen	300.000 €	400.000 €	400.000 €
Zahlungsüberschuss	400.000 €	500.000 €	600.000 €

Abbildung B.28: **Beispiel der Amortisationsrechnung**

Die Zahlen zeigen, dass die kumulierten Zahlungsüberschüsse im zweiten Jahr die Anschaffungsauszahlungen decken, d.h. die Amortisationsdauer beträgt zwei Jahre.

Ein weiteres Einsatzgebiet der Amortisationsrechnung im Marketing stellt die Produktmodifikation dar. Weiterhin lassen sich distributionspolitische Entscheidungen (z.B. Aufbau eines Webshops) mit Hilfe der Amortisationsrechnung lösen.

Beurteilung:

- Im Vergleich zur Break-Even-Analyse weist die Amortisationsrechnung einen größeren **Genauigkeitsgrad** auf, da nicht mit Durchschnittswerten, sondern mit den jeweiligen Periodenwerten gerechnet wird.

- Dieser Vorteil ist allerdings auch mit einem erhöhten **Informationsaufwand** verbunden, da für viele Perioden exakte Ein- und Auszahlungen prognostiziert werden müssen.

- Weiterhin nachteilig an der Amortisationsrechnung ist, dass die Entscheidungsregel nur auf das **Risiko** abstellt und nicht auf den **Gewinn**. Es wird berechnet, wie lange es dauert, bis die Anfangsinvestitionen zurückgeflossen sind, unabhängig davon, ob das neue Produkt insgesamt über den Lebenszyklus einen hohen oder geringen Gewinn erwirtschaftet. Mit der Vorgabe einer Soll-Amortisationsdauer drückt der Entscheidungsträger seine Risikobereitschaft aus.

- Die oben dargestellte statische Form der Amortisationsrechnung vernachlässigt den **zeitlichen Bezug der Zahlungsüberschüsse**. (Das wird bei der dynamischen Form der Amortisationsrechnung durch Abzinsung der Periodenzahlungen auf den Planungszeitpunkt berücksichtigt.)

(3) Kapitalwertmethode

Während bei der Amortisationsrechnung die monetären Konsequenzen des neuen Produkts nur bis zum Amortisationszeitpunkt berücksichtigt werden, basiert die Kapitalwertmethode auf einer Abzinsung aller Zahlungen, die mit dem neuen Produkt verbunden sind.

Der Kapitalwert C_0 ergibt sich als:

$$C_0 = -a_0 + \sum_{t=1}^{n} (e_t - a_t) \frac{1}{(1+i)^t}$$

mit: $i = $ Zins

  $n = $ Lebensdauer des Produkts

Die **Entscheidungsregel** lautet:

$C_0 > 0$ $\rightarrow$ Einführung

$C_0 \leq 0$ $\rightarrow$ keine Einführung

Beispiel: Für das obige Beispiel bei der Amortisationsrechnung wird ein kalkulatorischer Zinsfuß von 10 % angenommen. Damit ergibt sich folgender Kapitalwert:

$$C_0 = -900.000 + \frac{400.000}{1,1} + \frac{500.000}{1,1^2} + \frac{600.000}{1,1^3} = 327.648,40 \text{ €}$$

Da dieser Kapitalwert größer als 0 ist, empfiehlt sich eine Einführung des Produkts.

Beurteilung:

- Die Kapitalwertmethode eignet sich für die gleichen Einsatzgebiete wie die Amortisationsrechnung.

- Sie weist den Vorteil auf, dass **alle monetären Konsequenzen** der Alternative Berücksichtigung finden.

- Damit verbunden ist wie bei der Amortisationsrechnung ein hoher **Aufwand** für die **Informationsgewinnung**. Hier müssen die Ein- und Auszahlungen sämtlicher Perioden bis zum Lebensende des neuen Produktes geschätzt werden.
- Ein weiteres Problem stellt die Wahl eines „richtigen" **Kalkulationszinsfußes i** dar. Dieser wird zugleich über alle zukünftigen Perioden konstant gehalten.

5.4.4 Experimente

Bei den verschiedenen Testverfahren wie Produkt-Test oder Markt-Test handelt es sich um Experimente (Berekoven/Eckert/Ellenrieder 2001, S. 151 ff.). Ein Experiment zielt auf die Überprüfung von Kausalhypothesen ab. Eine Kausalhypothese ist eine Vermutung über einen gerichteten Zusammenhang zwischen mindestens zwei Variablen. Z.B: „Produktvariante A führt im Vergleich zum bestehenden Produkt zu einer positiveren Einstellung". Die unabhängige Variable ist das Produkt mit den beiden Ausprägungen Variante A und bestehendes Produkt. Die abhängige Variable stellt die Einstellung dar, die sich durch verschiedene Verfahren operationalisieren lässt.

Ein aussagefähiges Experiment setzt die Bildung von gleichartigen Gruppen voraus. Daher sind im Rahmen von Labor- und Feldexperimenten Entscheidungen über die Anordnungen der Gruppen zu treffen. Einen Überblick wichtiger **Experimentalanordnungen (Designs)** liefert Abbildung B.29 (vgl. Böhler 2004, S. 43 ff.). Die verschiedenen Designs unterscheiden sich insbesondere in der Berücksichtigung einer **Kontrollgruppe** und in der Anzahl und den **Zeitpunkten der Messungen** der unabhängigen Variablen:

- E: Experimentalgruppe
- C: Kontrollgruppe
- B: Messung vor der Stimulusdarbietung
- A: Messung nach der Stimulusdarbietung

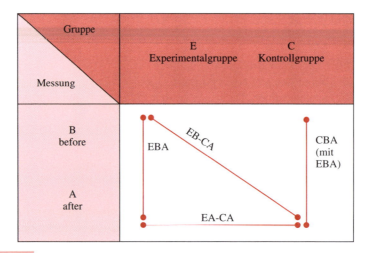

Abbildung B.29: **Übersicht wichtiger Experimental-Designs**

(1) EBA-Design

Es finden nur Messungen bei der Experimentalgruppe statt (Sukzessivexperiment), von denen eine zeitlich vor Eintritt der Wirkung des Stimulus und eine zeitlich direkt nach der Wirkung des Stimulus durchgeführt wird.

Die **Faktorwirkung** ergibt sich aus der Differenz zwischen B- und A-Wert.

Es besteht u.a. die Gefahr von störenden **Lerneffekten**, die dadurch auftreten, dass bei einer Gruppe zwei Messungen vorgenommen worden sind.

Weiterhin können keine Einflüsse von **Störvariablen** (z.B. Maßnahmen der Konkurrenz) erfasst werden.

(2) EB-CA-Design

Hier erfolgt eine Messung in einer (Experiment-) Gruppe vor Durchführung einer Maßnahme und eine zweite Messung in einer zweiten Gruppe nach der Durchführung.

Störende Lerneffekte können somit nicht stattfinden.

Der Einfluss von Störvariablen wird nicht erfasst.

(3) EA-CA-Design

Dieses Design ist ein Simultanexperiment mit mindestens zwei Gruppen. Die abhängige Variable wird bei der Experimental- und Kontrollgruppe jeweils nur nach dem Experiment (Maßnahme nur in der Experimentalgruppe) gemessen. Der Verzicht auf die Anfangsmessung erfolgt häufig aus Kostengründen.

Die Faktorwirkung errechnet sich aus der Differenz zwischen dem Ergebnis der Experimental- und der Kontrollgruppe. Bei diesem Design muss sicher gestellt sein, dass beide Gruppen vergleichbar sind.

Bei dieser Experimentalanordnung existiert nicht die Gefahr von Lerneffekten. Spill-Over-Effekte können zwar auftreten, machen sich allerdings bei der Auswertung in der Regel nicht bemerkbar.

(4) EBA-CBA-Design

Das EBA-CBA-Design stellt ein simultanes Sukzessivexperiment mit zwei Gruppen und vier Messungen dar. Nur die Experimentalgruppe wird mit den Maßnahmen konfrontiert. Bei beiden Gruppen wird die abhängige Variable vor und nach dem Experiment gemessen.

Die Faktorwirkung ergibt sich aus der Differenz der beiden Differenzen der Gruppe.

Auch bei diesem Design können Spill-Over- und Lerneffekte auftreten, wobei Spill-Over-Effekte durch die Berechnung eliminiert werden.

Nachteil dieses Experimentaldesigns ist der hohe Aufwand, der aus der Vielzahl von Messungen resultiert.

Beispiel: Vor der Durchführung einer Produktmodifikation (Before: B) beträgt der Umsatz im Experimentiermarkt (E) 400 €, im Kontrollmarkt (C) 500 € (vgl. Abb. B.30). Nach Durchführung der Maßnahme (After: A) beträgt der Umsatz im Experimentiermarkt 480 € und im Kontrollmarkt 550 €. Obwohl die Maßnahme nicht im Kontrollmarkt durchgeführt wurde, hat sich auch dort der Umsatz erhöht, nämlich um 10 % versus 20 % im Experimentiermarkt.

| Messung | Gruppe | |
	Experimentgruppe	Kontrollgruppe
Vorher (B)	400	500
Nachher (A)	480	550
Veränderungen		
absolut	80	50
relativ	20 %	10 %

Abbildung B.30: **Bestimmung des zurechenbaren Umsatzerfolges nach dem EBA-CBA-Design**

Es wird unterstellt, dass sich auch im Experimentiermarkt eine autonome Veränderung ergeben hätte, z.B. durch Einsatz der sonstigen Marketing-Instrumente, durch Konkurrenzmaßnahmen und saisonale oder konjunkturelle Entwicklungen. Zieht man diese autonome Veränderung von 10 % von den 20 % Umsatzsteigerung im Experimentiermarkt ab, erhält man die der Produktmodifikation zurechenbare Umsatzwirkung in Höhe von 10 %.

Abbildung B.31 berechnet die Wirkungen, die sich nach den vier Designs ergeben.

Typ	Faktorwirkung	Beispiel	Anmerkung
EBA	EA-EB	480 – 400 = 80	Vernachlässigung Störvariablen
EB-CA	CA-EB	550 – 400 = 150	Vernachlässigung Störvariablen, keine echte Kontrollgruppe
EA-CA	EA-CA	480 – 550 = –70	Vernachlässigung Störvariablen, gleiche Ausgangslage nicht gegeben
EBA-CBA	(EA-EB)- (CA-CB)	80 – 50 = 30 (10 % von 400 = 40)	Wirkung von Störvariablen berücksichtigt, hoher Erhebungsaufwand

Abbildung B.31: **Beispiel zur Berechnung der Faktorwirkung**

Die Einsatzgebiete von Experimenten im Marketing sind vielfältig. Neben den verschiedenen Testverfahren im Rahmen der Leistungspolitik finden Experimente insbesondere in der Werbegestaltung und der Preisfestlegung Anwendung.

5.4.5 Lebenszyklus-Analyse

Produkte unterliegen wie Lebewesen dem „Gesetz des Werden und Vergehens". In der Vergangenheit wurde häufig versucht, solche biologischen Muster auf Produkte zu übertragen. Aus diesen Erkenntnissen wurde ein idealtypischer Lebenszyklus abgeleitet, den Abbildung B.32 darstellt (Weis 2004, S. 229 ff.).

Dabei wird folgender funktionaler Zusammenhang angenommen:

$$\text{Umsatz} = f(\text{Zeit})$$

In Abhängigkeit vom Umsatzverlauf lassen sich formal verschiedene Phasen voneinander abgrenzen:

- **Einführung**: Einführung des Produktes, Ende: Erreichen eines positiven Deckungsbeitrags,
- **Wachstum**: Wendepunkt in der Umsatzkurve, degressiv steigend,
- **Reife**: sinkende Umsatzzuwächse,
- **Sättigung**: Umsatzkurve ereicht Maximum,
- **Degeneration/Verfall**: Umsatzkurve sinkt.

Allerdings ist der Aussagewert dieses Modells kritisch zu beurteilen. Im Einzelnen lassen sich folgende Kritikpunkte formulieren (Meffert 2000, S. 343):

- keine Allgemeingültigkeit,
- keine Gesetzmäßigkeit,
- Verlauf und Länge des Lebenszyklus ergeben sich nicht nur aus eigenständigen Kräften in der Zeit, sondern auch durch absatzpolitische Maßnahmen,
- diskontinuierliche Veränderungen der Unternehmensumwelt bleiben unberücksichtigt,
- Marktdefinitionen können sich im Zeitablauf verändern,
- eindeutige Kriterien zur Phasenabgrenzung existieren nicht,
- Phasenbestimmung ist nur ex-post möglich.

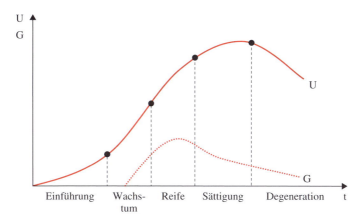

Abbildung B.32: Idealtypischer Produkt-Lebenszyklus

Trotz aller Kritik hilft die Denkweise des Lebenszyklus-Modells dynamische Marketing-Entscheidungen zu treffen.

Neben den eher produktbezogenen Lebenszyklen lässt sich dieses Konzept auch auf Märkte (z.B. **Markt-Lebenszyklus** von Fernsehgeräten) und Technologien (z.B. **Technologie-Lebenszyklus** von genmanipulierten Lebensmitteln) anwenden.

5.4.6 Programmstruktur-Analysen

Die Programmstruktur-Analyse ist darauf gerichtet, komprimierte Informationen über das gesamte Absatzprogramm zu liefern. Insbesondere fällt ihr die Aufgabe zu, jene Teile des Programms zu identifizieren, die zu eliminieren oder zu erweitern sind. Als einzelne Verfahren existieren u.a. folgende:

- Umsatz- und Deckungsbeitragsstruktur-Analyse,
- Altersstruktur-Analyse.

(1) Umsatz- und Deckungsbeitragsstruktur-Analyse (ABC-Analyse)

Bei der Umsatzstruktur-Analyse wird der **kumulierte Anteil** der Produkte am Gesamtumsatz in Form der **Lorenzkurve** dargestellt. Statt des Umsatzes kann auch der Deckungsbeitrag zur Analyse herangezogen werden. Neben Produkten lassen sich in solchen Strukturanalysen auch Kunden abtragen (Kundenstruktur-Analyse), wobei es sich dann aber nicht mehr um eine Programmstruktur-Analyse handelt. Gewöhnlich weisen diese Strukturanalysen eine hohe Konzentration in dem Sinne auf, dass nur wenige Artikel bzw. Kunden die Hauptträger von Umsätzen bzw. Deckungsbeiträge sind (z.B. 10 % der Produkte erwirtschaften 50 % der Umsätze). Die umsatzschwächsten Produkte (70 %) erbringen dagegen nur 20 % des Umsatzes. Abbildung B.33 visualisiert die Umsatzstruktur-Analyse.

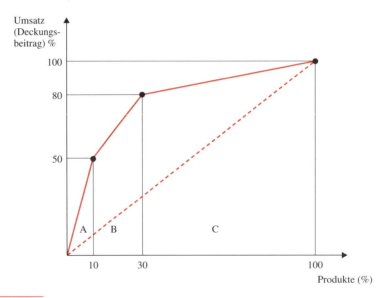

Abbildung B.33: **Umsatzprofil eines Programms**

Die Umsatzstruktur-Analyse kann erste Hinweise auf eliminierungsverdächtige Produkte liefern. Das sind diejenigen Produkte, die nur einen geringen Beitrag zu den jeweiligen Zielgrößen leisten. Allerdings sind vor einer Eliminierung die Stellung der Produkte im **Lebenszyklus** sowie **Verbundeffekte** zu den übrigen Produkten zu analysieren.

(2) Altersstruktur-Analyse

Die Altersstruktur-Analyse untersucht die Zusammensetzung eines Programms nach den verschiedenen Lebenszyklusphasen bzw. nach prognostizierten Restlebenszeiten. Abbildung B.34 zeigt die Altersstruktur-Analyse für zwei unterschiedliche Programme I und II. Dabei wird jeweils die Verteilung des Gesamtumsatzes auf die Produkte in den einzelnen Phasen des Produktlebenszyklus dargestellt. Beim Absatzprogramm II erzielen Produkte in der Einführungs-, Wachstums- und Reifephase 70 % des Umsatzes, in der Sättigungs- und Verfallsphase 30 %; beim Programm I lauten die entsprechenden Werte jeweils 50 % des Umsatzes. D.h. Programm I ist vergleichsweise „älter".

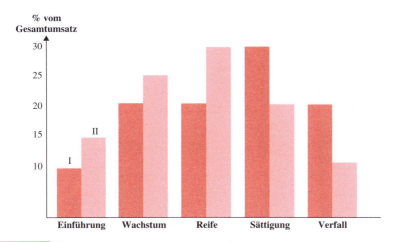

Abbildung B.34: **Altersstruktur-Analyse**

5.4.7 Kostenrechnung

Eine weitere Informationsbasis des Marketing stellt das interne Rechnungswesen und speziell die Kosten- und Leistungsrechnung dar. Als grundsätzliche Ansätze der Kostenrechnung existieren eine Voll- und eine Teilkostenrechnung. Diese beiden Rechnungssysteme unterscheiden sich in ihrem Sachumfang der verrechneten Kosten auf die einzelnen Leistungen. Während bei der Teilkostenrechnung nur die variablen Kosten bzw. die Einzelkosten der einzelnen Leistung zugerechnet werden, erfolgt bei der Vollkostenrechnung die Verteilung der gesamten Kosten auf die einzelnen Leistungen.

Im Folgenden wird an einem einfachen Beispiel die Anwendung der beiden grundsätzlichen Kostenrechnungssysteme im Rahmen der **Produkteliminierung** aufgezeigt. Dabei wird ein Unternehmen mit den vier Produkten A, B, C und D angenommen. Für die vier Produkte liegen die folgenden Informationen über Absatzmengen, erzielbare Marktpreise sowie die Kosten vor. Neben den variablen Kosten (Einzelkosten) fallen insgesamt für die Verwaltung Gemeinkosten von 3.500 Euro an. Diese Gemeinkosten werden entsprechend der jeweiligen Einzelkosten anteilsmäßig auf die vier Produktbereiche verteilt (Gemeinkostenzuschlag 50 %). Abbildung B.35 gibt einen Überblick über die Datensituation.

Produkte	x	p	U	Einzel-kosten pro Stück	Summe Einzel-kosten	Gemein-kosten-zuschlag	Gesamt-kosten	G
A	120	15	1.800	10	1.200	600	1.800	0
B	300	10	3.000	8	2.400	1.200	3.600	– 600
C	200	12	2.400	6	1.200	600	1.800	600
D	440	10	4.400	5	2.200	1.100	3.300	1.100
Σ			11.600		7.000	3.500	10.500	1.100

Abbildung B.35: **Beispiel zur Kostenrechnung, Teil I**

Der Gewinn beläuft sich auf 1.100 Euro. Aufgrund der vorliegenden Ergebnisse der **Voll-kostenrechnung** würde Produkt B aufgrund des negativen Gewinnbeitrages eliminiert. Die Eliminierung von Produkt B führt dazu, dass die 3.500 € Gemeinkosten auf drei an-statt auf vier Produkte verteilt werden müssen. Daraus ergibt sich die in Abbildung B.36 dargestellte Datensituation. Die Eliminierung des Produktes B würde zu einer Verringe-rung des Gewinnes führen, da die Gemeinkosten kurzfristig nicht abbaubar sind und dar-aus ein höherer Gemeinkostenzuschlag von 76 % resultiert.

Produkte	Umsatz	Einzel-kosten pro Stück	Summe Einzelkosten	Gemein-kosten-zuschlag	Gesamte Kosten	G
A	1.800	10	1.200	912	2.112	– 312
C	2.400	6	1.200	912	2.112	288
D	4.400	5	2.200	1.672	3.872	528
Σ	8.600		4.600	3.496	8.096	504

Abbildung B.36: **Beispiel zur Kostenrechnung, Teil II**

Bei einer **Teilkostenrechnung** ergibt sich folgendes Berechnungsschema in Abbildung B.37. Nach der Teilkostenrechnung wird kein Produkt eliminiert, da alle Produkte einen positiven Deckungsbeitrag aufweisen und damit jedes Produkt zur Deckung der Gemeinkosten beiträgt.

Die Kostenrechnung unterstützt neben der Produkteliminierung in der Leistungspolitik insbesondere auch programmpolitische Entscheidungen. Darüber hinaus bildet die Kos-tenrechnung eine wichtige Basis für die Preisbildung (Kalkulation).

Produkte	Umsatz	Einzelkosten	Deckungsbeitrag (Umsatz – Einzelkosten)
A	1.800	1.200	600
B	3.000	2.400	600
C	2.400	1.200	1.200
D	4.400	2.200	2.200
Σ			**4.600**
Gemeinkosten			3.500
Gewinn			**1.100**

Abbildung B.37: **Beispiel zur Kostenrechnung, Teil III**

Übungen

I. Wiederholungsaufgaben

1. Vergleichen Sie die **Ziele** der Leistungspolitik mit den Zielen des Marketing! (S. 35, 59)

2. Erläutern sie die folgenden **Begriffe**:
   a. Produktvariation,
   b. Produktinnovation,
   c. Produkteliminierung,
   d. Diversifikation! (S. 63 ff.)

3. Vergleichen Sie die Vor- und Nachteile einer **Einzelmarken**- und einer **Dachmarkenstrategie**! (S. 60 f.)

4. Analysieren Sie die Vor- und Nachteile einer **Mehrmarkenstrategie**! (S. 61 f.)

5. Analysieren Sie die Vor- und Nachteile einer **Markentransferstrategie**! (S. 62 f.)

6. Nennen und erläutern Sie vier **Kriterien** zur **Produkteliminierung**! (S. 77)

7. Beschreiben Sie die **Diversifikationsstrategie** und die mit ihr verbundenen Risiken! (S. 73 f.)

8. Veranschaulichen Sie am Beispiel von VW die **Breite** und **Tiefe** des **Absatzprogramms**! (S. 60 ff.)

9. Verdeutlichen Sie am Beispiel eines PKW die „**Ebenen** der **Produktgestaltung**"! (S. 66 f.)

10. Verdeutlichen Sie am Beispiel des PKW die **Nutzenkomponenten** des Nachfrager orientierten Ansatzes! (S. 67 f.)

11. Vergleichen Sie in Bezug auf die **Produktgestaltung** die anbieter- mit der nachfragerorientierten Sicht! (S. 66 f.)

12. Grenzen Sie folgende **Begriffe** voneinander ab: Marktneuheit, Produktmodifikation, Unternehmensneuheit! (S. 68 f.)

13. Beschreiben und beurteilen Sie drei verschiedenen **Kreativitätstechniken**! (S. 70 f., S. 78 ff.)

14. Erläutern Sie die **Schritte** in der **Leistungspolitik**, die bis zur Markteinführung eines Produktes notwendig sind! (S. 69 ff.)

15. Vergleichen Sie den **Markttest** mit dem **Produkttest**! (S. 72 f.)

16. Beschreiben Sie das **Produktlebenszyklus-Modell**! Welchen Aussagewert hat dieses Modell für die Leistungspolitik? Welchen Aussagewert hat dieses Modell für die übrigen Submixbereiche des Marketings? (S. 90 f.)

17. Welche **Ziele** lassen sich durch die Einführung eines neuen Produktes und welche durch eine Produktdifferenzierung erreichen? (S. 59, 68, 74 f.)

18. Warum ist es zweckmäßig, bei der **Prüfung** von **Neuproduktideen** eine zweistufige Vorgehensweise zu wählen? (S. 71)

19. Beschreiben Sie die Elemente eines **Punktbewertungsverfahrens**! (S. 81 f.)

20. Warum ist es zweckmäßig, nach der Bewertung von Alternativen mittels eines Punktbewertungsverfahrens eine **Sensitivitätsanalyse** durchzuführen? (S. 81)

21. Welche Vor- und Nachteile besitzt das **Punktbewertungsverfahren**? (S. 83)

22. Darstellung und Würdigung der **Break-Even-Analyse** zur Beurteilung von Neuproduktideen. Wie wirken sich eine Erhöhung des geplanten Absatzpreises einerseits und eine zusätzliche Bewerbung andererseits aus? (S. 83 ff.)

23. Darstellung und Würdigung der **Kapitalwertmethode** zur Beurteilung von Neuproduktideen. (S. 87 f.)

24. Vergleichen sie folgende **Verfahren** zur **Beurteilung** von **Neuproduktideen**: Punktbewertungsverfahren, Break-Even-Analyse, Amortisationsrechnung, Kapitalwertmethode! (S. 83 ff.)

25. Welche Kriterien sollten bei der **Eliminierung** von **Produkten** aus dem Absatzprogramm herangezogen werden? (S. 76 f.)

26. Welche Bedeutung besitzt ein **Absatzverbund**? (S. 77)

27. Vergleichen Sie den Aussagewert folgender **Designs**:
EBA und
EBA-CBA! (S. 88 ff.)

28. Beurteilen Sie Berechnung der **Faktorwirkung** bei Experimenten mittels absoluten und relativen Größen! (S. 89 f.)

29. Was ist der Unterschied zwischen einer **Umsatz**- und einer **Kundenstruktur-Analyse**? (S. 92)

30. Ein Unternehmen hat vier Produkte (d.h. jedes Produkt macht 25 % aus) mit folgenden Umsätzen: A = 1,0 Mio. €, B = 3,0 Mio. €, C = 0,8 Mio. € und D = 0,2 Mio. €. Führen Sie rechnerisch und grafisch eine **Umsatzstruktur-Analyse** durch! (S. 92)

31. Analysieren Sie den Aussagewert einer **Umsatzstruktur-Analyse**! (S. 92)

32. Vergleichen Sie den Aussagewert der **Voll- und Teilkostenrechnung** für produkt-politische Entscheidungen! (S. 93 ff.)

II. Vertiefungsaufgaben

1. Vergleichen Sie die **Markenstrategien** folgender Marken miteinander: NUTELLA und SIEMENS!

2. Im Rahmen der **Neuproduktplanung** sind für eine Innovation folgende Daten aus der Produktion bekannt:
   Fixkosten einer Periode 440 €,
   variable Stückkosten: 2 €.
   Weiterhin wurde aufgrund eines Store-Tests ermittelt, dass ein Produktpreis von 6 € erreichbar ist. Bei einem solchen Preis kann im ersten Jahr eine Absatzmenge von 80 Stück erreicht werden; in der zweiten Periode wäre bei gleichem Preis mit einer Absatzsteigerung auf 130 Stück zu rechnen.
   Allerdings könnte man die Absatzmenge in beiden Jahren durch eine Einführungs-werbung steigern. Die Kosten für die Einführungswerbung belaufen sich auf jeweils 200 € pro Jahr. Dadurch könnte jedes Jahr eine Menge von 150 Stück abge-setzt werden.
   Würden Sie das Produkt einführen (mathematische und grafische Begründung)? Wie beurteilten Sie allgemein das von Ihnen eingesetzte Lösungsverfahren?

3. Beurteilen Sie die **Wichtigkeit** der im Folgenden genannten **leistungspolitischen Instrumente** (hoch, mittel, gering)! Begründen Sie Ihre Beurteilung jeweils!

	Konsum-güter	Dienstleistung	Handel	Investitions-güter
Produkt-innovation				
Programm/ Sortiment				
Verpackung				
Marke				
Produkt-modifikation				

4. Zeigen Sie anhand der **Marke** die Interdependenzen zwischen den Marketing-Sub-mixbereichen Leistungs-, Preis-, Kommunikations- und Distributionspolitik auf!

5. Was versteht man unter einem **Markentransfer**? Wie beurteilen Sie den Transfer der Marke BMW auf Stereoanlagen!

6. **Produktlebenszyklus**

   a. Stellt der Produktlebenszyklus eine Entwicklungs- oder eine Wirkungsprognose dar?

   b. Welchen Marketing-Instrumenten kommt in welchen Phasen des Produkt-Lebenszyklus für Konsumgüter eine besondere Bedeutung zu?

   c. Wodurch unterscheiden sich Produkt- und Markt-Lebenszyklus-Analysen?

7. Entwickeln Sie zur Beurteilung des vorliegenden Buches ein **Scoring-Verfahren**! Führen Sie eine Punktbewertung durch, und beurteilen Sie allgemein das Punktbewertungsverfahren!

Kapitel

6 Preis- und Konditionenpolitik

ADIDAS bietet seine Produkte prinzipiell im höherpreisigen Segment an. Innerhalb dieses höherpreisigen Segments gibt es allerdings erhebliche Unterschiede in den Preislagen. So bietet ADIDAS beispielsweise Fußballschuhe zwischen 50 € und 185 € an (vgl. Abb. B.38).

Modell \ Eigenschaft	Bild	Beschreibung	Marke	Preis
ADIDAS Bracara SG M		Fußballschuh zum Einstiegspreis; hochwertiges Synthetikleder, weicher Schaft und abriebfeste Nockensohle für optimale Griffigkeit; UK-Größen; für Kunstrasen und Ascheplätze.	adidas	50 €
ADIDAS Chile 62 CL		Fußball goes Fashion. Der Schuh wurde 1969 als revolutionäres Leichtgewicht entwickelt. Highlights: Die Druck reduzierende "Vulcaplast"-Sohle mit speziellen Polyamid(Nylon)-Stollen; Sohle und Lederschaft werden als Einheit gefertigt.	adidas	115 €
ADIDAS Predator Pulse FG		Der neue PREDATOR für den professionellen Spieler; PowerPulse-Technologie für erhöhte Schusskraft, asymmetrisches Schnürsystem für eine optimale Kontaktfläche zum Ball; Traxion-Technologie für optimale Griffigkeit auf trockenen, natürlichen Böden; FG: für trockenen Rasenplatz.	adidas	185 €

Abbildung B.38: **Preislagen bei ADIDAS-Fußballschuhen**
(*Quelle:* Sportscheck 2004)

Die Rabattpolitik liegt im Entscheidungsbereich des Handels. Oft werden hier Prozente gewährt werden, wenn z.B. ein Sportverein Stammkunde eines bestimmten Händlers ist und seine Mitglieder regelmäßig Sportbekleidung bei ihm kaufen.

Quellen: Adidas-Salomon 2002; Sportscheck 2004.

Lernziele dieses Kapitels

In diesem Kapitel werden Ihnen die Grundlagen der Preis- und Konditionenpolitik präsentiert. Nach der Bearbeitung dieses Kapitels sollen Sie Folgendes wissen und können:

- Kenntnis der Ziele und strategischen Maßnahmen der Preispolitik,
- Kenntnis der Zusammenhänge zwischen Absatzpreis und -menge, Umsatz und Grenzumsatz, Elastizitäten sowie Gewinn,
- Berechnung optimaler Preise im Monopolfall,
- Bestimmung der Angebotsmenge bei atomistischer Konkurrenz,
- Verständnis der einzelnen Formen des Rabatts,
- Transfer von Preiskalkulationen,
- Kenntnis von Methoden zur Beschaffung relevanter Informationen.

Abbildung B.39 ordnet die Preis- und Konditionenpolitik in das Marketing-Instrumentarium ein.

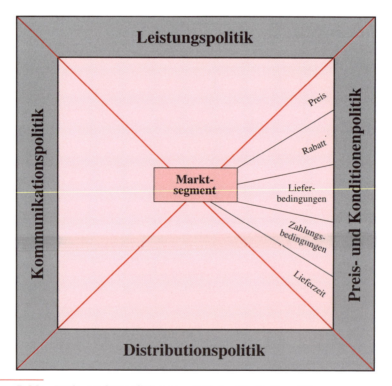

Abbildung B.39: Preis- und Konditionenpolitik im Marketing-Mix

6.1 Ziele der Preis- und Konditionenpolitik

Die Preispolitik (Simon 1995; Diller 2000) dient sowohl den übergeordneten Unternehmenszielen (Gewinn, Rentabilität), als auch der Verbesserung der Wettbewerbsposition gegenüber Absatzmittlern und Konsumenten zur Durchsetzung unternehmensspezifischer Marketing-Ziele (Bruhn 1999, S. 169 f.). Abbildung B.40 gibt einen Überblick möglicher Zielinhalte.

Psychographische Ziele	Ökonomische Ziele
Image und Präferenzen,	Kundengewinnung,
Preiswahrnehmung, -bewusstsein,	Kundentreue,
Preiserwartung, -beurteilung,	Sicherstellung des Preisniveaus,
wahrgenommene Preiswürdigkeit (in Relation zum Qualitätsniveau),	Kapazitätsauslastung,
wahrgenommene Preisgünstigkeit (im Vergleich zur Konkurrenz),	Ausschaltung der Konkurrenz,
Kaufabsicht,	Marktanteil.
Zufriedenheit.	

Abbildung B.40: **Zielinhalte der Preis- und Konditionenpolitik**
(*Quelle:* Meffert 2000, S. 486; Bruhn 1999, S. 170)

6.2 Preispolitische Strategien

Entscheidungen im Rahmen der Preispolitik zeichnen sich durch ihre kurzfristige Einsetzbarkeit und Wirksamkeit aus. Dennoch besitzen die preispolitischen Entscheidungen auch strategischen Charakter, da es sich um grundsätzliche oder langfristige Überlegungen handelt. Im Folgenden werden drei Strategien analysiert: die Preisdifferenzierung, der preispolitische Ausgleich sowie Preisniveaustrategien.

6.2.1 Preisdifferenzierung

Der Endabnehmermarkt setzt sich aus unterschiedlichen Käufern zusammen, die sich in Bezug auf Einkommen, Preisbereitschaft, Präferenzen, Einkaufsverhalten etc. unterscheiden. Aus diesem Grund werden Kunden identische Produkte zu unterschiedlich hohen Preisen angeboten. Dieses Vorgehen entspricht dem Prinzip der differenzierten Marktbearbeitung und verfolgt die zentrale Zielsetzung der Gewinnmaximierung durch eine Abschöpfung der sog. Konsumentenrente.

Es lassen sich vier Formen der Preisdifferenzierung unterscheiden (Stender-Monhemius 2002, S. 149 f.):

- Zeitliche Preisdifferenzierung,
- Räumliche Preisdifferenzierung,
- Personelle Preisdifferenzierung,
- Preisbündelung.

(1) Zeitliche Preisdifferenzierung

Bei der zeitlichen Preisdifferenzierung werden für die gleiche Leistung in Abhängigkeit vom Kaufzeitpunkt bzw. der Inanspruchnahme unterschiedliche Preise gefordert. Dabei können solche Preisdifferenzierungen nach Tageszeiten (Telefongebühren, Stromkosten, Online-Kosten, „Happy Hour"-Angebote), nach Wochentagen (Eintrittspreise (Kino), Flugtarife, Autovermietung) oder nach Saisonverläufen (Bademoden, Ferienhäuser, Pauschalreisen, frisches Obst) variieren. Ursache für zeitliche Preisunterschiede können sowohl zeitabhängige Kosten (Transport von saisongebundenen Lebensmitteln), als auch Bestrebungen zur Kapazitätsauslastung sein.

(2) Räumliche Preisdifferenzierung

Auf Grund geografischer Grenzen lassen sich Teilmärkte in Form von Ländern, Regionen und Städten identifizieren, auf denen ein Anbieter für ein identisches Produkt unterschiedliche Preise verlangt. Hierdurch versucht er, den Besonderheiten der spezifischen Teilmärkte bezüglich Einkommen, Kaufkraft und Inflationsrate gerecht zu werden. Im Hinblick auf die Umsetzung scheint die räumliche Preisdifferenzierung auf Grund der gegebenen Hemmnisse (Staatsgrenzen, räumliche Entfernung) besonders unproblematisch. Als Beispiele seien unterschiedliche Preise für PKW in der EU genannt (Fassnacht 2003, S. 495).

(3) Personelle Preisdifferenzierung

Die personelle Preisdifferenzierung basiert auf spezifischen Käufermerkmalen. Als Merkmale lassen sich z.B. das Alter (Eintrittspreise für Jugendliche, Senioren) das Geschlecht (Krankenversicherung, Eintrittspreise für Diskotheken), die Einkommens- und Ausbildungssituation (Bankgebühren für Studenten, Schüler, Zivildienstleistende, Senioren) oder bestimmte Gruppen (Mitglieder in Verbänden (VDI), Vereinen (ADAC), Berufsgruppen (Beamte, Angestellte, Arbeiter)) nennen (Simon/Wübker 2003, S. 1307).

Die personelle Preisdifferenzierung findet besonders bei solchen Leistungen Anwendung, bei denen der Anbieter eine dauernde Kundenbindung anstrebt. Im Mittelpunkt steht hierbei der langfristige Kundenwert (ausführlich zum Kundenwert siehe Tewes 2002). Anbieter nehmen dabei negative Deckungsbeiträge für solche Kundengruppen in Kauf, von denen sie sich auf lange Sicht eine wachsende Kaufkraft und eine hohe Preisbereitschaft erhoffen. Dies ist insbesondere bei den kostenlosen Girokonten für Studenten und Auszubildende zu beobachten.

NetCologne bietet Schülern einen speziellen Tarif an, der es ihnen erlaubt, den Online-Dienst 60 Stunden im Monat zu einem Festpreis von 12,80 Euro pro Monat zu nutzen. Dabei kombiniert NetCologne diese personelle Preisdifferenzierung mit einer Preisbündelung, denn dieses Angebot gilt nur in Verbindung mit einem ISDN-Telefonanschluss dieses Anbieters (NetCologne 2004).

(4) Preisbündelung

Im Rahmen der Preisdifferenzierung nach Produkten werden Überlegungen angestellt, Produkte einzeln zu individuellen Preisen oder im Verbund zu einem Paket (Komplett-angebote PC mit Monitor, Drucker und Scanner) anzubieten. Grund für die Bündelung von Produkten stellt die bessere Ausnutzung der Preisbereitschaft der Konsumenten dar (Priemer 2003, S. 509 ff.).

Mit Hilfe der Preisbündelung kann die nicht ausgenutzte Konsumentenrente (Differenz zwischen Maximalpreis und tatsächlichem Preis) von einem Produkt auf das andere über-tragen werden. Bietet ein Hersteller die Produkte nur in einem Bündel an und nicht ein-zeln, spricht man von einem „reinen Preisbündel" (Pay-TV „Premiere d-box inkl. Abo"). Bietet der Hersteller neben dem Bündel die Produkte auch einzeln an, handelt es sich um eine „gemischte Preisbündelung" (Pauschalreise „Flug & Hotel").

6.2.2 Preispolitischer Ausgleich

Zwischen den Produkten eines Anbieters bestehen in der Regel absatz- oder kostenseitige Verbundbeziehungen, die es bei der Preisfestsetzung zu berücksichtigen gilt. Gleichzeitig sind einzelne Produkte unterschiedlichen Wettbewerbsbedingungen ausgesetzt. Aus die-sem Grund sollte nicht der gewinnmaximale Preis für die einzelnen Produkte ermittelt werden, sondern die Gewinnmaximierung für das gesamte Programm unter Berücksichti-gung der Interdependenzen zwischen den Produkten im Vordergrund stehen.

Damit hat diese Strategie zum Ziel, durch die Ausnutzung der komplementären und substi-tutiven Beziehungen zwischen einzelnen Produkten einen kalkulatorischen Ausgleich zu erreichen, um Gewinnziele realisieren zu können. Beim so genannten preispolitischen Ausgleich nimmt der Anbieter bei der Preisfestlegung für einige Produkte niedrige Ge-winne oder sogar Verluste in Kauf (Ausgleich nehmende Produkte), um den Absatz besser kalkulierter Produkte mit einem hohen Deckungsbeitrag (Ausgleich gebende Produkte) zu unterstützen. Mit besonders günstig kalkulierten Produkten versucht z.B. ein Verbraucher-markt, Kunden zu gewinnen, die sich aber erst dadurch „rechnen", dass sie gleichzeitig normal kalkulierte Produkte kaufen (Diller 2000, S. 465 f.).

6.2.3 Preisniveau-Strategien

Im Rahmen der langfristig orientierten Preispolitik existieren zwei idealtypische Strate-gien, die Penetrations- und die Abschöpfungs-Strategie. Diese bieten sich besonders für neue Produkte an, da mit ihrer Hilfe das Preisniveau über den Lebenszyklus eines Pro-duktes festgelegt wird.

6.2.3.1 Penetrations-Strategie

Bei der Penetrations-Strategie wird der Einführungspreis relativ niedrig angesetzt, um diesen dann in späteren Zeitperioden systematisch anzuheben. Ziel dieser Strategie ist die schnelle Marktdurchdringung und Nutzung von Kostenvorteilen.

Diese Strategie bietet sich besonders an, wenn der Anbieter folgenden Bedingungen gegenübersteht (Simon 1995, S. 88; Meffert 2000, S. 565 f.):

- Durch den relativ niedrigen Preis sollen schnell Massenmärkte erschlossen werden. Dazu bedarf es einer entsprechenden Marktgröße, damit Economies of Scale (Massenvorteile) genutzt werden können. Erst durch den schnellen Gewinn von Marktanteilen lassen sich die Stückkosten gering halten.

- Die Strategie setzt eine elastische Nachfrage voraus, d.h. zu einem niedrigen Preis lässt sich eine wesentlich größere Menge als zu einem hohen Preis absetzen. Preisvorteile werden von den Konsumenten schnell erkannt und fördern eine Käuferwanderung und damit einen Marktanteilsgewinn. Besonders vorteilhaft für den Einsatz der Penetrations-Strategie ist die Existenz funktional gleicher Produkte zu einem höheren Preis. Dadurch lassen sich die Produkte leichter vergleichen, und aus Sicht der Konsumenten nimmt das Kaufrisiko ab. Diese Zusammenhänge stellten die Grundlage für den Erfolg der Zigarettenmarke WEST dar.

- Der Einsatz der Niedrigpreis-Strategie schreckt Konkurrenten auf Grund der geringen Gewinnspannen ab. Dies bietet sich besonders an, falls noch keine vergleichbaren Produkte am Markt angeboten werden. Mit diesem Vorgehen baut der Anbieter Markteintrittsbarrieren auf.

- Durch den Einsatz der Penetrations-Strategie sollten keine Konflikte mit dem Produkt-Image auftreten, da ein niedriger Preis mit einer geringen Produktqualität gleichgesetzt werden könnte.

Grundsätzlich birgt der Einsatz der Penetrationsstrategie folgende **Risiken**:

- Durch die geringen Deckungsbeiträge verlängert sich die Amortisationsdauer des neuen Produkts.

- Konkurrenten könnten durch produktionstechnische Vorteile niedrigere Stückkosten realisieren, die es ihnen ermöglichen, einen noch geringeren Preis anzubieten. Auf Grund des geringen Preisspielraums nach unten ist die Vorteilssituation gefährdet.

- Es ist fraglich, ob sich die geplanten Preiserhöhungen bei den Konsumenten durchsetzen lassen.

6.2.3.2 Abschöpfungs-Strategie

Im Gegensatz zur Penetrations-Strategie wird bei der Abschöpfungs- (Skimming) Strategie der Einführungspreis des neuen Produktes bei relativ geringer Absatzmenge und hohen Stückkosten relativ hoch angesetzt, um ihn in den Folgeperioden bei zunehmender Markterschließung und wachsendem Konkurrenzdruck sukzessiv zu senken (Koppelmann 1999, S. 135). Ziel dieser Strategie ist die schnelle Amortisation der Investitionen für das neue Produkt, indem die Konsumentenrente der einzelnen Käuferschichten systematisch abgeschöpft wird.

Folgende Bedingungen begünstigen den Einsatz der Abschöpfungs-Strategie (Simon 1995, S. 88; Meffert 2000, S. 566 f.):

- Es liegt eine ausreichend große preisunelastische Nachfrage für elitäre Innovatoren vor, damit sich die so genannte Konsumentenrente sukzessiv abschöpfen lässt. Das heißt, dass die zunächst kaufenden Segmente bereit sind, einen höheren Preis als die breiteren preisempfindlicheren Konsumenten zu zahlen, die in den folgenden Zeitperioden angesprochen werden.

- Die Abschöpfungs-Strategie bietet sich für Produkte an, die einer schnellen Veralterungsgefahr unterliegen. Als Beispiel lassen sich Hightech-Produkte (DVD-Player) oder der Freizeitmarkt (Inline-Skates) nennen.

- Das Produkt besitzt innovativen Charakter, was den hohen Preis rechtfertigt. Außerdem sollten wenige vergleichbare Produkte existieren, so dass ein Vergleich des Wertes und Nutzens gegenüber Konkurrenzangeboten schwer fällt.

- Die Produktions- und Vertriebskapazitäten sind noch begrenzt und können erst langsam aufgebaut werden.

Allerdings birgt diese strategische Ausrichtung das **Risiko**, durch das hohe Preisniveau mit hohen Gewinnspannen Konkurrenten anzulocken, die versuchen, den hohen Preis zu unterbieten. Um dies zu verhindern, sollten Marktbarrieren in Form von Patenten oder exklusiven Vertriebsverträgen errichtet werden. Die zukünftigen Preisveränderungen stellen im Gegensatz zur Penetrationspreisstrategie kein Problem dar, da es sich hier um Preissenkungen handelt.

6.3 Preis- und rabattpolitische Maßnahmen

Im Folgenden werden die Preisbestimmung und Rabattgewährung ausführlicher dargestellt.

6.3.1 Preisbestimmung

Die Ausführungen zur Preisbestimmung beziehen sich auf die Marktformen des Monopols und des Polypols. Die Grundlagen werden implizit am Beispiel einer monopolistischen Preis-Absatz-Funktion dargelegt.

6.3.1.1 Grundlagen

Basis der marginalanalytischen Verfahren zur Preisbestimmung stellen Kenntnisse über den funktionalen Zusammenhang zwischen dem Preis und der Absatzmenge, bzw. dem Umsatz, dem Gewinn und der Rentabilität dar. Liegen diese Kenntnisse in Form von Funktionen vor, lässt sich die Differenzialrechnung zur Ermittlung des optimalen Preises anwenden. Die Kosten-, Nachfrage- und Konkurrenzsituation stellen wichtige Einflussgrößen für die Preisbestimmung dar. Es wird zwischen folgenden drei **Hauptmarktformen** unterschieden (vgl. Punkt A 2.3.1): Angebotsmonopol, -oligopol und -polypol. Auf der Nachfrageseite sollen den Anbietern viele kleine Nachfrager gegenüberstehen.

a) Preis-Absatz-Funktion

Die Preis-Absatz-Funktion (PAF) stellt eine typische **Marktreaktionsfunktion** dar (vgl. Punkt A 3.5). Sie gibt die Abhängigkeit der Absatzmenge vom gewählten Preis (unabhängige Variable) wieder. Dabei wird die Funktionsgleichung aus didaktischen Gründen wie folgt als lineare Funktion dargestellt:

$$p = a + b \cdot x$$

mit: p = Preis

a = Höchstpreis

b = Steigung der PAF

x = Absatzmenge

Diese Schreibweise erfolgt in Anlehnung an die Volkswirtschaftslehre: Das Unternehmen bietet eine bestimmte Menge an, und auf dem Markt ergibt sich der Preis. Bei einer aktiven Preispolitik ist es dagegen umgekehrt: Das Unternehmen fordert für sein Produkt einen Preis, und der Markt bestimmt die dabei absetzbare Menge. In diesem Fall müsste die richtige Schreibweise der PAF eigentlich lauten:

$$x = a + b \cdot p$$

Im Normalfall nimmt die Absatzmenge mit steigenden Preisen ab, so dass die PAF eine **negative Steigung** kennzeichnet. Ausgehend vom **Höchstpreis (Prohibitivpreis),** bei dem keine Nachfrage nach dem Produkt auftritt, verläuft die PAF in Abhängigkeit des Proportionalitätsfaktor b fallend und endet auf der Abszisse bei der **Sättigungsmenge** mit dem Preis p = 0 (vgl. Abb. B.41). In einer allgemeinen Schreibweise sollten a und bx positiv verknüpft sein. Bei einer Rechnung mit konkreten Zahlen würde sich dann im Normalfall eine negative Steigung ergeben.

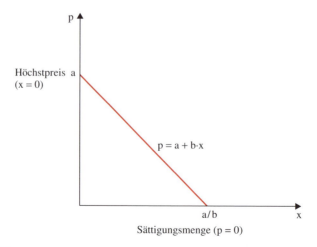

Abbildung B.41: Nachfragefunktion

b) Umsatz- und Grenzumsatzfunktion

Aus der Kenntnis der Preis-Absatz-Funktion lässt sich der funktionale Zusammenhang zwischen der Absatzmenge und dem Umsatz durch Multiplikation der PAF mit der Absatzmenge ermitteln (**Umsatzfunktion**) (vgl. Abb. B.42):

$$U = p \cdot x = (a + b \cdot x) \cdot x = a \cdot x + b \cdot x^2$$

Aus der Umsatzfunktion ergibt sich durch einmaliges Differenzieren nach der Absatzmenge die **Grenzumsatzfunktion**:

$$U' = \frac{dU}{dx} = a + 2 \cdot b \cdot x$$

Stellt man die Grenzumsatzkurve der PAF grafisch gegenüber, lässt sich erkennen, dass die Grenzumsatzkurve doppelt so steil sinkt, d.h. ihre Steigung ist doppelt so groß wie die der PAF.

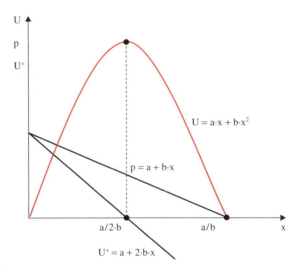

Abbildung B.42: Umsatz- und Grenzumsatzfunktion

c) Preiselastizität der Nachfrage

Die Elastizität der Nachfrage (η) stellt das Verhältnis der relativen Änderung der Nachfrage bei vorausgehender relativer Änderung des Preises dar und gibt somit die Reaktionen der Käufer auf eine Preisänderung wieder. Damit besitzt die Preiselastizität große Bedeutung, um den Einfluss des Preises auf die Absatzmenge zu erklären. Sie stellt eine dimensionslose Größe dar und wird wie folgt definiert:

$$\eta = \frac{\text{prozentuale Mengenänderung}}{\text{prozentuale Preisänderung}} = \frac{\partial x_i}{x_i} : \frac{\partial p_i}{p_i} = \frac{\partial x_i}{\partial p_i} \cdot \frac{p_i}{x_i}$$

mit: x_i = Absatzmenge Produkt i p_i = Preis des Produktes i

∂x_i = Änderung der Absatzmenge ∂p_i = Änderung des Preises

Im Normalfall nimmt die Elastizität immer negative Werte zwischen 0 und -∞ an, da Preiserhöhungen (+∂p$_i$) Absatzrückgänge (–∂x$_i$) und umgekehrt Preissenkungen (–∂p$_i$) Absatzsteigungen (+∂x$_i$) hervorrufen (vgl. dazu Abb. B.43).

Bei η < –1 führt eine Preissenkung zu einer Umsatzsteigerung, dabei ist die prozentuale Mengenänderung größer als die prozentuale Preisänderung. In diesem Fall spricht man von einer **elastischen** Nachfrage.

Wenn η > –1 ist, führt eine Preissenkung zu einer Umsatzsenkung. Dabei fällt die prozentuale Preisänderung größer aus als die prozentuale Mengenänderung. Bei dieser Preiselastizität handelt es sich um eine **unelastische** Nachfrage.

Bei η = 0 hängt die nachgefragte Menge nicht vom Preis ab. Die Nachfrage ist **vollkommen unelastisch**.

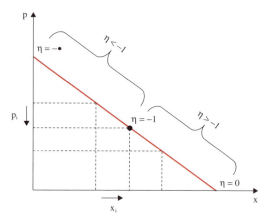

Abbildung B.43: **Preiselastizität der Nachfrage**

Abbildung B.44 verdeutlicht die Zusammenhänge zwischen Preis, Umsatz, Grenzumsatz und Preiselastizität.

Zudem lässt sich der Zusammenhang zwischen der Preis-Absatz-Funktion und der Preiselastizität wie folgt herleiten:

1) PAF

$$p = a + b \cdot x$$

$$\frac{\partial p}{\partial x} = +b \qquad \text{Steigerung der PAF}$$

2) Elastizität

$$\eta = \frac{\partial x}{\partial p} \cdot \frac{p}{x}$$

$$\frac{\partial x}{\partial p} = \frac{1}{\frac{\partial p}{\partial x}} = +\frac{1}{b}$$

$$\eta = +\frac{1}{b} \cdot \frac{p}{x}$$

Auch hier gilt, dass sich bei einer normalen PAF eine negative Elastizität ergibt, da b negativ ist.

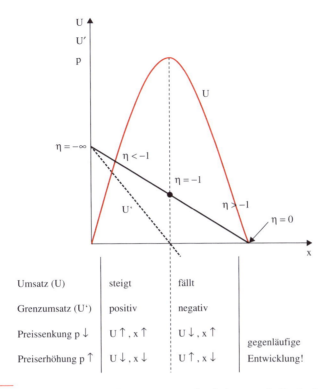

Abbildung B.44: **PAF, Umsatz- und Grenzumsatzfunktion sowie Preiselastizität**

6.3.1.2 Preisbestimmung im Monopol

Nachfolgend steht der Monopolfall im Mittelpunkt der Betrachtung. Die PAF setzt sich aus der abhängigen Variablen, der Absatzmenge, und dem Preis als unabhängiger Variablen zusammen. Im klassischen Monopolfall gelten folgende Prämissen:

- Nachfrage- und Kostenfunktion sind bekannt.
- Die PAF hat einen linear fallenden Verlauf.
- Der Monopolist strebt eine Gewinnmaximierung an und unterliegt keinerlei finanziellen oder kapazitiven Beschränkungen.
- Sonstige Marketing-Instrumente und deren Wirkung fallen nicht in die Betrachtung und können bei der Festlegung des Preises als gegeben angesehen werden (Ceteris paribus-Bedingung).
- Es handelt sich um ein Einprodukt-Unternehmen.
- Handelsstufen werden nicht berücksichtigt (einstufiger Markt).

Ein Unternehmen kann zu folgenden Preisen (p) die folgenden Mengen (x) absetzen:

Preis	0	1	2	3	4	5	6	7	8	9	10
Menge	10	9	8	7	6	5	4	3	2	1	0

Diese Tabelle stellt das Ergebnis einer Marktforschung dar (vgl. dazu Punkt B 6.4.1), zugleich handelt es sich um die algebraische (diskrete) Beschreibung einer Marktreaktionsfunktion, hier eine Preis-Absatz-Kurve.

Das Einprodukt-Unternehmen möge folgende Kosten haben: Fixkosten in Höhe von 12 GE und variable Kosten in Höhe von 2 GE pro Stück. Unter Berücksichtigung dieser Angaben lässt sich die obige Tabelle folgendermaßen erweitern:

Preis	0	1	2	3	4	5	6	7	8	9	10
Menge	10	9	8	7	6	5	4	3	2	1	0
Umsatz	0	9	16	21	24	25	24	21	16	9	0
variable Kosten	20	18	16	14	12	10	8	6	4	2	0
Deckungsbeitrag	−20	−9	0	7	12	15	16	15	12	7	0
Gewinn	−32	−21	−12	−5	0	3	4	3	0	−5	−12

Diese Tabelle verdeutlicht auf der Basis einer enumerativen Vorgehensweise, bei der alle Alternativen (p = 0 bis p = 10) in Bezug auf ihren Zielbeitrag (U, K und G) beurteilt werden, u .a. Folgendes:

- Mit steigendem Preis steigt der Umsatz bis zu einem Maximum von 25 GE bei p = 5, um dann wieder zu fallen.
- Mit steigendem Preis steigt der Gewinn bis zu einem Maximum von 4 GE bei p = 6, um dann wieder zu fallen.
- Umsatz- und Gewinnmaximum werden bei unterschiedlichen Preisen erreicht.

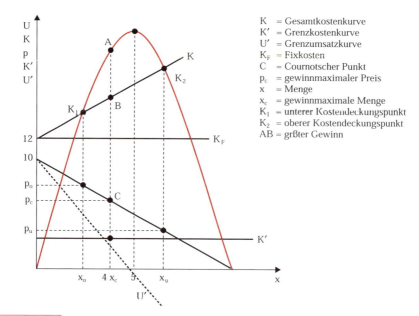

Abbildung B.45: Gewinnmaximaler Preis im Monopolfall
(*Quelle:* Meffert 2000, S. 516)

Die einfachen Zusammenhänge dieses Beispiels lassen sich – etwas komplexer – grafisch (vgl. Abb. B.45) und algebraisch (vgl. Abb. B.46) darstellen, um einen gewinnmaximalen Preis zu ermitteln. Für den Standardfall einer fallenden PAF ist wieder zu berücksichtigen, dass bei der konkreten Berechnung einer PAF ein negatives b einzusetzen ist.

	Rechenschritt	Beispiel
1) PAF	$p = a + b \cdot x$	$p = 10 - x$
2) Kostenfunktion	$K = K_F + k_v \cdot x$	$K = 12 + 2 \cdot x$
3) Umsatz	$U = p \cdot x = (a + b \cdot x) \cdot x$ $U = a \cdot x + b \cdot x^2$	$U = p \cdot x = (10 - x) \cdot x$ $U = 10 \cdot x - x^2$
4) Gewinnfunktion	$G = U - K \rightarrow \max!$ $G = a \cdot x + b \cdot x^2 - (K_F + k_v \cdot x)$ $G = a \cdot x + b \cdot x^2 - K_F - k_v \cdot x$	$G = 10 \cdot x - x^2 - (12 + 2 \cdot x)$ $G = 10 \cdot x - x^2 - 12 - 2 \cdot x$
5) Gewinnmaximum	$\dfrac{dG}{dx} = a + 2b \cdot x - k_v \overset{!}{=} 0$	$\dfrac{dG}{dx} = 10 - 2 \cdot x - 2 \overset{!}{=} 0$
6) Auflösen nach x (Ermittlung der gewinnmax. Absatzmenge)	$2b \cdot x = k_v - a$ $\Leftrightarrow x = \dfrac{k_v - a}{2b}$	$10 - 2 = 2 \cdot x$ $\Leftrightarrow x = \dfrac{10 - 2}{2} \Leftrightarrow x = 4$
7) Einsetzen in die PAF (Ermittlung des gewinnmax. Preises)	$p = a + b \cdot (\dfrac{k_v - a}{2b})$ $p = a + \dfrac{k_v - a}{2}$	$p = 10 - (\dfrac{10 - 2}{2})$ $p = 10 - 4 = 6$ Der gewinnmaximale Preis lautet $p = 6$.

Abbildung B.46: **Algebraische Ermittlung des Preises**

Die Preisbestimmung kann sich auch an anderen **Zielgrößen** orientieren, z.B. der Umsatz- oder Absatzmengenmaximierung mit oder ohne Ausschluss eines Verlustes (vgl. Abb. B.47). Abbildung B.48 verdeutlicht, dass es in Abhängigkeit von der Zielsetzung verschiedene optimale Preise gibt. Das Gewinnmaximum wird bei p = 6 erreicht (x = 4), das Umsatzmaximum bei p = 5 (x = 5) und das Absatzmengenmaximum mit Ausschluss eines Verlustes bei p = 4 (x = 6). Die Auswahl einer optimalen Alternative hängt somit auch vom verfolgten Ziel ab (vgl. Punkt A 3.1).

Zielsetzung	Rechenschritt	Beispiel
1) Umsatz-maximierung	$\dfrac{dU}{dx} \stackrel{!}{=} 0$ $\dfrac{dU}{dx} = a + 2b \cdot x = 0$ $\Leftrightarrow x = -\dfrac{a}{2b}$ $\Rightarrow p_{U\max} = a + b \cdot \dfrac{a}{2b} = \dfrac{a}{2}$	$\dfrac{dU}{dx} \stackrel{!}{=} 0$ $\dfrac{dU}{dx} = 10 - 2 \cdot x = 0$ $\Leftrightarrow x = \dfrac{10}{2} = 5$ $\Rightarrow p_{U\max} = 10 - \dfrac{10}{2} = \dfrac{10}{2} = 5$
2) Absatzmaximierung	$x \to \max$, (Sättigungsmenge) $\Rightarrow p_{x\max} = 0$	$p_{x\max} = 0$
3) Absatzmaximierung unter Ausschluss des Verlustes (G=0)	$G = U - K \stackrel{!}{=} 0$	$G = U - K \stackrel{!}{=} 0$ $G = 10x - x^2 - 12 - 2x = 0$ $\Leftrightarrow x^2 - 8x + 12 = 0$ $\Leftrightarrow x_{1,2} = 4 \pm \sqrt{\dfrac{64}{4} - 12} = 4 \pm 2$ $\Leftrightarrow x_1 = 6$ $\Rightarrow p_{G=0} = 10 - 6 = 4$

Abbildung B.47: **Algebraische Ermittlung anderer Zielgrößen**

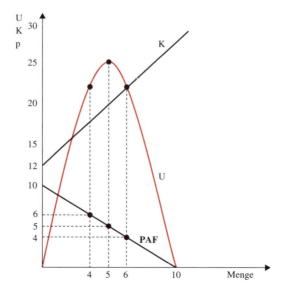

Abbildung B.48: **Optimale Preise bei unterschiedlichen Zielen**

6.3.1.3 Preisbestimmung im Polypol

Die Existenz **vieler kleiner Anbieter** und **vieler kleiner Nachfrager** stellt das konstituierende Merkmal des Polypols dar. Grundsätzlich lassen sich in Abhängigkeit von der **Vollkommenheit** des Marktes zwei Fälle unterscheiden (vgl. dazu den Punkt „Klassifikation von Märkten", A 2.3.1):

- Atomistische Konkurrenz,
- Polypolistische Konkurrenz.

(1) Atomistische Konkurrenz

Bei der atomistischen liegen die Bedingungen des **vollkommenen Marktes** vor. Es existieren bei den Nachfragern **keine Präferenzen** bzgl. des Produktes. Es herrschen vollkommene Transparenz und eine unendliche Reaktionsgeschwindigkeit. Damit ergibt sich aus der Übereinstimmung von Gesamtnachfrage und Gesamtangebot ein **Gleichgewichtspreis** (p_0). Die Anbieter verhalten sich als Mengenanpasser, da die aktive Preispolitik entfällt und die Variation der Angebotsmenge das einzige Aktionsinstrument darstellt. Die Preis-Absatz-Funktion verläuft waagerecht in Höhe des Gleichgewichtspreises, die Elastizität der Nachfrage ist unendlich elastisch (vgl. Abb. B.49).

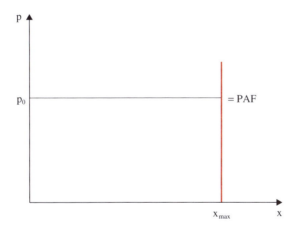

Abbildung B.49: **Preis-Absatz-Funktion bei atomistischer Konkurrenz**

Je nach Kostenverlauf ergeben sich in Bezug auf das Ziel der Gewinnmaximierung unterschiedliche Situationen. Bei **linearem Gesamtkostenverlauf** wird der einzelne Anbieter versuchen, seine Kapazitätsgrenze (x_{max}) auszuschöpfen, um möglichst viel zum Gleichgewichtspreis abzusetzen, vorausgesetzt dass der Gleichgewichtspreis über den Grenzkosten liegt. Da der Preis für das Unternehmen ein Datum darstellt, ergibt sich eine lineare Umsatzkurve (vgl. Abb. 50). Dieser Preis entspricht dem Grenzumsatz. Der Schnittpunkt mit der Kostenkurve kennzeichnet den Break-Even-Punkt (vgl. Punkt B 5.4.3). Links davon wird ein Verlust, rechts davon ein Gewinn erzielt. Das Umsatz- und Gewinnmaximum liegt ebenso wie das Minimum der Stückkostenkurve auf der Kapazitätsgrenze.

Bei einem **s-förmigen Gesamtkostenverlauf** kann ähnlich wie beim Monopolfall das marginalanalytische Verfahren zur Ermittlung der gewinnmaximalen Absatzmenge eingesetzt werden (vgl. Abb. B.51). Im Gewinnmaximum entsprechen sich Grenzkosten und Grenzerlös (hier = Gleichgewichtspreis!).

Auf Basis der atomistischen Konkurrenz lassen sich kurz- und langfristige **Preisuntergrenzen** (PUG) bestimmen. Die Preisuntergrenze stellt den niedrigsten Preis dar, bei dem ein Produkt noch angeboten oder ein Auftrag noch angenommen wird. In Bezug auf einen für das Unternehmen gegebenen Marktpreis lautet die Frage: Wie tief darf dieser fallen, so dass es für das Unternehmen soeben noch sinnvoll ist, das Produkt anzubieten. Dabei ist zwischen einer kurz- und einer langfristigen Preisuntergrenze zu unterscheiden.

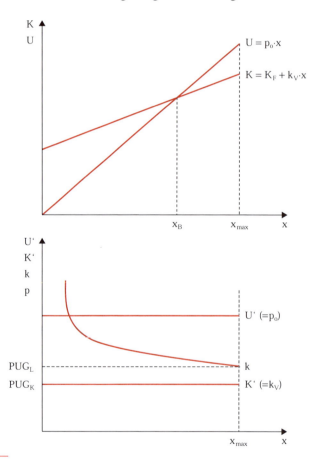

Abbildung B.50: Mengenanpassung bei linearem Kostenverlauf

6.3 Preis- und rabattpolitische Maßnahmen

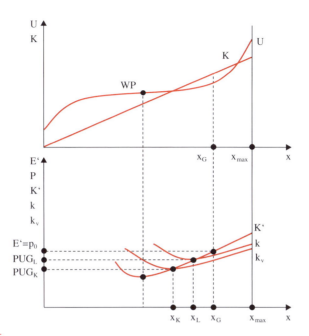

Abbildung B.51: **Mengenanpassung bei s-förmigem Kostenverlauf**

Langfristig betrachtet sollte ein Preis sowohl seine fixen als auch seine variablen Kosten decken; denn nur dann besitzt eine Unternehmung eine Existenzberechtigung am Markt. Somit entspricht die langfristige Preisuntergrenze den totalen Durchschnittskosten:

$$PUG_L = \frac{K}{x} = k$$

Kurzfristig betrachtet kann es als sinnvoll erachtet werden, von der Vollkostendeckung abzurücken, um für eine absatzpolitisch schwierige Situation gewappnet zu sein. Da Fixkosten unabhängig von der Produktion auf jeden Fall auftreten, versucht man, zumindest diejenigen Kosten zu decken, welche die Weiterführung der Produktion darüber hinaus verursacht. Somit stellen die variablen Stückkosten die kurzfristige Preisuntergrenze dar:

$$PUG_K = k_v$$

Diese sollte aber nur kurzfristig gelten bzw. ihre Realisation sollte durch den positiven Deckungsbeitrag anderer Produkte getragen werden. Es wird unterstellt, dass die variablen Kosten auszahlungswirksam sind und die Fixkosten nicht, was beides nicht zutreffen muss. Im Fall eines Mehrproduktunternehmens kann ein Verkauf unter den Stückkosten auch langfristig durchgehalten werden, wenn die anderen Produkte die Fixkosten decken (preispolitischer bzw. kalkulatorischer Ausgleich, vgl. dazu auch Punkt B 6.2.2).

Die Berechnung der Preisuntergrenze führt für die Fälle eines linearen und eines s-förmigen Gesamtkostenverlaufs zu unterschiedlichen Ergebnissen:

- Linearer Gesamtkostenverlauf
  Die langfristige Preisuntergrenze liegt im Minimum der Stückkostenkurve (k), das bei der Kapazitätsgrenze erreicht wird.

Die kurzfristige Preisuntergrenze entspricht den variablen Stückkosten (in diesem Fall konstant pro Stück und identisch mit den Grenzkosten). Das Unternehmen kann bei einem Marktpreis in dieser Höhe die maximale Menge verkaufen. Es wird ein Verlust in Höhe der Fixkosten erzielt (vgl. dazu Abb. B.50).

- S-förmiger Gesamtkostenverlauf
  Die langfristige Preisuntergrenze liegt im Minimum der Stückkostenkurve (k) bei x_L. In diesem Minimum schneiden sich die Grenz- und die Stückkostenkurve. x_L liegt unterhalb der Maximalmenge.
  Die kurzfristige Preisuntergrenze ergibt sich im Minimum der Kurve der variablen Stückkosten bei x_K. Auch in diesem Minimum schneiden sich die Grenzkostenkurve und die Kurve der variablen Stückkosten. x_K liegt unterhalb der x_L-Menge (vgl. dazu Abb. B.51).

Fazit: Im Fall eines s-förmigen Gesamtkostenverlaufs wird das Unternehmen zum Mengenanpasser. Die anzubietende Menge ergibt sich gemäß des Optimalitätskriteriums Grenzerlös = Grenzkosten.

(2) Polypolistische Konkurrenz

Bei polypolistischer Konkurrenz liegen die Bedingungen des **unvollkommenen** Marktes vor, der in der Praxis am häufigsten anzutreffen ist. Anbieter versuchen, durch den Einsatz von Marketing-Maßnahmen **Präferenzen** bei den Nachfragern aufzubauen. Je größer diese Präferenzen sind, desto größer gestaltet sich der **preispolitische Spielraum**. Dieser Spielraum erlaubt es den Unternehmen, Preise zu variieren, ohne die Kunden an die Konkurrenz zu verlieren oder Kunden der Konkurrenz zu gewinnen. Diesen Spielraum kennzeichnen dieselben Merkmale wie der Monopolfall, weswegen auch von einem „**monopolistischen**" Preisbereich gesprochen wird (Benkenstein 2001, S. 222). Dieser Preisbereich wird durch einen oberen und einen unteren Grenzpreis von zwei umrahmenden atomistischen Preisbereichen abgegrenzt. Abbildung B.52 veranschaulicht die Situation der polypolistischen Konkurrenz mit den beschriebenen Preisbereichen. Im Gegensatz zur atomistischen Konkurrenz gibt es bei der polypolistischen Konkurrenz keinen einheitlichen Gleichgewichtspreis, vielmehr können unterschiedliche Preise nebeneinander bestehen. Das gilt selbst für weitgehend homogene Produkte wie Benzin.

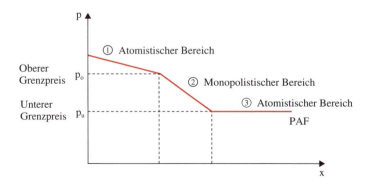

Abbildung B.52: Preis-Absatz-Funktion bei polypolistischer Konkurrenz auf unvollkommenem Markt

Für die Ableitung des gewinnmaximalen Preises lässt sich ähnlich wie im Monopolfall das marginalanalytische Verfahren einsetzen. Hierzu ist der Schnittpunkt zwischen Grenzkosten- und Grenzumsatzfunktion zu ermitteln. Dazu muss die erste Ableitung gebildet und gleich Null gesetzt sowie nach der Absatzmenge x aufgelöst werden. Hier wird für jeden Abschnitt der PAF eine einzelne Ableitung gebildet und für jeden ermittelten Preis geprüft, ob er sich im Definitionsbereich der PAF befindet. Gleichzeitig bedarf es einer Optimalitätsprüfung der Preisforderungen, da es mehrere gewinnmaximale Preise geben kann. Für diesen Fall ist durch Einsetzen der einzelnen gewinnmaximalen Preisforderungen in die Gewinnfunktion der maximale Gewinn zu berechnen.

6.3.1.4 Kostenorientierte Preisbestimmung

Die Erstellung von Leistungen bedingt den Einsatz und Verzehr von Produktionsfaktoren, die mit dem Entstehen von Kosten verbunden sind. In der Produktions- bzw. Kostenfunktion lassen sich die anfallenden Kosten in Abhängigkeit vom Faktoreinsatz darstellen. Wesentliche Einflussgrößen auf die Kosten sind dabei:

- Ausstattung des Unternehmens (Größe des Betriebes, Kapazität),
- Fertigungsprogramm,
- Fertigungsprozess,
- Kosten für die Einsatzfaktoren, z.B. Personalkosten.

Um die Kostenfunktion als Grundlage für die Preisfindung zu nutzen, sind die variablen und fixen Kosten zu trennen. Variable Kosten hängen von der Ausbringungsmenge ab, Fixkosten hingegen fallen unabhängig von der Ausbringungsmenge an. Auf dieser Trennung aufbauend, lassen sich die Kosten in der Kostenträgerrechnung den einzelnen Produkten zurechnen. Dazu können sowohl die Vollkosten- als auch die Teilkostenrechnung zum Einsatz kommen. Beiden Rechnungsverfahren dienen der so genannten Kosten-Plus-Preisbildung, bei der zu den vorkalkulierten Stückkosten ein prozentualer Gewinnzuschlag addiert wird.

6.3.2 Rabattpolitik

Der Rabattpolitik kommt die Rolle zu, den tatsächlichen Preis und die Konditionen der Transaktion festzulegen. Dabei stellt der Rabatt eine Vergütung dar, die ein Unternehmen seinem Abnehmer unter Einhaltung bestimmter Bedingungen einräumt.

Das Unternehmen gewährt seinen Kunden einen Rabatt als prozentualen oder absoluten Abschlag auf den Endabnehmer- bzw. Herstellerabgabepreis. Dabei dient bei Endabnehmern der Brutto- oder Nettopreis, bei Wiederverkäufern der Herstellerabgabepreis als Basis für die Rabattverhandlung.

Besonders gegenüber dem Handel wuchs in den letzten Jahren die Bedeutung der Rabattgewährung, was sich nach dem Wegfall des Rabattgesetzes verstärkt hat. Klassischerweise stand die Gewährung eines Rabattes einer besonderen Leistungsübernahme durch den Abnehmer (Handel), bzw. einer Leistungseinforderung an den Abnehmer gegenüber. Diese Leistungsübernahme ging über die Standardleistungen des Handels hinaus. Auf Grund der zunehmenden Konzentration auf der Handelsseite, wuchs die Macht der Handelsstufe, so dass eine Gegenleistung häufig nicht mehr den Verhandlungsgegenstand darstellt. Mit steigender Macht des Handels wächst der Druck auf die Hersteller und somit die Höhe der einzuräumenden Rabatte gegenüber dem Handel. Wenn die Rabattgewährung nicht an Gegenleistungen gebunden ist, handelt es sich de facto um Preisverhandlungen: Der tatsächlich bezahlte Preis ergibt sich als Listenpreis minus Rabatt.

Aus Sicht der Hersteller lassen sich als **allgemeine Ziele** der Rabattpolitik nennen:

- Umsatz- und Absatzausweitung durch Verbesserung des Preis-Leistungsverhältnisses für den Abnehmer,
- Erhöhung der Kundenbindung durch monetäre Anreize,
- Rationalisierung der Auftragsabwicklung,
- Bessere Steuerung der zeitlichen Verteilung des Auftragseingangs,
- Sicherung des hochpreisigen Images durch die Gewährung eines Rabatts.

Gegenüber den **Wiederverkäufern** verfolgen Hersteller folgende Ziele:

- Verhinderung der Auslistung existierender Produkte,
- Sicherstellung der Listung für neue Produkte,
- Aufbau von Markteintrittsbarrieren (Regalplatzsicherung) gegenüber neu eintretenden Wettbewerbern,
- Verbesserung der Präsenz am Point-of-Sale,
- Intensivierung der Marktbearbeitung durch den Einzelhändler.

Im Rahmen der Rabattpolitik stehen zwei Entscheidungstatbestände im Mittelpunkt. Erstens ist die Form des Rabattes zu wählen, und zweitens hat eine Entscheidung über die optimale Höhe des Rabattes zu erfolgen.

(1) Formen des Rabattes

Funktionsrabatte stellen eine Gegenleistung für die Übernahme von Funktionen durch den Abnehmer dar. Hierunter fallen z.B. Lagerhaltung, Warenpräsentation, Beratung und Übernahme des Verkaufs- und Preisrisikos.

Barzahlungsrabatte (Skonti) räumen Hersteller ein, wenn der Abnehmer unverzüglich oder innerhalb eines festgelegten Zeitraums den Rechnungsbetrag begleicht (Fröböse/Kaapke 2000, S. 225). Somit fällt ein eventueller Lieferantenkredit auf Seiten des Herstellers weg.

Mengenrabatte gewährt ein Unternehmen seinen Kunden, wenn diese eine festgelegte, quantitativ höhere Absatzmenge abnehmen. Dadurch realisiert der Hersteller Kosteneinsparungen in der Produktion, im Vertrieb und bei der Auftragsabwicklung. In der Praxis finden sich unterschiedliche Variationen des Mengenrabatts. Einerseits existieren feste Beträge, andererseits variiert die Rabatthöhe proportional oder auch überproportional zur abgenommenen Menge.

Der **Bonus** stellt eine Sonderform des Mengenrabattes dar, da er sich auf einen Zeitraum bezieht. Realisiert ein Kunde innerhalb eines Zeitraumes, meist innerhalb eines Jahres, eine bestimmte Menge, einen definierten Umsatz oder eine besondere Variation der Bestellung, räumt der Hersteller seinem Kunden nachträglich einen solchen Rabatt ein. Ziel des Bonus ist die Stärkung des Hersteller-Abnehmer-Verhältnis.

Eine Abwandlung des Bonus stellt der **Treuerabatt** dar. Hier gewährt der Hersteller auch kleinen Abnehmern einen Rabatt, wenn sie ausschließlich bzw. zu großen Teilen bei einem Lieferanten bestellen. Dieser Anreiz generiert im Laufe der Zeit auch eine gewisse Abnahmemenge, wenn auch mit geringen Einzelumsätzen, ist aber nicht an den Umsatz gekoppelt. Auch diese Form der Vergütung zielt auf eine möglichst langfristige Kundenbindung.

Beim **Verbraucherrabatt** handelt es sich um einen Treuerabatt auf Verbraucherebene. Er wird vom Handel gewährt, um den Endkonsumenten zum Wiederkauf zu animieren. Der Verbraucherrabatt tritt in Form von Treuemarken auf, wie zum Beispiel die „Danknote" von Aral oder die „Swops" an Esso-Tankstellen.

Zeitrabatte werden eingeräumt, wenn Kunden Leistungen zu einem bestimmten Zeitpunkt abnehmen. Besonders häufig tritt dieser Rabatt als Vorausbestellungs-, Einführungs-, Auslauf- oder Saisonrabatt auf. Mit Hilfe solcher Vorausbestellungs- und Saisonrabatte lässt sich die Disposition bzw. Lagerhaltung des Herstellers bzw. der Handels optimieren. Einführungsrabatte dienen dagegen der leichteren Einführung neuer Produkte, und Auslaufrabatte helfen, alte Produkte aus den Lagern zu räumen.

Beispiel: Kundenkarte „Payback"

Ein bekanntes Beispiel für Rabatte in der Praxis stellt die Aktion „Payback" dar. An „Payback" nehmen Händler teil (z.B. Kaufhof, Dea, Obi, apollo optik, AOL). Der gewillte Kunde erhält eine Kundenkarte, durch deren Vorzeigen an der Kasse aller teilnehmenden Händler zwischen 1 und 3% Rabatt in Punkten gewährt werden. Die Punkte werden dem persönlichen Kundenkonto gutgeschrieben und können ab einer bestimmten Anzahl in Bargeld, in eine Prämie oder in eine Spende an UNICEF eingelöst werden. Zusätzlich zu dem Rabatt in Punkten, der generell gewährt wird, gibt es Sonderaktionen einzelner Händler, bei denen z.B. bestimmte Artikel für Payback-Mitglieder günstiger erhältlich sind.

(Für nähere Informationen siehe Payback 2004; Krämer u. a. 2003, S. 561 ff.)

---

(2) Höhe des Rabattes

Für die Festlegung der Rabatthöhe existieren keine allgemein gültigen Regeln. Es ist in jedem einzelnen Fall zu prüfen, wie hoch ein Rabatt ausfallen darf. Um die Höhe des Rabattes zu bestimmen, kann man in drei Schritten vorgehen:

- Analyse des Bestellverhaltens:
  Wie oft und in welchen Mengen nimmt ein Kunde die Ware ab? Wie hoch ist sein Verbrauch?
- Untersuchung der Kosteneinsparung:
  Welche Kosten spart das beliefernde Unternehmen ein, wenn z.B. eine größere Menge geliefert wird?
- Betrachtung der Erlöseinbußen:
  Wie hoch gestalten sich die Abschläge vom Umsatz?

6.4 Informationsbeschaffung und -verarbeitung

Um preispolitische Entscheidungen zu treffen, bedarf es einer informatorischen Fundierung. Als wichtige Informationen für die Preispolitik gelten Informationen über die interne Unternehmenssituation (Kostenverläufe, Kapazitäten, Finanzstatus), über die Struktur und das Verhalten der am Markt tätigen Teilnehmer (Nachfrager, Absatzmittler, Konkurrenten) und über relevante Elemente des Marktsystems (Gesetze). Aus Sicht des Unternehmens erscheint es wichtig, Strukturdaten (Nachfragevolumen, Marktanteile, Marktentwicklung), Reaktionsdaten (Absatz-, Nachfrage- und Preiselastizität) sowie aktuelle Daten (Preisverhalten der Nachfrager und Konkurrenten) zu gewinnen. Im Folgenden wird auf Informationsquellen der Primärforschung und auf Kalkulationsverfahren näher eingegangen.

6.4.1 Instrumente der Primärforschung

Wie oben gezeigt, kommt der Preis-Absatz-Funktion eine hohe Bedeutung bei der marginalanalytischen Preisfestlegung zu. In der Praxis liegen in den seltensten Fällen genaue Kenntnisse über den Verlauf einer solchen Kurve vor. Um ihren Verlauf bestimmen zu können, müssen Daten über Preise, Absatzmengen und eventuell weitere Variablen gewonnen werden. Dabei können folgende **Methoden** zum Einsatz kommen:

- Expertenbefragung,
- Kundenbefragung,
- Conjoint Measurement,
- Preisexperimente,
- Marktbeobachtung.

(1) Expertenbefragung

Gerade im Rahmen von Neuprodukteinführungen bietet sich die Expertenbefragung (eingehende Ausführungen zu Expertenbefragungen finden sich bei Baumgarth 2004) als nützliches Instrument an. Dabei werden Experten aus unterschiedlichen Positionen und Unternehmen über realistische Ober- und Untergrenzen und den daraus resultierenden Absatzmengen für einen bestimmten Zeitraum befragt, z.B. mit folgenden Fragestellungen:

1. Wo setzen Sie eine realistische Ober- bzw. Untergrenze für den Preis?

2. Welche Absatzmenge erwarten Sie im ersten Jahr,
   wenn der Preis an der Obergrenze liegt?
   wenn der Preis an der Untergrenze liegt?
   wenn der Preis genau in der Mitte liegt?

Die mit dem Markt vertrauten Experten, die hinsichtlich Ihrer Aufgaben und Positionen unterschiedlicher Herkunft sein sollen, geben ihre subjektive Einschätzung zu Absatzmengen bei bestimmten Preisforderungen ab. Abschließend sollten im Rahmen einer

Gruppendiskussion die Ergebnisse erörtert werden. Diese Methode zeichnet sich durch ihre kostengünstige und schnelle Vorgehensweise aus. Sie beinhaltet jedoch das Risiko einer gemeinsamen Fehleinschätzung der Marktsituation.

(2) Kundenbefragung

Im Rahmen der Kundenbefragung existieren zwei Vorgehensweisen:

- Erhebung von Preis- bzw. Kaufbereitschaft,
- Erhebung der Präferenzwerte.

Bei der Erhebung der Preis- bzw. Kaufbereitschaft werden Kunden direkt befragt, wie sie auf bestimmte Preise, Preisänderungen und Preisabweichungen reagieren würden. Dabei werden den Kunden z.B. folgende Fragen gestellt:

- Würden Sie das Produkt zum Preis von x € kaufen?
- Wie viel € wären Sie bereit, für dieses Produkt auszugeben?
- Bei welchem Preis würden Sie das Produkt gerade noch kaufen?

Mit Hilfe solcher Fragestellungen lassen sich Preis-Absatz-Funktionen ableiten. Diese Vorgehensweise ist kostengünstig und schnell, birgt aber die Gefahr, eine zu hohe Aufmerksamkeit auf den Preis als alleiniges Kaufentscheidungskriterium zu lenken.

(3) Conjoint Measurement

In der Realität wägt der Kunde stets den Nutzen eines Produktes und den Preis einer Leistung gegeneinander ab. Um dieses „Trade-Off" zu simulieren, bedient man sich der Conjoint Measurement-Methode. Dabei werden die Kunden nicht direkt zum Preis eines Produktes befragt, sondern mit unterschiedlichen Produktprofilen oder Produktattributen konfrontiert. Anhand der Aussagen der Kunden über seine Präferenzen und Kaufabsichten lassen sich die Wichtigkeit des Preises und sonstiger Produkteigenschaften als Merkmales des Produktes ermitteln. Gleichzeitig lässt sich der Einfluss des Preises auf den Gesamtnutzen eines Produktes errechnen (Simon 1995, S. 40 f.; ausführlich zum Conjoint Measurement siehe Backhaus u.a. 2003, S. 543 ff. und Balderjahn 2003, S. 394 ff.).

(4) Preisexperimente

Preisexperimente stellen Beobachtungen oder Befragungen dar, bei denen entweder in simulierten Kaufsituationen (Labor) oder in realen Kaufsituationen alternative Preise vorgegeben werden, um anhand des Verhaltens der Testkäufer Wirkungen auf die Absatzmenge und den Marktanteil zu ermitteln. Preisexperimente finden in Teststudios, Testgeschäften (Store-Test) oder auf Testmärkten mit realen Kunden (z.B. Saarland) statt.

(5) Paneldaten

In einigen Märkten existieren standardmäßig erhobene Paneldaten, die zur Bestimmung der Preis-Absatz-Funktion dienen (z.B. Pharmazeutische Industrie). Es handelt sich um Absatzmengen konkurrierender Produkte, die entweder in Abhängigkeit von der Zeit (Längsschnitt) oder in Bezug auf Regionen, Konkurrenten, Marktsegmente u.ä. erhoben und ausgewertet werden. Notwendige Voraussetzung für den Einsatz der Paneldaten ist die Variation des Preises als Wirkungsgröße.

6.4.2 Kalkulationsverfahren als Instrumente der Preisbestimmung

(1) Preisbestimmung nach der Vollkostenrechnung

Im Rahmen der Vollkostenrechnung werden die fixen und variablen Kosten den einzelnen Produkten zugeordnet.

$$p = k \cdot (1 + g)$$

mit: p = Preisforderung

k = Selbstkosten pro Stück

g = prozentualer Gewinnzuschlag

Die Preisfestlegung erfolgt bei der Vollkostenrechnung mittels einer einfachen Zuschlagskalkulation, welche die Einzelkosten eines Produktes dem Produkt direkt zuordnet und die Gemeinkosten indirekt über einen Gemeinkostenschlüssel auf die Produkte verteilt. Unter die Einzelkosten fallen z.B. Material- und Fertigungseinzelkosten; Verwaltungs- und Vertriebsgemeinkosten stellen Gemeinkosten dar.

Beurteilung:

- Ein wesentlicher **Vorteil** dieses Verfahrens liegt in der einfachen Handhabung und dem geringen Informationsbeschaffungsaufwand, weshalb dieses Verfahren in der Praxis gerade bei Einzelaufträgen häufig zum Einsatz kommt.

Dennoch weist dieses Verfahren erhebliche **Nachteile** auf:

- Die Verteilung der Fixkosten auf die Kostenträger erfolgt nicht nach dem Verursachungsprinzip, sondern nach einem willkürlichen Verteilungsschlüssel, der subjektiv beeinflussbar ist.

- Diese Form der Preisbildung berücksichtigt Konjunkturschwankungen prozyklisch. Bei rückläufiger Konjunktur und sinkender Beschäftigung verteilen sich die Fixkosten auf eine geringere Menge, damit steigt der geforderte Preis und umgekehrt. D.h. in einer Rezession steigen die Preisforderungen, und bei Hochkonjunktur sinken die Preise. Mit dieser Vorgehensweise droht sich ein Unternehmen „aus dem Markt zu kalkulieren", wenn es auf Grund der hohen Preisforderung weniger absetzt und dadurch noch höhere Preise festlegt, die wiederum einen weiteren Absatzrückgang zur Folge haben.

- Dieses Verfahren lässt die Wettbewerbsbedingungen auf einzelnen Teilmärkten außer Acht, da die Kosten auf die gesamte Absatzmenge verteilt werden. In Teilmärkten mit günstigen Wettbewerbsbedingungen gehen mögliche Gewinne verloren, und in ungünstigen Konkurrenzsituationen fehlt der Spielraum für wettbewerbsfähige Preise.

- Es liegt ein unzulässiger Zirkelschluss vor, wenn die geplante Absatzmenge als Grundlage zur Festlegung des Absatzpreises dient. Diese hängt nämlich vom geforderten Absatzpreis ab. Damit kann die realisierte Absatzmenge von der prognostizierten erheblich abweichen, was eine wesentliche Schwäche dieses Verfahrens darlegt.

Beispiel: Preisbildung eines Reisebüros

Ein Reisebüro bestellt für mehrere Wochenenden einen Sonderzug mit insgesamt 400 Plätzen für € 2.500 pro Wochenende. Für den ersten Sonntag setzt das Reisebüro den Fahrpreis auf € 20 pro Fahrgast fest und gewinnt damit 125 Fahrgäste. Die Erlöse decken mit € 2.500 die entstandenen Kosten, der Gewinn ist gleich Null.

Um einen Gewinn zu erzielen, fügt das Reisebüro einen Gewinnzuschlag von € 10 pro Fahrgast den Selbstkosten von € 20 zu. Für das zweite Wochenende beträgt der Fahrpreis somit € 30, und es kommen 50 Personen. Damit beträgt der Erlös € 1.500, und das Unternehmen erzielt einen Verlust von € 1.000.

Auf Basis dieser Zahlen berechnet das Reisebüro die Durchschnittskosten pro Fahrgast mit € 2.500 : 50 Personen = € 50/Person. Der Verkaufspreis liegt aber bei € 30. Um einen Gewinn zu erwirtschaften, legt das Reisebüro den Fahrpreis für das dritte Wochenende auf € 60 fest, um seinen Gewinnzuschlag von € 10 realisieren zu können. Am dritten Wochenende nutzen nur noch 6 Personen das Angebot, der Erlös beträgt € 360, und der Verlust steigt für dieses Wochenende auf € 2.140.

Auf Grund dieses rapiden Rückgangs verwirft das Reisebüro sein Verfahren zur Preisfestlegung und bietet die Fahrt für das vierte Wochenende für € 10 an. Überraschenderweise fahren 400 Personen an diesem Wochenende mit dem Sonderzug, und das Reisebüro erwirtschaftet mit einem Erlös von € 4.000 einen Gewinn von € 1.500. Die Selbstkosten sinken an diesem Wochenende erstaunlicherweise auf € 6,25 pro Person. (Meffert 2000, S. 509 f.)

(2) Preisbestimmung nach der Teilkostenrechnung

Die Preisfestlegung nach der Teilkostenrechnung nimmt eine Teilung der Kosten in fixe und variable Bestandteile vor. Dabei wird auf die variablen Kosten ein prozentualer Zuschlag pro Stück addiert. Dieser liegt höher als der Gewinnzuschlag bei der Vollkostenrechnung, da diese Deckungsspanne (ds) auch die fixen Kosten abdeckt.

$$p = k_v \cdot \left(1 + ds\right)$$

mit:
p = Preisforderung

k_v = variable Stückkosten

ds = prozentualer Gewinnzuschlag

Beurteilung:

- Der **Vorteil** dieses Verfahrens liegt in der von der Beschäftigung unabhängigen Preisfestlegung, da die Preisforderung von der Verteilung der Fixkosten losgelöst ist. Somit unterliegt die Preisforderung nicht mehr den konjunkturellen Schwankungen.

- Dennoch birgt auch dieses Verfahren **Gefahren**. Die Betrachtung der variablen Kosten verleitet zu einer eher kurzfristigen Orientierung, wobei die Deckung der Fixkosten außer Acht gelassen werden könnte.

- Generell bietet die Preisbestimmung nach der Teilkostenrechnung die besseren Möglichkeiten zur Festlegung der Preisforderungen, da mit ihrer Hilfe die entscheidungsrelevanten Kosten, nämlich die variablen Kosten, für taktische Entscheidungen Berücksichtigung finden. Dennoch sollten die Fixkosten nicht außer Acht gelassen werden. Hierzu bietet sich die Möglichkeit so genannte Solldeckungsbeiträge einzuführen, die auf den Deckungsbedarf und die Wettbewerbssituation abgestimmt sind.

Übungen

I. Wiederholungsaufgaben

1. Nennen und erläutern Sie die unterschiedlichen Möglichkeiten der **Preisdifferenzierung**! (S. 101 ff.)

2. Wozu dient der **preispolitischen Ausgleich**? (S. 103)

3. Welche charakteristischen Merkmale zeichnen folgende **Preisstrategien** aus:
   – Penetrationsstrategie,
   – Abschöpfungsstrategie? (S. 104 ff.)

4. Was versteht man unter einer **Preis-Absatz-Funktion** und der Preiselastizität der Nachfrage? (S. 106 ff.)

5. Stellen Sie den **Zusammenhang** zwischen Preis-Absatz-Funktion, Umsatzfunktion und Preiselastizität der Nachfrage grafisch dar! (S. 109)

6. **Preisbestimmung im Monopol**
   a. Welche Bedingungen gelten im Monopol? (S. 109)
   b. Ermitteln Sie den gewinnmaximalen Preis, wenn die Preis-Absatz-Funktion $p = 14 - x$ und die Kostenfunktion $K = 8 + 3x$ lauten! Wie hoch fällt bei diesem Preis der Gewinn aus? (S. 110 ff.)
   c. Bei welchem Preis arbeitet der Monopolist kostendeckend? (S. 111)

7. Wie verhält sich ein Unternehmen, das den Gewinn maximieren will, im Falle der **atomistischen Konkurrenz** bei einem rückläufigen Marktpreis? (S. 114 ff.)

8. Welche Ziele verfolgen Anbieter bei der Gewährung von **Rabatten**? Nennen Sie Formen der Rabattpolitik! (S. 118 ff.)

9. Wie lässt sich die **Preis-Absatz-Funktion** empirisch bestimmen? Nennen Sie mindestens drei Möglichkeiten, den Preis eines Produktes zu ermitteln! (S. 121 ff.)

10. Bestimmen Sie grafisch für den Fall der atomistischen Konkurrenz die kurz- und langfristigen **Preisuntergrenzen** bei einem linearen und bei einem s-förmigen Kostenverlauf! Wie tief darf der Marktpreis im Falle eines s-förmigen Kostenverlaufs kurzfristig fallen? (S. 114 ff.)

II. Vertiefungsaufgaben

1. **Preis-Absatz-Funktion**
   a. Eine Preis-Absatz-Funktion hat die Form $p = 8 - 1/3\ x$. Bei welchem Preis ergibt sich eine Preiselastizität $= -1$?
   b. Eine Preis-Absatz-Funktion der allgemeinen Form $p = a + bx$ hat die Steigung $-1/6$. Berechnen Sie im Punkt ($p = 3$; $x = 6$) die Preiselastizität der Nachfrage! Wie lautet die Preis-Absatz-Funktion?

2. Ein Unternehmen, das elektrische Kaffeemühlen herstellt, hat in den letzten Monaten leider einen erheblichen Absatzrückgang zu verzeichnen. Es verkauft seine Kaffeemühlen zum Preis von 25 €. Da die Wettbewerber ihre Preise in diesem Zeitraum nicht veränderten, überlegt der Verkaufsleiter, ob er nicht den Preis senken sollte. Der Verkaufsleiter hat die Marktforschungsabteilung beauftragt, die Preiselastizität der Nachfrage zu ermitteln. Ihm wird als Preiselastizität der Nachfrage - 2,5 genannt. Würden Sie dem Verkaufsleiter empfehlen, den Preis um 2 € zu senken, wenn bisher pro Monat 20.000 Stück abgesetzt wurden, die variablen Kosten pro Stück 5 € betragen, und die sonstigen zu tragenden Kosten pro Monat sich auf 100.000 € belaufen?

3. Ein **Monopolist** mit der Gesamtkostenfunktion K = 8 + 4x sieht sich einer Preis-Absatz-Funktion mit einem Höchstpreis von 12 und einer Steigung von –1/8 gegenüber.
   a. Berechnen Sie die gewinnmaximale Preisforderung!
   b. Wie lauten die jeweiligen gewinnmaximalen Preisforderungen, wenn:
      die Fixkosten um 50 % steigen?
      die variablen Stückkosten um 50 % gesenkt werden?
      durch Marktveränderungen der Höchstpreis auf 10 sinkt (bei gleich bleibender Steigung der Preis-Absatz-Funktion)?

4. Die linear fallende Preis-Absatz-Funktion eines **Monopolisten** lautet: p = 9 – x. Die Kostenfunktion lautet: K = 2 + x.
   a. Berechnen Sie die optimale Preisforderung bei den folgenden Zielsetzungen:
      Gewinnmaximierung,
      Umsatzmaximierung,
      Absatzmengenmaximierung!
   b. Würde sich im ersten Fall der Einsatz eines Werbebudgets in Höhe von 2 GE lohnen, wenn sich dadurch die Preis-Absatz-Funktion verschiebt auf:
      p = 11 – x?

5. Zur Absatzpolitik eines Anbieters bei **polypolistischer Konkurrenz**: Ein Anbieter sieht sich bei polypolistischer Konkurrenz auf unvollkommenem Markt einer Preis-Absatz-Funktion gegenüber, die dem folgenden Funktionsverlauf entspricht.

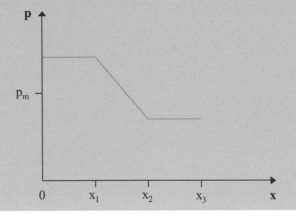

a. Interpretieren Sie den Funktionsverlauf und die Bedeutung der drei Segmente, die durch die Absatzmengen 0 und x_1, x_1 und x_2 sowie x_2 und x_3 begrenzt sind!

b. Welche Konsequenzen ergeben sich – ausgehend von einem mittleren Preisniveau p_m – bei schrittweisen Preiserhöhungen oder bei fortgesetzten Preissenkungen dieses Anbieters (Reaktionen der Abnehmer bei Erreichen bestimmter Preisniveaus)?

c. Zeichnen Sie die zugehörige Gesamterlöskurve in die Grafik ein!

d. Zeichnen Sie ebenfalls den Verlauf der Grenzerlöskurve in die Grafik ein, und kommentieren Sie den Verlauf einzelner Segmente!

6. Ein **Polypolist auf vollkommenem Markt** sieht sich der Preis-Absatz-Funktion $p = 16$ und der Kostenfunktion $K = 48 + 4 x$ gegenüber.

a. Bestimmen Sie die Gewinnschwelle und das Gewinnmaximum!

b. Untersuchen Sie sowohl für die Gesamtfunktionen als auch für die stückbezogene Betrachtung, wie sich:

ein sukzessiv sinkender Preis,

steigende Fixkosten,

unterschiedliche variable Kosten auf die gewinnoptimale Absatzmenge und die maximale Gewinnhöhe auswirken!

Gehen Sie hierbei von einer maximalen Produktionskapazität von 48 ME aus!

7. **Preispolitik bei atomistischer Konkurrenz**

Für ein Unternehmen auf einem Markt mit atomistischer Konkurrenz gilt die Preis-Absatz-Funktion $p = 6$ und die Gesamtkostenfunktion $K = 12 + 3x$. Bestimmen Sie die Gewinnschwelle und das Gewinnmaximum! Verdeutlichen Sie Ihre Aussagen anhand einer Zeichnung!

8. **Preisdifferenzierung**

a. Welche Voraussetzungen müssen erfüllt sein, damit eine Preisdifferenzierung betrieben werden kann?

b. Inwiefern ist es mit einer Preisdifferenzierung möglich, sog. „Konsumentenrenten" abzuschöpfen?

c. Nennen Sie drei Segmentierungskriterien für die Preisdifferenzierung, und geben Sie jeweils ein Beispiel an!

9. Begründen Sie, warum insbesondere in einem Handelssortiment evtl. auch **erfolgsschwache und verlustbringende Produkte** geführt werden müssen!

Kapitel

7 Kommunikationspolitik

ADIDAS-Salomon ist ein deutscher Global Player, das als Markenartikelunternehmen eine Vielzahl von Marken und Submarken weltweit vermarktet. Mit einem stark differenzierten Absatzprogramm werden Kunden aus vielen Sportarten angesprochen, d.h. die Produkte werden in eine Vielzahl von Marktsegmenten positioniert.

ADIDAS-Salomon gibt pro Jahr ca. 500 Mio. € für die Absatzmarktkommunikation und für das Sponsoring aus. Das Unternehmen war seit Anbeginn (v.a. durch die Person seines Gründers, Adolf Dassler, bedingt) eng mit Sportlern und Mannschaften verbunden. Hinzu kommt das Sponsoring von großen Sport-Events. So werden z.B. bei den Olympischen Sommerspielen 2004 in Athen über 400 Athleten in ADIDAS-Produkten starten. Zudem wird ADIDAS 21 Nationale Olympische Komitees ausrüsten und für 26 von 28 olympische Disziplinen Produkte liefern, darunter auch die offiziellen Spielbälle für Fußball und Handball. Aktuell findet ein Top-Sponsoring von Sport-Heroen und Mannschaften statt. Die Partner, wie die New York Yankees (Baseball), Tracy McGrady (Basketball), Justine Henin-Hardenne (Tennis), Erik Zabel (Radsport), David Beckham, Zinedine Zidane, Bayern München, Real Madrid, AC Mailand (Fußball), müssen Weltklasse repräsentieren. Die Marketing-Kosten für die Fussball-Weltmeisterschaft 2002 betrugen ca. 40 Mio. €. Etwa 50 % des Etats fließen in Sponsoring-Verträge. Für die WM 2006 hat ADIDAS bereits einen „Kommunikations- und Produktfahrplan" vorliegen, den das Unternehmen allerdings streng geheim hält.

Das Fernsehen wird als schnellstes und wirkungsvollstes Medium angesehen, gefolgt von Print, Outdoor und Below the Line. Das Kommunikationsmix wird im Verhältnis 70:20:10 aufgeteilt. Zum Kommunikationsmix zählen darüber hinaus PR- und Verkaufsförderungsmassnahmen (Merchandising und Point-of-Sale-Aktivitäten) sowie der Internetauftritt. Die weltweite Kampagne „Impossible is nothing" (vgl. Abb. B.53), in der u.a. der junge Muhammad Ali dank ausgefeilter Postproduction-Technik gegen seine Tochter Laila kämpft bzw. mit verschiedenen ADIDAS-Vertragspartnern wie Ian Thorpe, Maurice Greene, Zinedine Zidane und David Beckham auf Jogging-Tour geht, kostet Schätzungen zu Folge mehr als 70 Mio. Euro. Ziel der Kampagne ist es, den Markenwert „Inspiration" zu penetrieren, sowie das US-Geschäft zu stützen.

ADIDAS-Salomon hat sich in den letzten Jahren neu positioniert. Ende der 80er Jahre verlor ADIDAS Marktanteile, weil es Trends wie Jogging und Aerobic verschlafen hatte. Das Image wandelte sich von innovativ zu altbacken. Die Jugend wollte Aktivität und emotional passende Produkte. Das Unternehmen musste sich auf Lebensstile einstellen und über Musik, Mode und Aktionen vermitteln. Im Jahr 2000 lautete die neue Positionierung: Lockerer, witziger, jugendlicher, schneller und emotionaler.

Im deutschen Markt für Oberbekleidung, Freizeitkleidung und Jeans erreichte ADIDAS 2001 eine Bekanntheit von 95 %, eine Sympathie von 63 % und eine Verwendung von 53 %.

(Quellen: Clef 1998, S. 120 ff.; Stamminger 2001, S. 477 ff.; Stern 2001, S. 202; Sponsors 2004; Zils 2004, S. 1; Roth 2004, S. 2.)

Abbildung B.53: Adidas Kampagne „Impossible is nothing" © ADIDAS - Salomon

Lernziele dieses Kapitels

Nach der Bearbeitung dieses Unterkapitels sollen Sie Folgendes kennen und können:

- Wichtige Gruppen von Kommunikationsinstrumenten aufzählen können,
- Ziele der Kommunikationspolitik im Zusammenhang mit Wirkungsmodellen kennen und anhand von Werbewirkungskurven problematisieren können,
- Kommunikationspolitische Strategien kennen,
- Den Prozess der Werbeplanung kennen,
- Werbliche Zielgruppen abgrenzen können,
- Methoden der Werbebudgetierung kennen und vergleichen können,
- Elemente einer Werbebotschaft kennen,
- Werbemittel vergleichen können,
- Werbeträgergruppen und Werbeträger anhand ausgewählter Kriterien und Kennzahlen vergleichen können,

- Den Ansatz der Linearen Programmierung zur Intra-Mediaselektion darstellen und würdigen können,
- Ziele, Zielgruppen und Maßnahmen der Verkaufsförderung kennen,
- Teilaspekte der Messung der Werbewirkung und ausgewählte Verfahren kennen,
- Ein Werbe- und Verkaufsförderungskonzept erstellen können.

Abbildung B.54 ordnet die Kommunikationspolitik in das Marketing-Instrumentarium ein.

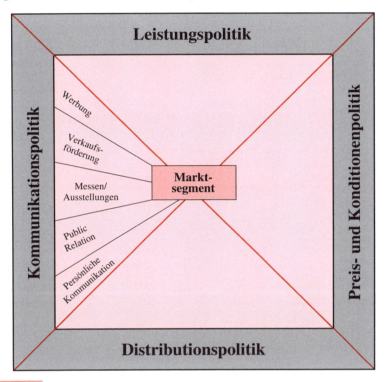

Abbildung B.54: **Kommunikationspolitik im Marketing-Mix**

Unter Kommunikation versteht man im Marketing: „Übermittlung von Informationen und Bedeutungsinhalten zum Zweck der Steuerung von Meinungen, Einstellungen, Erwartungen und Verhaltensweisen gemäß spezifischer Zielsetzungen" (Meffert 1980, S. 412).

Diese Definition nimmt bereits auf zwei Kernfunktionen Bezug, welche die Kommunikation zu erfüllen hat:

- **Informationsfunktion**

Die Kunden sollen über das Unternehmen und seine Angebote (Produkte, Preise, Bezugsquellen) informiert werden.

- **Beeinflussungs- bzw. Steuerungsfunktion**

Die Einstellungen und Verhaltensweisen der Kunden sollen beeinflußt werden.

Die Vielzahl an Kommunikationsinstrumenten lässt sich in folgende **Hauptgruppen** einteilen (Bruhn 1997, S. 168):

- (Media-)Werbung,
- Verkaufsförderung,
- Direct Marketing,
- Public Relations (PR, Öffentlichkeitsarbeit),
- Sponsoring (z.B. Hermanns 1997; Hermanns 2003),
- Persönliche Kommunikation,
- Messen und Ausstellungen,
- Event-Marketing,
- Multimedia-Kommunikation.

7.1 Ziele der Kommunikationspolitik

Es sind ökonomische und psychographische Kommunikationsziele (Zielinhalte) zu unterscheiden (vgl. dazu Abb. B.55).

Psychographische Ziele	Ökonomische Ziele
Wahrnehmung,	Absatz,
Bekanntheit,	Umsatz,
Wissen,	Marktanteil,
Einstellung/Image,	Kosten,
Präferenz und Kaufabsicht.	Gewinn.

Abbildung B.55: **Zielinhalte der Kommunikationspolitik**

Als dritte Gruppe treten sog. Kontaktziele hinzu. **Werbemittel- und Werbeträgerkontakte** stellen eine notwendige Voraussetzung dafür dar, dass ökonomische und psychographische Wirkungen stattfinden. Für die Bewertung und Auswahl von Werbeträgern wird i.d.R. nicht auf Werbemittelkontakte, sondern auf die besser erfassbaren Werbeträgerkontakte abgestellt.

Die ökonomischen Kommunikationsziele knüpfen eng an den entsprechenden Unternehmens- und Marketing-Zielen an, bzw. sind mit diesen identisch. Da die Erreichung dieser Ziele von vielen unternehmerischen bzw. von vielen Marketing-Entscheidungen beeinflusst wird, ergeben sich Probleme der Zurechenbarkeit. Die ökonomischen Ziele bieten kaum Ansatzpunkte für die Botschafts- und Werbemittelgestaltung. In einem Zielsystem können bei den einzelnen Maßnahmenbereichen eventuell unterschiedliche Ziele formuliert werden, z.B. kann bei der Budgetierung auf den Gewinn abgestellt werden, bei der Werbemittelgestaltung auf das Image und bei der Mediaselektion auf die Reichweite.

Die psychographischen Werbeziele nehmen auf psychische Prozesse bei den beworbenen Bezug. Je nach zugrunde liegender verhaltenswissenschaftlicher Theorie lässt sich eine Vielzahl von Ziel- und Wirkungskategorien unterscheiden.

7.2 Kommunikationspolitische Strategien

Kommunikationspolitische Strategien legen die mittel- bis langfristigen Schwerpunkte der Kommunikationspolitik verbindlich fest (Bruhn 1997, S. 94). Die Corporate Identity (CI) kann als Ausgangspunkt für die Ableitung von Kommunikationsstrategien bzw. als Element von Kommunikationsstrategien interpretiert werden und wird als erstes dargestellt. Es folgt eine Analyse von Dimensionen kommunikativer Strategien.

7.2.1 Corporate Identity

Die Corporate Identity wird „.... als ganzheitliches Strategiekonzept verstanden, das alle nach innen beziehungsweise nach außen gerichtete Interaktionsprozesse steuert und sämtliche Kommunikationsziele, -strategien und -aktionen einer Unternehmung unter einem einheitlichen Dach integriert" (Meffert 2000, S. 706). Nach Bruhn stellt eine CI ein „.... Orientierungskonzept dar, das darauf ausgerichtet ist, einen schlüssigen Zusammenhang von Erscheinen, Worten und Taten eines Unternehmens mit seinem spezifischen Wesen herzustellen" (Bruhn 1997, S. 94). Die Corporate Identity umfasst somit drei Elemente (vgl. Abb. B.56):

- Die **Corporate Communications** (Worte) stellen auf den integrierten Einsatz der Kommunikationsinstrumente ab. Allerdings ergeben sich aus diesem Teilkonzept keine direkten Hinweise, wie eine optimale Kombination erstellt werden kann.
- Beim **Corporate Design** (Erscheinen) geht es um den abgestimmten Einsatz visueller Gestaltungselemente (z.B. Farben, Schrifttypen).
- Beim **Corporate Behavior** (Verhalten) steht das widerspruchsfreie Verhalten aller Unternehmensmitglieder im Vordergrund.

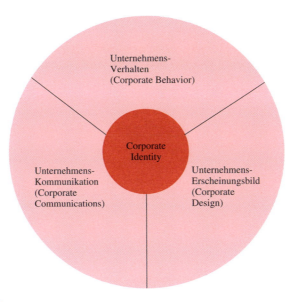

Abbildung B.56: **Elemente einer Corporate Identity**

7.2.2 Dimensionen kommunikativer Strategien

Im Rahmen einer Kommunikationsstrategie sind Entscheidungen über folgende Dimensionen zu treffen (Meffert, 2000, S. 709; Bruhn 1997, S. 262):

- Objekte (Produkt- vs. Unternehmenskommunikation),
- Ziele (z.B. personell, zeitlich, räumlich),
- Medien (elektronische vs. Printmedien),
- Instrumente (z.B. Werbung, Verkaufsförderung, PR),
- Gestaltung (z.B. Stil, Farbe, Musik, Eigenständigkeit) (Copy-Strategie).

Über die Objektdimension bestehen enge Beziehungen zur **Markenpolitik** des Unternehmens, die insbesondere durch die Kommunikations- und Leistungspolitik geprägt wird. Markenelemente wie der Markenname, das Markenlogo und die Positionierung stellen strategische Festlegungen dar (z.B. Marlboro mit dem typischen Schriftzug und der Cowboy-Welt). Es handelt sich zugleich um sog. **Werbekonstanten**, die regelmäßig über lange Zeiträume eingesetzt werden. Dabei stellt sich auch die Frage, ob eine Einzel-, Familien- oder Dachmarkenstrategie verfolgt werden soll (vgl. dazu Kapitel B 5.2.1).

Aus der Werbestrategie ist die **Copy-Strategie** für die Gestaltung der Werbemittel abzuleiten, die in der Arbeit der Werbeagenturen eine wichtige Rolle spielt, da sie die Basis für die Umsetzung der Werbekampagne darstellt. In der Copy-Strategie werden v.a. folgende Elemente schriftliche formuliert (Steffenhagen 2001, S. 238 ff.):

- Zielgruppe,
- Nutzen des Angebots für die Zielgruppe sowie werbliche Alleinstellung (*unique selling proposition*, USP),
- Begründung der Glaubwürdigkeit des Nutzenversprechens,
- Gestaltungsstil der Werbemittel (tonality).

(Vgl. dazu auch die Ausführungen zur Werbebotschaft im Kapitel 7.3.1.4) Die Copy-Strategie dient zugleich über die Festlegung von Botschaftsinhalten und Aspekten der Umsetzung einer Positionierung des beworbenen Werbeobjekts. Abbildung B.57 zeigt eine Copy-Strategie für eine Waschmittelmarke.

Positionierung	Umweltschonendes Kompakt-Vollwaschmittel mit Wasserenthärter; für die gesamte Wäsche
Consumer Benefit	Unübertroffene Reinheit und Pflege bei allen Textilien und allen Waschverfahren ohne zusätzliche Wasserenthärter
Reason Why	Wasserenthärtung durch eine neue Kombination umweltverträglicher Wirkstoffe
Werbeidee	Präsenter
Tonality	Vertrauenswürdig, informativ, persönlich
Zielgruppen	Alle Konsumenten, die schön gepflegte Wäsche bei geringer Umweltbelastung wünschen

Abbildung B.57: **Copy-Strategie der Waschmittelmarke Persil Supra**
(*Quelle:* Schweiger/Schrattenecker 1992, S. 176)

7.3   Kommunikationspolitische Maßnahmen

Aus der Vielzahl kommunikationspolitischer Instrumente soll im Folgenden schwerpunktmäßig auf die Werbung Bezug genommen werden und darüber hinaus auf die Verkaufsförderung.

7.3.1   Werbung

Unter Werbung versteht man die bewusste und Kosten verursachende Einschaltung von (Massen-) Kommunikationsmitteln in verschiedenen Medien mit dem Ziel, beim Umworbenen relevante Einstellungen und Verhaltensweisen im Sinne der Unternehmensziele zu verändern (Meffert 2000, S. 712; zur Bedeutung der Werbung in Deutschland vgl. ZAW 2003).

7.3.1.1 Prozess der Werbeplanung

Der Prozess der Werbeplanung umfasst mehrere Teilschritte (vgl. Abb. B.58). Auf der Grundlage einer Situationsanalyse sind zunächst Werbeziele und werbliche Zielgruppen festzulegen. Es folgt die Bestimmung der Höhe des Werbebudgets und der Inhalte der Werbebotschaft. Diese Botschaft wird kreativ in eine entsprechende Gestaltung von Werbemitteln (z.B. Anzeige und Spot) umgesetzt und über Werbeträger an die Zielpersonen herangetragen. Dafür sind Werbeträgergruppen (z.B. TV, Radio, Zeitschrift) auszuwählen (Inter-Mediaselektion) und innerhalb einer Werbeträgergruppe einzelne Medien (Intra-Mediaselektion) zu belegen (z.B. Stern und Spiegel im Bereich der Zeitschriften). Die Werbeträgergruppe legt dabei die Art des Werbemittels fest (z.B. bedingt TV den TV-Spot, eine Zeitschrift die Anzeige). Darüber hinaus ist zu planen, wann die Medien, z.B. im Rahmen einer Jahresplanung, zu belegen sind (Timing). An den Planungsprozess schließt sich nach der Umsetzung eine Werbeerfolgskontrolle an.

Der Planungsprozess berührt in zweifacher Hinsicht Koordinationsaspekte. Da die Werbung nur ein Kommunikationsinstrument unter anderen darstellt, spielt zunächst die Integration in das Kommunikations-Mix eine wichtige Rolle (vgl. dazu auch die Ausführungen in Teil C: Koordination der Marketing-Entscheidungen).

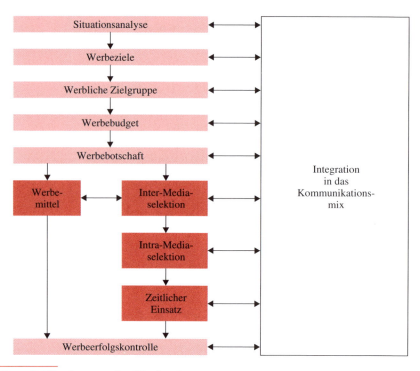

Abbildung B.58: **Prozess der Werbeplanung**

Da die meisten Unternehmen mehr als eine Leistung anbieten, stellt sich zweitens für die Kommunikation generell und die produktbezogene Werbung speziell die Frage, welche Leistungen wie intensiv beworben werden sollen. Fraglich ist, auf welcher Ebene des Planungsprozesses die Auswahl der Werbeobjekte stattfinden sollte. Dabei bieten sich zwei Möglichkeiten an:

- Für jedes zu bewerbende Produkt wird der Prozess der Werbeplanung (z.B. durch den zuständigen Produktmanager) isoliert durchgeführt.
- Die Planung erfolgt simultan für alle Produkte (z.B. zentral durch den Werbe- oder Marketing-Leiter).

Im ersten Fall werden die zwischen den Produkten bestehenden Zusammenhänge nicht berücksichtigt:

- komplementäre und substitutive Beziehungen,
- Familienmarken (z.B. Nivea),
- Kommunikationsbudgets als Engpassfaktor (Problem der optimalen Verteilung),
- zeitliche Zusammenhänge (Auslauf- und Nachfolgeprodukte).

Die folgenden Ausführungen vertiefen einzelne Phasen des Prozesses der Werbeplanung, nämlich die Planung der Zielgruppen, des Werbebudgets, der Werbebotschaft und der Werbemittel sowie der Werbeträger. Die Werbeerfolgskontrolle wird unter dem Unterpunkt „Informationsbeschaffung und -verarbeitung" analysiert.

7.3.1.2 Werbliche Zielgruppen

Unter einer Zielgruppe versteht man den – hier über die Werbung – anzusprechenden Personenkreis. Es ist festzulegen, an wen sich die Werbebotschaft und die Werbemittel und -träger richten sollen. Bei der Zielgruppenbestimmung lassen sich drei Bereiche unterscheiden (vgl. Abb. B.59):

- Vertikale Zielung

Es ist festzulegen, welche der nachfolgenden Ebenen beworben werden sollen. Fraglich ist, ob sich die Werbung nur an die direkt nachgelagerte Ebene (z.B. den Handel (Fall 1)) richten sollte und/oder auch an weitere Ebenen (z.B. den Endabnehmer (Fall 2), sog. Sprungwerbung). Bei vertikalen Ketten im Investitionsgüterbereich kann sich die Werbung im Zusammenhang mit einem Ingredient Branding (Markierung eines Produktes über mehrere Stufen der Wertschöpfungskette hinweg) auf nachgelagerte Stufen der Wertschöpfungskette richten (Fall 3). Mit dem Slogan „Intel inside" wird z.B. der Endabnehmermarkt angesprochen.

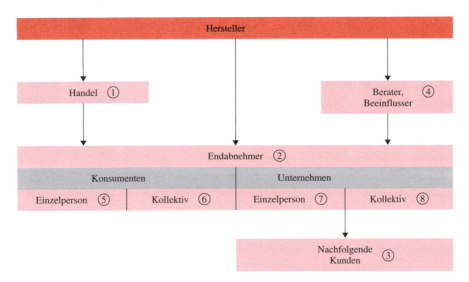

Abbildung B.59: **Zielgruppen der Werbung**

Einen Sonderfall stellen **Kaufbeeinflusser** dar, die Zielpersonen sein können, obwohl sie das Produkt weder kaufen noch verwenden (Fall 4). Z.B. spricht ein pharmazeutisches Präparat Herzkranke an. Das Produkt ist verschreibungspflichtig, und der Arzt legt mit seinem Rezept die zu kaufende Marke fest. Hier fallen Entscheider/Berater und Verwender auseinander. Zielgruppe der Werbung stellen hier (nicht nur wegen des gesetzlichen Verbots der sog. Laienumwerbung) die Ärzte dar.

- Horizontale Zielung

Es sind Zielgruppen innerhalb einer Ebene auszuwählen (z.B. auf der Ebene Handel (Fall 1) Fachgeschäfte und Verbrauchermärkte), auf der Ebene Endabnehmer (Fall 2) z.B. einzelne Konsumenten- oder Unternehmenssegmente, die nach kaufverhaltensrelevanten Merkmalen gebildet wurden (vgl. dazu die Ausführungen zum Kapitel A.2.4).

- Personale Zielung

Bei kollektiven Kaufentscheidungsprozessen sind die beteiligten Personen zu identifizieren, und es ist festzulegen, an wen sich die Werbung richten soll:

- Ein Produkt kann für ein spezifisches Männersegment konzipiert sein (z.B. Golfer-Bekleidung), wird aber von den Ehefrauen gekauft, d.h. Käufer(in) und Verwender fallen auseinander (Fall 6). Es ist festzulegen, ob die Männer und/oder die Ehefrauen von der Werbung angesprochen werden sollen.
- Im Business-to-Business-Marketing (z.B. Maschinenbau) ist zu prüfen, wer von den an der Kaufentscheidung beteiligten Personen (z.B. Einkäufer, Betriebsleiter, Anwender/Benutzer als mögliche Mitglieder eines Buying Center) von der Werbung angesprochen werden soll (Fall 8).

7.3.1.3 Werbebudget

Das Werbebudget legt die Höhe der finanziellen Mittel fest, die in einer Planungsperiode für die Werbung zur Verfügung stehen.

Bei gegebenen Kapazitäten werden diese finanziellen Mittel insbesondere für Leistungen ausgegeben, die von Dritten erbracht werden, z.B. Werbeberater und Agenturen, Produktionskosten für die Werbemittelgestaltung und insbesondere die Schaltkosten der Medien. Zu den gegebenen Kapazitäten, die mit Fixkosten für die Werbung verbunden sind, zählen Personalkosten (z.B. Marketing- und Werbeleiter, Produktmanager) und Sachkosten (z.B. Raumkosten). Dabei treten zugleich Zurechnungs- und Kostenschlüsselungsfragen auf.

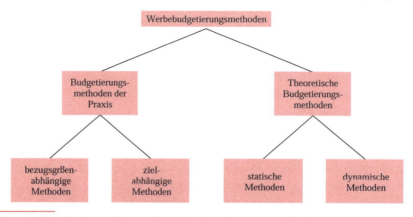

Abbildung B.60: Systematik von Werbebudgetierungsmethoden

Es entspricht einer in der Praxis üblichen Vorgehensweise, zunächst ein Budget zu erstellen und es dann zu verteilen. Theoretisch ist es korrekter, die Entscheidungen über die Budgeterstellung und -verteilung simultan zu treffen, um die bestehenden Interdependenzen zu berücksichtigen.

Abbildung B.60 strukturiert eine Auswahl von Budgetierungsmethoden. Den Praxismethoden stehen Modell gestützte theoretische Ansätze gegenüber.

(1) Heuristische Budgetierungsmethoden

Es lassen sich zwei Untergruppen unterscheiden:

- bezugsgrößenabhängige Methoden,
- zielabhängige Methoden.

(1a) Bezugsgrößenabhängige Methoden

Abbildung B.61 stellt fünf bezugsgrößenabhängige Methoden synoptisch zusammen.

Methode	Bezugsgröße	Berechnung
Prozent vom Umsatz	- Umsatz der Vorperiode - Durchschnittsumsätze mehrerer Perioden	- $B = \% \, Satz \cdot U$ - $B = \% \, Satz \cdot \varnothing U$
Prozent vom Gewinn	- Gewinn der Vorperiode - Durchschnittsgewinne mehrerer Perioden	- $B = \% \, Satz \cdot G$ - $B = \% \, Satz \cdot \varnothing G$
Ausrichtung an verfügbaren Finanzmitteln	- Verfügbare Finanzmittel	$B = U - K - \overline{G}$
Ausrichtung an der Konkurrenz	- Werbebudget der Wettbewerber	- $B \geq$ Budget relevanter Wettbewerber - $\dfrac{B}{\sum B} \geq \dfrac{U}{\sum U} \, (\geq MA)$ $B \geq MA \cdot \sum B$
Ausrichtung an der Absatzmenge	- geplante Absatzmenge	$B = b \cdot x$

mit: G = Gewinn ($\overline{G}$ = geforderter Gewinn)

           B = Werbebudget

           b = Werbekostenbetrag pro ME

           K = Kosten

           MA = Marktanteil

           U = Umsatz

           x = Absatzmenge

Abbildung B.61:   **Bezugsgrößenabhängige Budgetierungsmethoden**

Die Vorteile der bezugsgrößenabhängigen Methoden bestehen in der leichten Handhabbarkeit und den vergleichsweise geringen Problemen bei der Beschaffung der benötigten Informationen. Der Bezug zur Budgetierung ist offensichtlich: In der Regel wird das Werbebudget bei hohen Absätzen und Umsätzen höher sein als bei niedrigen. Die finanzielle Situation eines Unternehmens begrenzt die Höhe des Werbebudgets. Auch in der Kommunikationspolitik ist es – ebenso wie in den anderen Instrumentalbereichen – sinnvoll, die entsprechenden Maßnahmen der relevanten Wettbewerber zu analysieren.

Nachteilig ist insbesondere der fehlende Ursache-Wirkungs-Zusammenhang. Bei der Prozent-vom-Umsatz- (bzw. Prozent-vom-Gewinn-) Methode sinkt das Budget bei rückläufigen Umsätzen (bzw. Gewinnen). Zugleich besteht ein Zirkelschluss, da die Werbung den Umsatz beeinflusst – und nicht umgekehrt! Der richtige Prozentsatz bzw. Werbebetrag pro Mengeneinheit lässt sich theoretisch nicht begründen. Die Ausrichtung an den Werbeausgaben der Wettbewerber vernachlässigt die unterschiedlichen Situationsbedingungen.

(1b) Zielabhängige heuristische Methode

Die zielabhängige heuristische Methode orientiert sich an Werbezielen, die in der Planungsperiode erreicht werden sollen. Das gegebene Ziel soll mit den geringst möglichen Kosten erreicht werden (vgl. das Ablaufschema in der Abb. B.62).

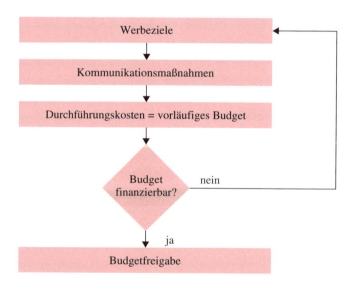

Abbildung B.62: **Ablaufschema bei der Ziel orientierten Methode zur Werbebudgetierung**
(*Quelle:* Simon/Möhrle 1993, S. 306)

Die Methode setzt voraus, dass

1. die Werbeziele operational definiert werden,
2. die Auswirkungen der Werbemittel und -träger auf die Zielerreichung bekannt sind.

In Bezug auf den Prozess der Werbeplanung erfolgt hier eine retrograde Vorgehensweise: Es wird nicht zunächst ein Budget erstellt und dann verteilt. Vielmehr ergibt sich das Budget nach der Auswahl der zur Zielerreichung eingesetzten Werbemittel und -träger.

Die Ziel- und Aufgabenmethode berücksichtigt gerade wegen ihrer Zielorientierung die Anforderungen an ein rationales Planungsverfahren. Der zentrale Vorteil liegt also in der logischen Begründung der Budgetbestimmung. Diese Methode lässt sich flexibel an das Anspruchsniveau des Entscheidungsträgers bzw. an die Erfordernisse der Problemsituation anpassen.

Die Methode stellt allerdings mehr eine „Idee" als eine konkrete und strukturierte Unterstützung der Budgetbestimmung dar. Diese Methode verlangt detaillierte und umfangreiche Informationen, insbesondere über die Wirkungszusammenhänge zwischen Werbemittel-/Werbeträgereinsatz und Werbezielen.

(2) Theoretische Budgetierungsmethoden

Die theoretischen Budgetierungsmethoden berücksichtigen Ursache-Wirkungs-Zusammenhänge zwischen abhängigen und unabhängigen Variablen (vgl. dazu auch Punkt A 3.5). Es lassen sich u.a. folgende Klassen theoretischer Ansätze unterscheiden:

■ **Mono- und polyinstrumentale Modelle**

Bei monoinstrumentalen Modellen wird die abhängige Variable durch eine unabhängige Variable erklärt, z.B.:

$$\text{Umsatz} = f\,(\text{Werbung}).$$

Bei polyinstrumentalen Modellen werden mehrere unabhängige Variable berücksichtigt:

$$\text{Umsatz} = f\,(\text{Printwerbung, TV-Werbung, Funkwerbung}).$$

■ **Statische und dynamische Modelle**

Dynamische Modelle berücksichtigen im Gegensatz zu statischen Modellen periodenübergreifende Wirkungen der Werbung. Im Unterpunkt Informationsbeschaffung und -verarbeitung (vgl. Kapitel 3.4.2) wird der marginalanalytische Ansatz als Beispiel für ein statisches Modell dargestellt.

Als **Ergebnis der Werbebudgetierung** ergibt sich ein Budget für eine Periode. Dieses Budget kann für einzelne Werbemaßnahmen ausgegeben werden. Dabei sind mehrstufige Verteilungsprobleme zu lösen. Nur bei der zielabhängigen heuristischen Methode liegt die Verteilung wegen der retrograden Vorgehensweise bereits fest.

Unter Vernachlässigung der Reihenfolge der Phasen des Werbeplanungsprozesses bieten sich folgende sachlichen und zeitlichen Verteilungsdimensionen an:

■ Werbeobjekte,

■ Zielgruppen,

■ Werbemittel (Produktionskosten),

■ Werbeträgergruppen (Inter-Mediaselektion),

■ Werbeträger innerhalb einer Gruppe (Intra-Mediaselektion),

■ Zeitabschnitte der Planungsperiode.

Diese Aufzählung verdeutlicht die Problematik einer zweistufigen Vorgehensweise, bei der das Werbebudget zunächst ohne Bezug zu den Verteilungsaspekten aufgestellt und dann in einem zweiten Schritt auf die einzelnen Verwendungsmöglichkeiten aufgeteilt wird. Eine Aussage über den Zusammenhang zwischen der Höhe des Werbebudgets und dessen Wirkung setzt aber voraus, dass man für jede Budgethöhe eine Annahme über die Art der Verteilung trifft. Budgeterstellung und -verteilung müssten simultan optimiert werden.

7.3.1.4 Werbebotschaft

Die Gestaltung der **Werbebotschaft** betrifft die Festlegung dessen, **was** den Zielpersonen mitgeteilt werden soll.

U.a. beeinflussen die Werbesituation, die Werbeziele, die Zielgruppen und die Werbestrategie den Inhalt der Botschaft. Häufig ist der Umfang an Informationen, die ein Unternehmen kommunizieren will, größer als die Aufnahmefähigkeit der Zielpersonen. In diesem Fall hat eine Auswahl von Werbeargumenten zu erfolgen. Der Einsatz einer Vielzahl von Argumenten kann wegen der Überforderung der Zielpersonen eine geringere Wirkung haben (vgl. dazu das folgende Beispiel).

Beispiel: Esso Super Diesel Kampagne

Es standen folgende Argumente zur Verfügung:

- optimale Zündwilligkeit,
- keine Ablagerungen an der Einspritzdüse und Abbau vorhandener Ablagerungen,
- saubere, kraftvolle Verbrennung,
- weniger Ruß und Rauch,
- kein Schäumen beim Tanken,
- angenehmer Geruch,
- Frostsicher bis −22°C.

Die Umsetzung/Verschlüsselung erfolgte textlich wie folgt (vgl. Abb. B.63):

Claim: „Saubere Leistung" und „Frostsicher bis −22°C"

Body-Text: Aufzählung aller Argumente

Hierzu kamen die üblichen Werbekonstanten von ESSO:

- Firmen-Logo,
- Hausfarben (rot/blau),
- Firmensymbol Tiger.

Abbildung B.63: Esso Super Diesel Anzeige (© Esso)

Eine Werbebotschaft sollte drei Bestandteile aufweisen:

- Basisbotschaft,
- Nutzenbotschaft,
- Nutzenbegründung.

Bei der **Basisbotschaft** (*basic message*) ist zu verdeutlichen, was angeboten wird, ggf. wer was anbietet.

Beispiel: Esso Super Diesel Kampagne:

- **Was** wird angeboten: Super Diesel
- **Wer** bietet an: Esso

Die **Nutzenbotschaft** (consumer benefit) sollte den Nutzen (Problemlösungsfähigkeiten) für die Zielpersonen angeben. Zugleich sollte eine Abhebung von den Wettbewerbsprodukten angestrebt werden. Das Produkt sollte eine werbliche Alleinstellung erreichen, einen sog. **USP** (*unique selling proposition*). Dafür bieten sich objektive Produkteigenschaften (i.w.S.) mit Wettbewerbsvorteilen an oder erst durch die Werbung erzeugte Eigenschaften.

Beispiel: Esso Super Diesel Kampagne:

Bei der Esso Super Diesel Kampagne stehen zwei objektive Produkteigenschaften als Nutzenbotschaften im Vordergrund:

- saubere Leistung und
- frostsicher bis – 22°C.

Beispiel: Bei der Positionierung der Zigarettenmarke Marlboro durch die Cowboy-Welt handelt es sich nicht um eine objektive Eigenschaft der Zigarette, sondern um eine durch die Werbung vermittelte künstliche Eigenschaft (bzw. Eigenschaftsbündel).

Drittens kann mittels der Werbebotschaft eine **Nutzenbegründung** erfolgen (*reason why*). Es sollen Beweise für den Nutzen dargestellt bzw. die Glaubwürdigkeit nachgewiesen werden.

Beispiel: Bei der Werbung für einen PC wird auf Testergebnisse der Stiftung Warentest Bezug genommen. Dabei lassen sich zwei Teilaspekte unterscheiden:

- Das eigene Produkt wird besser als die Konkurrenzprodukte beurteilt.
- Die Stiftung Warentest besitzt aufgrund ihrer neutralen Stellung eine hohe Glaubwürdigkeit

7.3.1.5 Werbemittel

Sehr eng mit der Gestaltung der Werbebotschaft ist die Frage verbunden, **wie** diese Botschaft gestaltet werden soll. Das betrifft Aspekte der Verschlüsselung der Botschaft und damit verbunden die kreative, formale und inhaltliche Gestaltung von Werbemitteln, z.B. einer Anzeige. Unter einem **Werbemittel** soll hier die inhaltliche und formale Umsetzung der Werbebotschaft in Zeichen verstanden werden.

(1) Werbemittel/-träger

Die Auswahl von Werbemitteln und Werbeträgern sind miteinander verbunden. Der Einsatz des Hörfunks bedingt den Funkspot, der Einsatz des Fernsehens den TV- Spot und der Einsatz einer Zeitschrift die Anzeige (vgl. Abb. B.64). Der Werbeträger beeinflusst den Gestaltungsspielraum für das zugehörige Werbemittel, lässt aber viele Möglichkeiten offen. Für eine gegebene Anzeige bieten sich in der Regel viele Werbeträger an.

Werbemittel	Werbeträger
Rundfunkspot	Hörfunk
TV-Spot	TV
Anzeige	Zeitschriften, Zeitungen, u.a.
Plakat	Litfasssäule, Großfläche
Banner	Internet
Werbefilm	Kino, u.a.

Abbildung B.64: **Zuordnung von Werbemitteln zu Werbeträgern**

(2) Formen der Verschlüsselung

Es ist festzulegen, mit welchen Zeichen/Symbolen die Werbebotschaft verschlüsselt werden soll (vgl. Abb. B.65).

Die Verschlüsselung kann darüber hinaus in folgenden Formen erfolgen:
- unbewegt/statisch (Text sowie statische Bilder, Symbole und Abbildungen),
- bewegt/dynamisch (akustische Zeichen und bewegte optische Darstellungen).

Die Werbemittelarten und eng damit verbunden die Werbeträgerarten unterscheiden sich u. a. in Bezug auf den Einsatz der Verschlüsselungsformen (vgl. Abb. B.66).

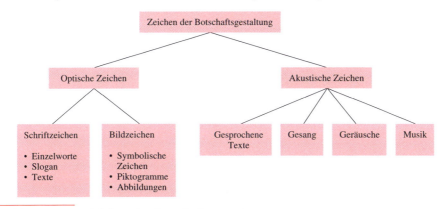

Abbildung B.65: **Zeichen der Botschaftsgestaltung**
(*Quelle:* Stender-Monhemius 1999, S. 97)

Werbemittel	Verschlüsselungsformen		
	optische Zeichen		akustische Zeichen
	bewegt	unbewegt	
Anzeigen, Plakate u.ä.		X	
Hörfunk-Spot			X
TV-Spot, Kino-Film	X	X	X
Leuchtwerbung	X	X	
Banner	X	X	(X)

Abbildung B.66: Formen der Verschlüsselung von Werbemitteln

Plakate und Anzeigen ermöglichen nur den Einsatz unbewegter optischer Zeichen, der Hörfunk nur den Einsatz akustischer Zeichen, während beim TV-Spot und Kino-Film sowohl bewegte und unbewegte optische Zeichen als auch akustische Zeichen eingesetzt werden können. Beim Banner sind akustische Zeichen nur bedingt einsetzbar, da ihre Wahrnehmung von der PC-Ausstattung des Beworbenen abhängt.

Diese Unterschiede zwischen den Werbemittel-/Werbeträgerkategorien stellen ein Beurteilungskriterium bei der Auswahl der Werbeträgergruppen dar (Inter-Mediaselektion).

(3) Werbung mit Bildern

Eine Werbung mit Bildern bietet im Vergleich zu einer rein textbezogenen Gestaltung eine Reihe von Vorteilen (Kroeber-Riel 2000, S. 115):

- schnelle Kommunikation,
- Wirksamkeit bei geringem Involvement der Zielpersonen,
- Wirksamkeit bei flüchtiger Zuwendung zu einem Werbemittel,
- besondere Eignung für eine emotionale Ansprache,
- Hervorrufung besonderer Gedächtnisleistungen.

Wegen der steigenden Informationsüberlastung und der gestiegenen Bedeutung emotionaler Werbung hat die Bildkommunikation im Vergleich zur Textkommunikation erheblich an Bedeutung gewonnen.

(4) Aktivierungstechniken

Um ein Werbemittel wirksam zu gestalten, lassen sich sog. Aktivierungstechniken einsetzen (Kroeber-Riel, 2000, S. 164 ff.). Der bloße Kontakt des Rezipienten mit dem Werbemittel reicht nicht aus, um eine Wirkung zu erzeugen. Es sind Techniken anzuwenden, welche die Aufmerksamkeit der Zielperson erregen und ihn aktivieren. Dazu eigen sich z.B. folgende Aktivierungstechniken:

- **emotionale Reize** (z.B. mittels Erotik (vgl. Abb. B.67), Kindchen-Schema, Landschaften),
- **gedankliche Reize** (z.B. mittels Widersprüchen/Konflikten, Überraschungen/Gags),
- **physische Reize** (z.B. mittels Größe, Farbe, Lautstärke).

In Bezug auf Größe und Farbe einer Anzeige ergeben sich aber nicht nur aktivierende Wirkungen. Sie haben zugleich erhebliche Auswirkungen auf die Einschaltkosten.

Die Messung der durchschnittlichen Wirkung von Schwarz-Weiß-Anzeigen unterschiedlicher **Größe** ergab folgendes Ergebnis (wobei Wiedererkennungswerte gemessen wurden, vgl. Abb. B.68).

Die Ergebnisse führen scheinbar zur Empfehlung, kleinere Anzeigen zu schalten. Allerdings beziehen sie sich nur auf die Wirkungsdimension Anzeigen-Wiedererkennung. Es wird eine kognitive Wirkung gemessen. Die Ergebnisse geben allerdings keine Hinweise auf affektive Wirkungen der Anzeigengröße.

Abbildung B.67: Anzeige Erotik

Anzeigengröße	Wirkung	
	absolut (in % der Befragten)	relativ in Bezug auf 1/4 Seite (in %)
1/4 Seite	15	100
1/2 Seite	23	153
1/1 Seite	42	280
2/1 Seite	55	367

Abbildung B.68: **Wirkungen der Anzeigengröße**

In Bezug auf die Wirkung der **Farbe** (1/1 Seite schwarz/weiß (s/w) und vierfarbig (4c)), ergab sich folgendes Ergebnis (vgl. Abb. B.69).

Werbemittelausstattung	Wirkung (% der Befragten)
1/1 Seite s/w	42
1/1 Seite 4c	53

Abbildung B.69: **Wirkung der Anzeigenfarbe**

Der Einsatz der Farbe (4c) führt zu einer Erhöhung der Werbewirkung um 26 %. Die Kostenerhöhung beträgt aber 80 %. Das Ergebnis führt scheinbar zur Empfehlung, eher s/w zu werben. Allerdings wurde auch hier nur die Wirkungsdimension Wiedererkennung gemessen. Gerade durch Farbe lassen sich affektive Wirkungen erzielen.

7.3.1.6 Werbeträgerauswahl (Mediaselektion)

Werbeträger dienen der Übermittlung der in den Werbemitteln verschlüsselten Werbebotschaften an die Zielpersonen. Alles, was diese Funktion der Übermittlung erfüllt, stellt ein Werbemedium dar. (Das kann z.B. auch ein Hühnerei sein, das mit einem Werbeaufdruck versehen ist!)

Der größte Anteil des Werbebudgets entfällt auf die Werbeträger. Für die einmalige Belegung eines Werbeträgers fallen zum Teil sehr hohe **Einschaltkosten** an (vgl. Abb. B.70).

Die Kosten des Werbeträgereinsatzes werden von Ausstattungsaspekten wie Werbemittelgröße und -farbigkeit sowie Spotlänge beeinflusst.

Die Beispiele für die Belegungskosten verdeutlichen bereits die Vielzahl einsetzbarer Medien. Die wichtigsten Massenmedien lassen sich in drei Gruppen (Mediagattungen) systematisieren (vgl. Abb. B.71).

Medium	Ausstattung	Kosten (in €)
Bild am Sonntag	1/1 s/w	43.361
	1/1 4 c	63.667
Stern	1/1 s/w	38.400
	1/1 4 c	49.300
Spiegel	1/1 s/w	32.500
	1/1 4 c	48.500
Siegener Zeitung	1/1 s/w	6.047
	1/1 4 c	7.537
Radio Siegen	10 sec.	20 – 57
ZDF	30 sec.	3.600 – 42.600
Spiegel Online (Homepage)	Banner (Format: 468 · 60 Pixel)/ Woche	24.000

Abbildung B.70: Belegungskosten im Jahr 2004
(*Quelle:* VDZ 2004; Siegener Zeitung 2004; Movie College 2004; Quality Channel 2004)

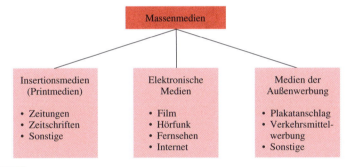

Abbildung B.71: Systematik der Massenmedien

In der Mediaselektion (Freter 1974) ist zweistufig festzulegen, welche Werbeträger eingesetzt werden sollen:
- Auswahl der Werbeträgergruppe (Inter-Mediaselektion),
- Auswahl der Werbeträger innerhalb einer Werbeträgergruppe (Intra-Mediaselektion).

(1) Inter-Mediaselektion

Zur Beurteilung der Eignung einer Werbeträgergruppe kann i.d.R. nicht auf ökonomische Wirkungsmaße wie Absatz und Umsatz Bezug genommen werden. Vielmehr sollte ein qualitativer Vergleich anhand einer Vielzahl von Beurteilungskriterien erfolgen (vgl. dazu Abb. B.72 und B.73, zu einer detaillierteren Analyse vgl. Meffert 2000, S. 812 ff.). Im Rahmen der Festlegung einer Werbekonzeption sind mehrere Entscheidungen zu treffen:
- Einsatz einer Werbeträgergruppe (ja/nein-Entscheidung),
- Intensität des Einsatzes der Werbeträgergruppen.

	Medium		
Beurteilungskriterien	**Publikums-zeitschrift**	**Zeitung**	**TV**
Darstellungs-möglichkeiten	Text, Bild, statisch	Text, Bild, statisch	Text, Bild, Ton, dynamisch
Erscheinungsweise	wöchentlich/ 14-tägig/monatlich	täglich/wöchentlich	täglich
Zielgruppenauswahl	Selektion möglich	lokale/regionale Selektion	teilweise Ziel-gruppen-Selektion, ARD regional
Zeitfaktor (Nutzung)	mehrmalige Nutzung	mehrmalige Nutzung	einmalige Betrachtung
relative Kosten	mittel	hoch	mittel

Abbildung B.72: **Kriterien zum Inter-Mediavergleich, Teil I**

	Medium		
Beurteilungskriterien	**Hörfunk**	**Plakat**	**Internet**
Darstellungs-möglichkeiten	Ton, dynamisch	Text, Bild, statisch	Text, Bild, Ton, dynamisch
Erscheinungsweise	täglich	Dekade	Banner-Werbung, variabel
Zielgruppenauswahl	teilweise Ziel-gruppen-Selektion, teilweise lokale Selektion	lokale Selektion	teilweise Ziel-gruppen-Selektion, teilweise international
Zeitfaktor (Nutzung)	einmalige Betrachtung	mehrmalige Betrachtung	hängt vom Nutzer-verhalten ab
relative Kosten	niedrig	niedrig	niedrig

Abbildung B.73: **Kriterien zum Inter-Mediavergleich, Teil II**

Die vergleichende Gegenüberstellung anhand ausgewählter Beurteilungskriterien bietet sich zugleich als Ausgangspunkt für die Bewertung der Werbeträgergruppen mittels eines Punktbewertungsverfahrens an. Die jeweiligen Bewertungen sprechen dann im konkreten Planungsfall für oder gegen die Einschaltung der Werbeträgergruppe.

(2) Intra-Mediaselektion

Bei der Intra-Mediaselektion geht es um die Auswahl konkreter Werbeträger innerhalb einer Werbeträgergruppe, z.B. um die Auswahl von zu belegenden Zeitschriften. Wegen der größeren Homogenität der Medien innerhalb einer Gruppe fällt es im Gegensatz zur Intermedia-Selektion einfacher, modellgestützte Optimierungen vorzunehmen.

Ähnlich wie bei der Inter-Mediaselektion besteht die Aufgabenstellung auch bei der Intra-Mediaselektion nicht in der Auswahl des optimalen Werbeträgers, also z.B. der „besten" Zeitschrift. Vielmehr sind **Streupläne** (im Sinne von Werbeträgerkombinationen und der Einschaltfrequenz der einzelnen Medien) zu evaluieren, um den optimalen Streuplan auszuwählen. Es ist offensichtlich, dass die Zahl der möglichen Alternativen wegen dieser Kombinatorik unüberschaubar wird (z.B. 100 Zeitschriften, die jeweils maximal 52 Mal pro Jahr belegt werden können).

Die Wirkungen beziehen sich auf zwei Aspekte:

- Wirkungen des einzelnen **Werbeträgers**:
  - quantitative Wirkungen: Zahl der erreichten Zielpersonen,
  - qualitative Wirkungen: Qualität des Kontaktes mit einer Zielperson.
- Bei der Beurteilung eines **Streuplans** kommen folgende quantitative Wirkungen hinzu:
  - Zahl der insgesamt erreichten Zielpersonen (zielgruppenspezifische Netto-Reichweite),
  - Zahl der Kontakte mit Zielpersonen insgesamt (Brutto-Reichweite),
  - Durchschnittskontakte pro Zielperson,
  - Kontaktverteilung in der Zielgruppe und Kontaktgewichtung.

Die Beurteilung der **Wirtschaftlichkeit** eines Werbeträgers ergibt sich durch eine Gegenüberstellung von Nutzen und Kosten des Einsatzes zur Kennziffer **Tausendkontaktpreis** (TP, vgl. dazu auch die Ausführungen im Unterpunkt Informationsbeschaffung und -verarbeitung):

$$TP = \frac{Belegungskosten}{Kontakte\ Nutzer} \cdot 1.000$$

Der Tausendkontaktpreis kann dazu zielgruppenspezifisch erweitert werden:

$$TP = \frac{Belegungskosten}{Kontakte\ Zielpersonen} \cdot 1.000$$

Diese Tausendkontaktpreise lassen sich auch für Streupläne berechnen.

(3) Zeitlicher Einsatz der Medien

Es sind Entscheidungen darüber zu treffen, wann die Medien belegt werden sollen. Die Zahl der zu berücksichtigenden Teilperioden hängt von der Erscheinungshäufigkeit der Medien ab. Bei der Werbung des Einzelhandels in Tageszeitungen ist dementsprechend auf Tage Bezug zu nehmen. Bei den Zeitschriften beträgt die relevante Teilperiode dagegen i.d.R. eine Woche.

Bei der Art der Verteilung eines gegebenen Werbebudgets auf ein Kalenderjahr lassen sich u.a. folgende Möglichkeiten unterscheiden:
   a. gleich verteilter Einsatz über das Jahr,
   b. konzentrierter Einsatz, d.h. Massierung auf bestimmte Wochen,
   c. pulsierender Einsatz, d.h. es erfolgen mehrere Massierungen pro Jahr (z.B. Frühjahr und Herbst).

Beispiel: Es sollten 104 Anzeigen geschaltet werden. Bei durchschnittlichen Anzeigenpreisen von 10 Tsd. € entspricht das einem Werbeetat von 1,04 Mio. € (vgl. Abb. B.74).

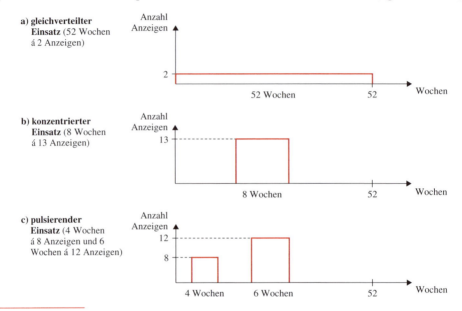

Abbildung B.74: Beispiel für die Verteilung eines gegebenen Werbebudgets

Das Entscheidungsproblem besteht darin, die optimale Verteilung zu bestimmen. Diese wird u.a. von folgenden Größen beeinflusst:

■ **Vergessenseffekte**

Beim Aussetzen der Werbung lässt die Wirkung bei den Zielpersonen im Zeitablauf nach – z.B. gemessen an der Zielgröße „aktive Markenbekanntheit".

■ **Verhalten der Wettbewerber**

Wenn die Werbewirkung vom Werbedruck in einer (Teil-)Periode abhängt (z.B. gemessen am Werbekostenanteil), so ist der jeweilige Werbedruck der Wettbewerber zu berücksichtigen.

■ **Zeitlich fixierte Anlässe** (z.B. Messen, Feiertage)

■ **Schwankungen der Nachfrage** (Saison- und Konjunkturschwankungen)

Unter Bezugnahme auf Nachfrageschwankungen stellt sich die zusätzliche Frage, ob diese durch einen antizyklischen Einsatz der Werbung geglättet werden können. Hier steht als Zielgröße also keine kommunikative Wirkung, sondern ein Aspekt der ökonomischen Wirkung im Vordergrund: Das Verhalten soll beeinflusst werden.

7.3.2 Verkaufsförderung (Sales Promotion)

„Die Verkaufsförderung (*Sales Promotion*) umfasst alle kommunikativen Maßnahmen, die in prinzipiell direkter Kontaktaufnahme darauf ausgerichtet sind,

- die **Absatzorgane der Herstellerunternehmen** zu unterstützen und deren Effizienz zu steigern,
- die **Leistungsfähigkeit und -willigkeit der Absatzmittler** zugunsten der abzusetzenden Produkte und Dienstleistungen zu fördern,
- die **Konsumenten am** *Point of Purchase* (PoP) kaufanregend und stabilisierend zu beeinflussen."

(Stender-Monhemius 1999, S. 56; vgl. auch Gedenk 2002)

7.3.2.1 Zielgruppen und Arten der Verkaufsförderung

Auch wenn sich die einzelnen Kommunikationsmedien grundsätzlich auf dieselben (strategischen) Zielgruppen/Segmente beziehen, bestehen bei der Verkaufsförderung Besonderheiten. Es lassen sich drei Kategorien von Zielgruppen (**vertikale Zielgruppenauswahl**) mit davon abhängigen Ziel- und Maßnahmenbündeln unterscheiden (vgl. Abb. B 75):

- Die eigenen **Außendienstmitarbeiter** stellen die erste Zielgruppe dar. Die entsprechende Art der Verkaufsförderung wird als Verkäufer-Förderung (*staff promotions*) bezeichnet.
- Der (Einzel-)**Handel** stellt eine zweite Zielgruppe dar. Hierbei lassen sich zwei weitere Arten (Ansatzpunkte) der Verkaufsförderung unterscheiden:
  – Förderung des Hineinverkaufens in den Handel (Händler-Promotions),
  – Förderung des Abverkaufs aus dem Handel (Handels-Promotions).
- Die **Endabnehmer** stellen eine dritte Zielgruppe dar. Die entsprechende Einsatzart wird als Verbraucher-Promotions bezeichnet. Hierbei handelt es sich um eine direkte endverbrauchergerichtete Verkaufsförderung. Die Maßnahmen zur Förderung des Abverkaufs beim Handel lassen sich dagegen als indirekte Endverbraucher gerichtete Verkaufsförderung bezeichnen.

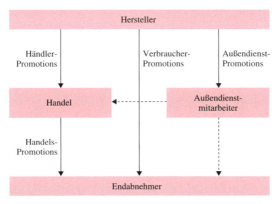

Abbildung B.75: Ebenen der Verkaufsförderung

Die Ansprache dieser drei Zielgruppen schließt sich nicht gegenseitig aus. „Zusätzlich" zu diesen drei vertikalen Ebenen von Zielgruppen stellt sich pro Ebene das Problem einer

horizontalen Zielgruppenauswahl. Die Verkaufsförderungsmaßnahmen können sich z.B. auf folgende ausgewählte Zielgruppen beziehen:

- beim Außendienst
  - Nachwuchsverkäufer,
  - Verkäufer, die ausgewählte Endabnehmersegmente betreuen.
- beim (Einzel-) Handel
  - Unternehmen einzelner Betriebsformen (z.B. Fachgeschäfte).
- beim Endabnehmer
  - Zielgruppen wie in der Werbung.

7.3.2.2 Ziele und Funktionen

Es lassen sich vier **Funktionen** unterscheiden (vgl. Meffert 2000, S. 723):

- Informations-Funktion,
- Motivations-Funktion,
- Schulungs-/Trainings-Funktion,
- Verkaufs-Funktion.

Diese Funktionen können nach den drei Kategorien von Zielgruppen konkretisiert werden. Aus den Funktionen lassen sich zugleich zielgruppenbezogene Ziele ableiten. Die Ziele können nach ökonomischen und psychographischen Kategorien unterschieden werden (vgl. Abb. B.76). Den ökonomischen Zielen kommt bei der Verkaufsförderung eine größere Bedeutung als bei den anderen Kommunikationsinstrumenten zu.

	Ziele	
Zielgruppe	**Ökonomische Ziele**	**Psychographische Ziele**
Verkaufs-organisation	Umsatz, Potenzialausschöpfung im Absatzgebiet, Lenkung der Aktivitäten auf Produkte/Kunden, Neukundengewinnung.	Wissen über neuere Produkte, Einstellungen, Motivationen.
Handel	Produktlistung, Lagerhaltung, Produktplatzierung, Unterstützung des Hersteller-Marketing.	Markenbekanntheit, Interesse, Einstellungen, Absichten.
Endabnehmer	Neukundengewinnung, Erhöhung Kaufmenge/ Kaufhäufigkeit, Bevorratung, Impulskäufe.	Aufmerksamkeit, Markenbekanntheit, Wissen, Einstellungen, Präferenzen.

Abbildung B.76: **Zielgruppenspezifische Ziele der Verkaufsförderung**

7.3.2.3 Maßnahmen

Je nachdem, welche Funktion und welches Ziel bei welcher Zielgruppe angesprochen werden soll, ergibt sich ein breites Spektrum von Verkaufsförderungsmaßnahmen (vgl. dazu Abb. B.77).

Zielgruppe	Funktion			
	Informations-funktion	**Motivations-funktion**	**Schulungs-/ Trainings-funktion**	**Verkaufs-funktion**
Verkaufsor-ganisation	Verkäufer-briefe, Verkäufer-information, Verkäufer-zeitungen.	Entlohnungs und Prämien-systeme.	Tonbild-schauen, Filme, Videobänder, Ausbildung zum Verkaufs-berater.	Sales Folder, Argumentations-hilfen, Testergebnisse Hostessen, Dekorateure, Verkaufs-handbücher.
Absatzmittler	Verkaufs-briefe, Anzeigen, Beilagen, Handels-messen, Fach-ausstellungen, Infozentrale.	Wettbewerbe, Preisaus-schreiben, Beigaben, Sonder-konditionen, Partner-aktionen.	Handels-seminare.	Sonder-, Zweit-platzierungen, Displays, Sonderaktionen.
Endab-nehmer	Handzettel, Prospekte, Verbraucher-zeitung, Bedienungs-anleitung, Werks-besichtigung, Verbraucher-ausstellung.	Preisaus-schreiben, Gewinnspiel, Sonderaktionen (Shows), Muster, Warenproben.	Lehrveran-staltungen.	Rabatte, Sonder-konditionen, Zugaben, Gutscheine, Produkt mit Zusatznutzen.

Abbildung B.77: **Funktionen, Zielgruppenebenen und Maßnahmen der Verkaufsförderung**
(*Quelle:* Meffert 2000, S. 723)

7.4 Informationsbeschaffung und -verarbeitung

Im Folgenden wird auf Methoden der Werbewirkungsmessung, der Werbebudgetierung und der Werbeträgerauswahl Bezug genommen.

7.4.1 Methoden der Werbewirkungsmessung

Die Messung der Werbewirkung setzt an den formulierten Werbezielen an. Es stehen Fragen der Marktforschung im Vordergrund.

- **Zeitpunkt der Messung des Werbeerfolges**

Die Werbeerfolgsmessung kann in Bezug auf den Zeitpunkt der Durchführung als Pre- oder Post-Test durchgeführt werden. Der **Pre-Test** findet vor der Durchführung einer Werbemaßnahme statt und bietet die Möglichkeit, optimale Alternativen auszuwählen oder geplante Maßnahmen anzupassen. Der **Post-Test** wird nach einem Werbeeinsatz durchgeführt und dient der Kontrolle der Werbewirkung.

- **Zurechnungsprobleme**

Bei der Messung des Werbeerfolges ist ein Zurechnungsproblem zu lösen, da in der Realität viele Marketing- und Kommunikationsinstrumente gleichzeitig eingesetzt werden:

1. So hängt der Umsatz (ökonomische Werbewirkung) vom Einsatz aller Marketing-Instrumente sowie von nicht beeinflussbaren Bestimmungsfaktoren (z.B. Konjunktur, Wettbewerberverhalten) ab.
2. Der Bekanntheitsgrad eines Werbeobjekts (kommunikative Werbewirkungskategorie) wird vom Einsatz des gesamten Kommunikationsinstrumentariums sowie nicht beeinflussbaren Bestimmungsfaktoren (z.B. Mund-zu-Mund-Werbung, Produktdemonstration) beeinflusst.

- **Entscheidungen über den Einsatz von Methoden der Werbeerfolgsmessung**

Die Auswahl geeigneter Methoden stellt ebenfalls ein Entscheidungsproblem dar. Die einzelnen Methoden unterscheiden sich in Bezug auf ihre Leistungsfähigkeit und Kosten. Die Methoden der Werbeerfolgsmessung lassen sich u.a. in bezug auf die berücksichtigten ökonomischen oder kommunikativen Wirkungskategorien systematisieren.

(1) Messung der ökonomischen Werbewirkung

Zur Lösung des Zurechnungsproblems kann man Längsschnittanalysen und Querschnittsanalysen anwenden.

Bei **Längsschnittsanalysen** (längs der Zeitachse, Zeitreihenanalyse) werden die Ausprägungen der abhängigen Variablen (z.B. Umsatz) und der unabhängigen Variablen (z.B. Werbebudget, Preis, Distributionsgrad) in mehreren Perioden gemessen (z.B. Monate oder Jahre). Es kann sich dabei z.B. um Daten von Handels-Panels handeln. Mit Hilfe des mathematisch-statistischen Verfahrens der multiplen Regressionsanalyse wird die anteilige Wirkung der erfassten unabhängigen Variable ermittelt. Längsschnittanalysen stellen Post-Tests dar.

Bei **Querschnittsanalysen** stammen die Ausprägungen der abhängigen Variablen und der unabhängigen Variablen aus derselben Zeitperiode. Dabei handelt es sich i.d.R. um die Ergebnisse von Produkt- und Markttests. Im Rahmen eines Markttests können z.B. mehrere (vergleichbare) Testmärkte gebildet werden. In einem Experimentier-Markt wird die zu prüfende Werbemaßnahme durchgeführt, in einem Kontrollmarkt dagegen nicht. Die zurechenbare ökonomische Werbewirkung ergibt sich aus einer Verrechnung der Entwicklungen in den beiden Märkten (vgl. dazu die Ausführungen zum Punkt B 1.4.4).

(2) Methoden zur Messung der kommunikativen Werbewirkung

Zur Messung der kommunikativen Werbewirkung steht – analog zur Vielzahl der verwendeten Wirkungskriterien – eine Vielzahl von Methoden zur Verfügung. Diese lassen sich nach mehreren Dimensionen klassifizieren:

- **Zeitpunkt der Messung**
  - Pre-Test,
  - Post-Test.

- **Marktforschungsmethode**
  - Beobachtung,
  - Befragung,
  - Experiment.

- **gemessene Wirkungskategorie**
  - kognitive Wirkungskategorie,
  - affektive Wirkungskategorie,
  - Verhaltensabsichten.

Abbildung B.78 gibt einen Überblick über beispielhaft ausgewählte Verfahren. Das Spektrum beginnt dabei bei einfachen Verfahren wie dem **Wiedererkennungstest** (*recognition test*), der eine kognitive Wirkung misst:

- z.B. Vorlage einer geschalteten Anzeige,
- Frage: „Haben Sie diese Anzeige gesehen?"
- Antwortalternativen: Ja/Nein.

Bei den affektiven Wirkungen stellt die Messung mittels eines **Elektro-Enzephalogramms** (EEG) – das auch als Lügendetektor bekannt ist – ein aufwändiges Verfahren dar. Hierbei wird die Intensität von Emotionen, die sich bei der Betrachtung eines Werbemittels ergeben, über die Messung von Hirnströmen erfasst.

Handlungsabsichten (konative Wirkungen) lassen sich z.B. über Befragungen erheben, in denen die Befragten **Kaufwahrscheinlichkeiten** für Produkte anzugeben haben.

Wirkungs-kategorie	Konstrukt	Mess-verfahren	Indikatoren	Erhebungs-methode
Kognitive Wirkungen	Wahrnehmungs-entstehung (Aktualgenese)	Tachistoskop mit Befragung	Anmutungen	Beobachtung und Befragung
	Wahrneh-mungsprozess	Blickregistrie-rungsgerät	Blickverlauf	apparative Beobachtung
	Wissen/ Erinnern	Wiedererken-nungs- und Erinnerungs-tests	Wieder-erkennung, Erinnerung	Befragung
Affektive Wirkungen	Art der Motive	Tiefeninter-view, Satz-ergänzungstest	Äußerungen des Befragten	Befragung
	Intensität der Emotionen	Elektro-Enze-phalogramm (EEG)	Hautwiderstand	apparative Beobachtung
	Einstellungen	Ratingskala	mündliche oder schriftliche Ant-worten	Befragung
Handlungs-absichten	Präferenzen	Ratingskala	Rangordnung von Produkten	Befragung
	Kaufabsicht	Ratingskala, offene Frage	Antwort des Befragten	Befragung

Abbildung B.78: **Ausgewählte Verfahren zur Messung kommunikativer Werbewirkungen**

7.4.2 Marginalanalytischer Ansatz zur Bestimmung des optimalen Werbebudgets

Aus den Budgetierungsmethoden wird im Folgenden ein theoretisches Optimierungsver-fahren ausgewählt: der marginalanalytische Ansatz.

Die Zielfunktion geht von einer Gewinnmaximierung aus:

1. $G = U - K \rightarrow$ max.!

Zur Vereinfachung wird ein konstanter Preis ($\bar{p}$) angenommen:

2. $U = \bar{p} \cdot x$

Die Werbewirkung lässt sich als Marktreaktionsfunktion mit der Absatzmenge als abhängige Variable und dem Werbebudget (K_W) als unabhängige Variable konkretisieren:

3. $x = f(K_w)$

Bei Unterstellung eines werbeertragsgesetzlichen Verlaufs der Wirkungskurve ergibt sich das in Abbildung B.79 gezeigte Bild.

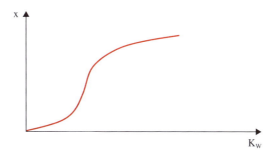

Abbildung B.79: Ertragsgesetzliche Werbewirkungskurve

Gleichung (3) wird nach dem Werbebudget aufgelöst, und es ergibt sich folgende Werbekostenkurve:

4. $K_w = f(x)$

Zum Verlauf dieser zur Gleichung (3) inversen Kurve vgl. Abbildung B.80.
Addiert man die Werbekosten und die Produktionskosten (für die ein linearer Zusammenhang unterstellt wird: $K_p = K_f + k_v \cdot x$), so ergibt sich:

5. $K = K_p + K_w$

Trägt man die Umsatz- und die addierten Kostenkurven in eine Grafik ein, so lässt sich der Punkt visualisieren, an dem der Abstand zwischen der Umsatz- und der Kostenkurve am größten ist (vgl. Abb. B.81).

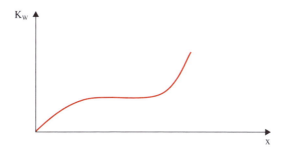

Abbildung B.80: Inverse Werbewirkungskurve

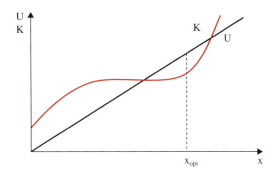

Abbildung B.81: **Ermittlung der gewinnmaximalen Absatzmenge (U − K)**

Das Optimum (zunächst die gewinnmaximierende Absatzmenge) ergibt sich als 1. Ableitung der Gewinnfunktion nach der Absatzmenge:

6. $G = \bar{p} \cdot x - K_f - k_v \cdot x - K_w$

7. $\dfrac{dG}{dx} = \bar{p} - k_v - \dfrac{dK_w}{dx} = 0$

8. $\bar{p} = k_v + \dfrac{dK_w}{dx}$

Da bei einem konstanten Absatzpreis dieser Preis gleich dem Grenzerlös ist und konstante variable Stückkosten gleich den Grenzkosten der Produktion sind, stellt (8) einen Sonderfall der bekannten Regel dar:

9. $E' = K'$

wobei sich die Grenzkosten aus den Grenzkosten der Produktion und den Grenzkosten der Werbung zusammensetzen ($K' = K'_p + K'_w$).

In der Abbildung B.82 ergibt sich die gewinnmaximale Absatzmenge als Schnittpunkt der Grenzerlöskurve ($\bar{p}$) mit der Grenzkostenkurve ($K'_p + K'_w$).

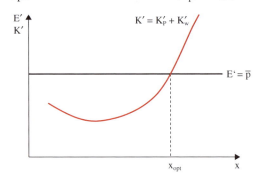

Abbildung B.82: **Ermittlung der gewinnmaximalen Absatzmenge ($E' = K'$)**

Die Aufgabenstellung der Bestimmung des gewinnmaximalen Werbebudgets erfordert einen weiteren Schritt. Die gewinnmaximale Absatzmenge ist in die Werbekostenkurve (4) einzusetzen, um das zugehörige Budget zu ermitteln.

Würdigung: Das Modell berücksichtigt einen Ursache-Wirkungs-Zusammenhang zwischen der Absatzmenge (sowie Umsatz, Kosten und Gewinn) und dem Werbebudget. Dieser ökonomische Zusammenhang ist allerdings in der Regel nicht bekannt. Deswegen ist der Ansatz nicht praxisrelevant.

Hinzu kommen weitere Kritikpunkte:

- Die Stetigkeit (und zweifache Differenzierbarkeit) ist nicht gegeben. Bei Anzeigenpreisen von 25 Tsd. € pro Seite ergeben sich jeweils Budgetsprünge,
- Keine explizite Berücksichtigung der Konkurrenz,
- Vernachlässigung qualitativer Einflussfaktoren (Werbemittelgestaltung, Auswahl der Werbeträger),
- Einproduktunternehmen (z.B. Vernachlässigung des Problems von Dachmarkenstrategien),
- Keine Berücksichtigung von zeitlichen Ausstrahlungseffekten. (Der Umsatz in der Planungsperiode wird von den Werbemaßnahmen vorheriger Perioden beeinflusst, und das berechnete Budget beeinflusst den Umsatz zukünftiger Perioden),
- Vernachlässigung von Marketing-Mix-Zusammenhängen. Es handelt sich um ein Partialmodell; die übrigen Instrumente müssen konstant gehalten werden (Ceteris paribus-Bedingung).

Obwohl das Modell die Realität nicht umfassend abbildet, ist es allein wegen der de facto nicht bekannten Beziehung zwischen Absatzmenge und Werbebudget in der Praxis nicht einsetzbar.

7.4.3 Werbeträgerauswahl

Bei der Werbeträgerauswahl kann eine Vielzahl von Media-Analysen eingesetzt werden. Zusammen mit den Angaben der Medien über die Schaltkosten lassen sich daraus Kennzahlen zur Beurteilung von Werbeträgern und Streuplänen berechnen. Wegen der Möglichkeit, eine Vielzahl von Medien mit jeweils einer Vielzahl von Belegungen in einem Streuplan zu kombinieren, besteht eine sehr große Anzahl alternativer Streupläne. Die Auswahl von Medien im Inter-Mediabereich stellt eher ein qualitatives Problem dar, zu dessen Lösung ein Punktbewertungsverfahren herangezogen werden kann. Als mögliche Lösungsmethode im Intra-Mediabereich bietet sich die Lineare Programmierung an.

7.4.3.1 Kennzahlen

Folgende Kennzahlen sollen vertieft werden: Werbekontakte, Tausendkontaktpreise, Reichweiten sowie Überschneidungen.

(1) Werbekontakte

Werbemittelkontakte stellen die notwendige Voraussetzung dafür dar, dass bei den Rezipienten Werbewirkungen eintreten. Ein Werbemittelkontakt setzt einen **Werbeträgerkontakt** voraus. Ein Werbeträgerkontakt liegt vor, wenn eine Person grundsätzlich die Chance hat, Werbemittel in einem Medium wahrzunehmen.

Für die Mediaplanung wird auf Werbeträgerkontakte abgestellt. Kontakte mit einem konkreten Werbemittel lassen sich nur nach der Durchführung der Werbung messen. Die Media-Analysen (wie die Media-Analyse (MA), die Allensbacher Werbeträgeranalyse (AWA)) messen Werbeträgerkontakte mittels Befragungen (beim TV auch mittels technischer Beobachtung), um damit Planungsunterlagen zu liefern. Als Ergebnis dieser Untersuchungen liegen z.B. folgende Angaben vor (vgl. Abb. B.83).

Medium	Leser/Hörer/Seher	Anteil Frauen in %
Bild am Sonntag	12.550.000	40,2
Stern	8.150.000	45,5
Spiegel	6.310.000	37,2
Siegener Zeitung	150.000	k.A.
Radio Siegen	100.000	k.A.
ZDF	8.802.000	k.A.
Spiegel-Online	1.000.000	k.A.

Abbildung B.83: **Nutzerschaften von Medien im Jahr 2001**
(*Quelle:* AWA 2002; Gerhards/Klingler 2002; Quality Channel 2004)

Den Leistungen eines Werbeträgers sind die entsprechenden Einschaltkosten gegenüberzustellen. Diese Kosten hängen ab von:

- der Belegungshäufigkeit (Rabatte bei Mehrfachbelegungen),
- der Werbemittelgröße (z.B. Anzeigengröße oder Spot-Dauer),
- der Farbigkeit (s/w, Zusatzfarbe, 4 c),
- der Platzierung im Medium.

(2) Tausendkontaktpreis

Da sich die einzelnen Medien sowohl in Bezug auf die Kontaktleistung als auch die Belegungskosten unterscheiden, ist es zweckmäßig, Kennzahlen zu berechnen, die einen Vergleich ermöglichen. Die wichtigste Kennzahl stellt der sog. Tausendkontaktpreis dar (Kosten für die Erreichung von 1.000 Lesern, bzw. TV-Sehern oder Radiohörern):

$$TP = \frac{\text{Kosten des Werbeträgers}}{\text{Leistung des Werbeträgers}} \cdot 1.000$$

Je nach Werbemittelausstattung und Definition der Leistung lassen sich alternative Tausendkontaktpreise berechnen.

Beispiel: Tausendkontaktpreise für eine Zeitschrift

Leistung:

(1) Leser insgesamt: 7,3 Millionen

(2) weibliche Leser: 3,4 Millionen

Kosten:

(3) 1/1 Seite s/w: 51.100 €

(4) 1/1 Seite 4c: 90.000 €

Es lassen sich folgende Tausend-Leser-Preise berechnen:

a) für die Gesamtleserschaft (Leistung: Kontakte mit Lesern insgesamt)

$$TP_1 = \frac{(3)}{(1)} = \frac{51,1 \text{ Tausend Euro}}{7,3 \text{ Mio. Leser}} \cdot 1000 = 7,00 \text{ €}$$

Die Erreichung von 1.000 Lesern mittels einer s/w-Anzeige kostet 7 €.

$$TP_2 = \frac{(4)}{(1)} = \frac{90,0 \text{ Tausend Euro}}{7,3 \text{ Mio. Leser}} \cdot 1000 = 12,33 \text{ €}$$

Die Erreichung von 1.000 Lesern mittels einer 4 c-Anzeige kostet 12,33 €.

b) für die weibliche Leserschaft (Leistung: Kontakte mit den weiblichen Lesern)

$$TP_3 = \frac{(3)}{(2)} = \frac{51,1 \text{ Tausend Euro}}{3,4 \text{ Mio. Leser}} \cdot 1000 = 15,03 \text{ €}$$

Die Erreichung von 1.000 weiblichen Lesern mittels einer s/w-Anzeige kostet 15,03 €.

$$TP_4 = \frac{(4)}{(2)} = \frac{90,0 \text{ Tausend Euro}}{3,4 \text{ Mio. Leser}} \cdot 1000 = 26,47 \text{ €}$$

Die Erreichung von 1.000 werblichen Lesern mittels einer 4 c-Anzeige kostet 26,47 €.

(3) Reichweite

Die Reichweite (RW) eines Mediums beantwortet die Frage, wie viel Prozent der Bevölkerung (> 14 Jahre) von der Belegung eines Mediums erreicht werden. Sie wird durch das Verhältnis von Nutzern des Mediums zur relevanten Grundgesamtheit definiert:

$$RW = \frac{\text{Kontakte mit dem Werbeträger}}{\text{Gesamtbevölkerung}}$$

Beispiel: Die Reichweite der Zeitschrift Stern berechnet sich wie folgt:

$$RW = \frac{8{,}15 \text{ Mio.}}{64{,}25 \text{ Mio.}} = 12{,}68\,\%$$

Die Medien unterscheiden sich in Bezug auf ihre Reichweite (vgl. Abb. B.84).

Medium	Leser/Hörer/Seher	Einzelreichweite (in %)
Bild am Sonntag	12.550.000	19,53
Stern	8.150.000	12,68
Spiegel	6.310.000	9,82
Radio Siegen	100.000	0,16
Siegener Zeitung	150.000	0,23
ZDF	8.802.000	13,7
Spiegel Online	1.000.000	1,56

Abbildung B.84: **Reichweiten ausgewählter Medien im Jahr 2001**
(*Quelle:* AWA 2002; Gerhards/Klingler 2002; Quality Channel 2004)

(4) Überschneidungen zwischen den Nutzerschaften von Medien

Bisher wurde von einer einmaligen Werbeträgerbelegung ausgegangen. Tatsächlich werden aber im Rahmen eines Streuplans sowohl Belegungen von mehreren Medien gleichzeitig, als auch mehrere Belegungen desselben Mediums vorgenommen. Das führt dazu, dass dieselben Personen mehrfach erreicht werden.

Beim gleichzeitigen Einsatz verschiedener Medien, wird ein Teil der Mediennutzer mehrfach erreicht, weil sich die Nutzerschaften überschneiden (**externe Überschneidung**, vgl. Abb. B.85).

Beispiel:
Externe Überschneidungen der Leserschaften des Stern und des Spiegel

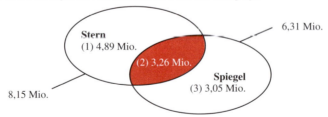

Aus der Sicht des Stern berechnet sich die externe Überschneidung mit dem Spiegel wie folgt:

$$\ddot{U} = \frac{(2)}{(1)+(2)} = \frac{3{,}26 \text{ Mio.}}{8{,}15 \text{ Mio.}} = 40\%$$

Aus der Sicht des Spiegel berechnet sich die externe Überschneidung mit dem Stern wie folgt:

$$\ddot{U} = \frac{(2)}{(3)+(2)} = \frac{3{,}26 \text{ Mio.}}{6{,}31 \text{ Mio.}} \approx 52\%$$

Abbildung B.85: **Externe Überschneidungen zwischen zwei Zeitschriften**

Werden mehrere Ausgaben desselben Werbeträgers belegt, wird ein Teil der Mediennutzer mehrfach erreicht (**interne Überschneidungen**, vgl. Abb. B.86).

Beispiel:
Interne Überschneidungen der Leserschaft zwischen zwei Ausgaben des Stern

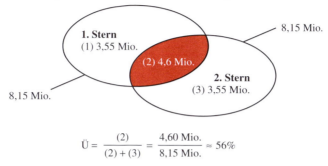

Mit der 2. Belegung des Stern werden 56% der Leser der 1. Belegung nochmals erreicht.

Abbildung B.86: **Interne Überschneidungen**

Eine Werbeträgerkombination führt im Rahmen eines Streuplans zu externen und internen Überschneidungen. Die Zielpersonen erhalten eine Vielzahl von Kontakten durch:
- mehrere Belegungen desselben Werbeträgers,
- Belegungen mehrerer Medien.

Die am Markt erwerbbaren Media-Analysen bieten Daten über das individuelle Mediennutzenverhalten von Stichproben an und ermöglichen die Berechnung der Gesamtzahl der Kontakte, die eine Zielperson mit einer geplanten Werbeträgerkombination erhalten wird. Diese individuellen Kontaktzahlen werden zur Bewertung (Evaluation) und Auswahl von Werbeträgerkombinationen herangezogen. Bei der **Evaluierung vorgegebener Streupläne** (Titel und Belegungshäufigkeiten) werden mit Hilfe wahrscheinlichkeitstheoretischer Verfahren aus den in der Marktforschung (Media-Analysen) erhobenen Nutzungsdaten individuelle Kontaktzahlen berechnet, die sich durch den Streuplan ergeben. Der Schwerpunkt liegt somit auf der Berechnung von Kontakten pro Person unter Berücksichtigung der internen und externen Überschneidungen. Es lassen sich Aussagen über die Leistung und die Kosten eines Streuplanes treffen und damit auch über seine Wirtschaftlichkeit. Bei einer Bewertung von mehreren vorgegebenen Streuplänen kann so der beste Plan gefunden werden. Damit ist allerdings nicht der optimale Streuplan bestimmt; denn die Qualität des besten Streuplans hängt auch von der Qualität der vorgegebenen Streupläne ab.

(5) Brutto- und Nettoreichweiten

(5a) Bruttoreichweite

Die Gesamtzahl der Kontakte, die bei mehreren Belegungen desselben Werbeträgers und/oder mehrerer Werbeträger hergestellt wird, bezeichnet man als Kontaktsumme oder Brutto-Reichweite. Die Brutto-Reichweite (BR) ergibt sich als Summe der Einzelreichweiten der Belegungen in den Medien.

Beispiel:

Streuplan 1

Belegungen: 1 x Spiegel, 1 x Stern

Kontaktsumme: 14,46 (in Mio. Leser)

Streuplan 2

Belegungen: 2 x Stern

Kontaktsumme: 16,3 (in Mio. Leser)

Die Brutto-Reichweite gibt keine Auskunft darüber, ob viele Personen jeweils wenige Kontakte oder wenige Personen jeweils viele Kontakte haben.

(5b) Netto-Reichweite

Die Netto-Reichweite (NR) bezeichnet die Anzahl von Personen, die mit einer Werbeträgerkombination mindestens einmal erreicht wurden. Die Netto-Reichweite wird berechnet, indem man von der Brutto-Reichweite die internen und externen Überschneidungen abzieht:

$$NR = BR - \text{Überschneidungen}$$

Beispiel: (Fortsetzung des Beispiels zur Brutto-Reichweite)

Streuplan 1: 1 x Spiegel, 1 x Stern (externe Überschneidung)

BR = 14,46 (in Mio. Lesern)

NR = 11,2 (in Mio. Lesern)

Streuplan 2: 2 x Stern (interne Überschneidung)

BR = 16,3 (in Mio. Lesern)

NR = 11,7 (in Mio. Lesern)

7.4.3.2 Intra-Mediaselektion mittels der Linearen Programmierung

Im Folgenden wird ein Ansatz der Linearen Programmierung zur Lösung des Problems der Auswahl von Medien innerhalb einer Werbeträgergruppe vorgestellt.

Die **Zielfunktion** beinhaltet, dass die Werbewirkung (W) maximiert werden soll. Gesucht wird die Anzahl der Werbemittel in den zur Verfügung stehenden Medien (i = 1,..., n).

1. $W = \sum_{i=1}^{n} x_i \cdot w_i \rightarrow \max!$

   mit: x_i = Zahl der Werbemittel in den Medien i = 1, ..., n

   w_i = Wirkung einer Schaltung des Werbemittels im Medium i

Dabei sind zwei **Nebenbedingungen** zu berücksichtigen:

a. **Budgetrestriktion**
   Die Kosten für die Belegungen der einzelnen Medien dürfen das vorgegebene Werbebudget (B) nicht überschreiten.

2. $\sum_{i=1}^{n} b_i \cdot x_i \leq B$

   mit: b_i = Kosten der Schaltung eines Werbemittels im Medium i

   B = Werbebudget

b. Begrenzung der Belegungshäufigkeiten
Belegungsuntergrenzen und -obergrenzen pro Medium

3a. $x_i \geq x_{min}$

3b. $x_i \leq x_{max}$
Der Ansatz kann in Bezug auf eine **Konkretisierung der Werbewirkung** erweitert werden:

4. $w_i = l_i \cdot p_i \cdot e_i$

   mit: l_i = Leserzahl des Mediums i (bzw. Seher/Hörer)

   p_i = Prozentanteil Zielpersonen

   e_i = Qualität des Werbemittels und des Werbeträgers

Beispiel: Zeitschrift Stern

l_i = 8,15 Mio. Leser

p_i = 45,52 % Frauen

e_i = 0,6 (weil z.B. halbseitige Anzeigen eingesetzt werden)

w_i = 2,23

Folgendes lässt sich an dieser Methode **kritisch** anmerken:

■ **Linearität der Zielfunktion**

Die Zielfunktion trifft zwei unrealistische Annahmen:

1. Die Wirkung w_i eines Werbeträgers i ist unabhängig davon, wie oft dieser Werbeträger belegt wird. Der Ansatz geht also in Bezug auf die mehrfache Belegung desselben Mediums von einer linearen Wirkung aus (vgl. Abb. B.87). Das Problem interner Überschneidungen wird nicht berücksichtigt.

2. Die Wirkung der belegten Medien ist unabhängig voneinander (die Wirkungen der Medien sind in der Zielfunktion additiv verknüpft). Durch diese Annahme wird das Problem externer Überschneidungen vernachlässigt.

■ **Aggregationsgrad des Ansatzes**

Es handelt sich um ein aggregiertes Partial-Modell des Käuferverhaltens (vgl. dazu Punkt A 3.5.). Das individuelle Käuferverhalten (hier: Mediennutzungsverhalten) wird nicht erfasst, und es lassen sich keine Kontakte mit dem Streuplan pro Person berechnen (inklusive interner und externer Überschneidungen).

Linearität der Budgetrestriktion

Es wird unterstellt, dass die Kosten der Belegung eines Werbeträgers (b_i) unabhängig von der Zahl der Belegungen (x_i) sind. In der Realität werden dagegen Rabatte gewährt.

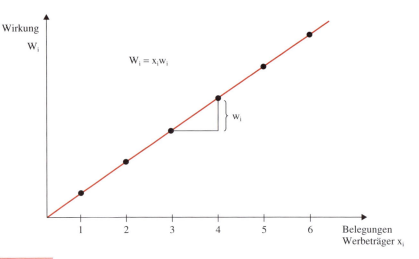

Abbildung B.87: Lineare Wirkungsfunktion des LP-Ansatzes

Zeitliche Wirkungsaspekte

Zeitliche Aspekte der Planung (Massierung der Werbung) und der Werbewirkung (Lernen und Vergessen, zeitliche Ausstrahlungseffekte) werden vernachlässigt.

Werbemittelausstattung

Es wird unterstellt, dass die Werbemittelausstattung vorgegeben ist und nur eine Werbemittelvariante eingesetzt wird (z.B. nur Anzeigen im Stern 1/1 Seite 4c). Die Wirkungen und Kosten unterschiedlicher Ausstattungen sind nicht identisch. Eine Mischung unterschiedlicher Werbemittelvarianten ist somit (zunächst) ausgeschlossen.

Konkurrenzwerbung

Die Wirkung w_i ist unabhängig von der Konkurrenzwerbung und kann allenfalls die generelle Werbeintensität in einer Branche berücksichtigen.

Schließlich ist der Optimierungsansatz **deterministisch**.

Übungen

I. Wiederholungsaufgaben

1. Welche **Aufgaben** erfüllt die Kommunikationspolitik? (S. 131)

2. Erläutern Sie anhand der folgenden **Variablen von Werbewirkungsfunktionen** die damit verbundenen Probleme bei der Formulierung von Werbezielen und bei der Messung der Werbewirkung:
   a. Umsatz als Funktion der Werbekosten,
   b. Bekanntheitsgrad als Funktion von der Zahl von Werbekontakten! (S. 157)

3. Welche Auswirkungen hat das Vorhandensein eines **Einkaufsgremiums** (*Buying Center*) im Investitionsgüter-Marketing auf den Einsatz der Werbung? (S. 28, 138)

4. Nehmen Sie kritisch zu der Vorgehensweise Stellung, das **Werbebudget** als Prozentsatz vom Umsatz der Vorperiode zu bestimmen! (S. 140)

5. Zeigen Sie den Zusammenhang zwischen **Budgeterstellung und -verteilung** am Beispiel der zielabhängigen Methode zur Bestimmung des Werbebudgets auf! (S. 140 f.)

6. Nach welchen Gesichtspunkten lässt sich das **Werbebudget aufteilen**? (S. 138 ff.)

7. Erläutern Sie, welche Kosten- und Wirkungsaspekte bei der **Gestaltung von Werbebotschaften/Werbemitteln** zu berücksichtigen sind! (S. 142 ff.)

8. Welche Vorteile haben **bildbezogene Gestaltungsfaktoren** gegenüber Text bezogenen? (S. 146)

9. Vergleichen Sie die beiden Möglichkeiten, mit einem **gegebenen Werbebudget:**
   a. möglichst viele Zielpersonen anzusprechen oder
   b. möglichst viele Kontakte pro Zielperson herzustellen!

10. Folgende **Zeitschriften** stehen zur Verfügung:
    Zeitschrift A: 8 Mio. Leser,
    Zeitschrift B: 9 Mio. Leser.

    Die interne Überschneidung von zwei Ausgaben des Werbeträgers A beträgt 4 Mio. Leser, d.h. 50% lesen beide Ausgaben. Die externen Überschneidungen zwischen den Zeitschriften A und B betragen 2 Mio. Leser, d.h. 25% der A-Leser sind auch B-Leser.
    Berechnen Sie folgende **Kennzahlen:**
    a. Brutto-Reichweite bei zweimaliger Belegung von A und einmaliger Belegung von B,
    b. Netto-Reichweite bei jeweils einmaliger Belegung von A und B! (S. 164 ff.)

11. **Inter- und Intra-Mediaselektion**
    a. Erläutern Sie den Unterschied zwischen der Inter- und der Intra-Mediaselektion!
    b. Vergleichen Sie die Werbung im ZDF und im Kino anhand von vier ausgewählten Beurteilungskriterien! (S. 149 ff.)

12. Warum reicht ein **Vergleich der 1000-Kontaktpreise** im
    a. Intra-Media- und
    b. Inter-Media-Vergleich
       zur Beurteilung der Medien nicht aus? (S. 150)

13. Eine Belegung des **Werbeträgers A** kostet 100 € und erreicht 6.000 Männer und 4.000 Frauen; eine Belegung des **Werbeträgers B** kostet 120 € und erreicht 4.000 Männer und 6.000 Frauen.
    a. Berechnen Sie die Tausendkontaktpreise für Werbeträger A und B!
    b. Ändert sich die Beurteilung der beiden Werbeträger, wenn als werbliche Zielgruppe nur Frauen in Frage kommen? (S. 163)

14. **Vergleichen** Sie die Werbung im **Rundfunk und in Publikumszeitschriften** nach folgenden Kriterien miteinander:
    – Darstellungsmöglichkeit,
    – Zeitfaktor,
    – Zielgruppenansprache,
    – (relative) Kosten! (S. 150)

15. Ansatz der **Linearen Programmierung** zur Medienauswahl:
    a. Wie lauten die Zielfunktion und die Nebenbedingungen?
    b. Definieren Sie die unabhängigen und die abhängige Variablen des Ansatzes!
    c. Welche Probleme ergeben sich bei der Bestimmung der Wirkung eines Mediums? (S. 167 ff.)

16. Erläutern Sie anhand der **Verkaufsförderung**, warum Marketing-Instrumente auf einzelne Zielgruppen/Segmente auszurichten sind! (S. 153 f.)

17. Nennen Sie jeweils zwei **Verkaufsförderungsmaßnahmen** für
    a. Verbraucher-Promotion,
    b. Händler-Promotion,
    c. Außendienst-Promotion! (S. 155 f.)

II. Vertiefungsaufgaben

1. Analysieren Sie die Bedeutung der **Zielgruppenabgrenzung** für die Botschaftsgestaltung und für die Intra-Mediaselektion!

2. Der wirtschaftswissenschaftliche Fachbereich einer Universität will eine aktive Kommunikationspolitik betreiben. Grenzen Sie relevante **Zielgruppen** voneinander ab!

3. Analysieren Sie mögliche Erklärungen für **Unterschiede** zwischen folgenden **Kommunikationsstrategien**:
    a. Ein Anlagenbauer setzt nur für die Instrumente persönliche Kommunikation und Messen ein.
    b. Ein mittelständisches Konsumgüterunternehmen betreibt nur eine handelsgerichtete Kommunikationspolitik (Mehrfirmenhandelsvertreter, Verkaufsförderung, Handelswerbung).

c. Ein Handwerksunternehmen betreibt nur Kommunikation über die „Gelben Seiten".

d. Ein Start-up-Unternehmen im Internet betreibt nur Kommunikation in diesem Medium!

4. Für die **Anzeigenwerbung** einer Unternehmung, die einen neuartigen Automatikregenschirm für Damen herstellt, stehen zwei Zeitschriften A und B zur Verfügung. Die Einschaltung in A kostet 240 € und erreicht 20.000 Leser; die Einschaltung in B kostet nur 150 € und erreicht 15.000 Leser. Der Frauenanteil bei A beträgt 80 %, bei B 50 %. Für welchen Werbeträger würden Sie sich entscheiden:

a. aufgrund ungewichteter „Tausend-Kontakt-Preise",

b. aufgrund zielgruppenspezifischer „Tausend-Kontakt-Preise",

c. aufgrund zielgruppenspezifischer „Tausend-Kontakt-Preise", wenn die Wirkung eines Kontaktes beim Werbeträger B doppelt so groß wie bei A ist?

5. Sie sollen für einen Gartengerätehersteller, der sowohl Fachgeschäfte als auch Märkte beliefert, ein Verkaufsförderungskonzept erstellen. Analysieren Sie in diesem Zusammenhang die **vertikale und horizontale Zielgruppenauswahl**!

6. Entwickeln Sie einen Ansatz zur **Inter-Mediaselektion** mittels eines **Punktbewertungsverfahrens**!

7. Analysieren Sie, warum eine besondere Notwendigkeit zur Abstimmung von **Verkaufsförderungsmaßnahmen in Distributionssystemen** besteht!

Kapitel

8 Distributionspolitik

ADIDAS führt eine Vielzahl von Produkten, die über unterschiedliche Vertriebswege an den Endabnehmer gelangen. Zum einen erfolgt ein direkter Vertrieb über Outlet Stores, wie z.B. in Herzogenaurach und zum anderen werden die ADIDAS Schuhe, Shirts, Hosen etc. über den indirekten Vertriebsweg an den Endabnehmer verkauft. Beim indirekten Vertrieb spielen Fachhändler, Warenhäuser, aber auch Versandhändler eine Rolle.

Neben dem direkten und dem indirekten Vertrieb erfolgt eine weitere Differenzierung aufgrund der Vertriebsintensität. So werden einige Standardmodelle von ADIDAS intensiv vertrieben. Sie sind so gut wie überall erhältlich. Andere Modelle sind dagegen nur bei ausgewählten Händlern erwerbbar. Ein exklusiver Vertrieb erfolgt z.B. im Golfbereich. Die Marke TAYLOR MADE ist ausschließlich in Pro-Shops auf Golfplätzen erhältlich.

ADIDAS setzt sowohl die Push- als auch die Pull-Strategie ein, um seine Produkte abzusetzen. Gezielte Handelsoffensiven, die den Händler dazu veranlassen, die Produkte zu führen, finden ebenso statt wie Endabnehmerwerbung. Diese soll den Kunden dazu bringen, seinen (Sport-) Händler nach ausgewählten ADIDAS-Produkten zu fragen, wodurch dieser wiederum gefordert ist, die Produkte anzubieten.

Die immer größer werdenden Verbundketten im Sportbereich (z.B. INTERSPORT) erleichtern ADIDAS eine flächendeckende Distribution. Aus diesem Grund werden hier gezielt Kooperationsmaßnahmen mit den Partnerverbundketten ausgebaut.

Damit die Ware überhaupt erst zum Händler gelangt und dieser einen gewissen Kenntnisstand bezüglich der ADIDAS-Produkte aufweisen kann, setzt ADIDAS Reisende ein, die den Handel über neue Produkttechnologien etc. informieren. Außerdem werden in bestimmten Zeitabständen Schulungen durchgeführt, durch welche die Händler immer auf dem neuesten Stand bleiben sollen.

Quelle: Adidas-Salomon 2002.

Lernziele dieses Kapitels

Nach der Bearbeitung dieses Kapitels sollen Sie Folgendes kennen und können:

- die Entscheidungstatbestände bei der Bestimmung der vertikalen und horizontalen Absatzkanalstruktur kennen und Alternativen vergleichen können,
- Betriebsformen des Groß- und Einzelhandels aufzählen und anhand ausgewählter Kriterien abgrenzen können,
- Einflussgrößen bei der Auswahl von Absatzwegen kennen,
- Strategien und Maßnahmen zur Gewinnung und Bindung von Händlern kennen,
- Grundlegende Aufgaben der Marketing-Logistik kennen,
- Verfahrensvergleiche zur Auswahl von Reisenden/Handelsvertretern sowie von Transportmitteln durchführen können.

Abbildung B.88 ordnet die Distributionspolitik in das Marketing-Instrumentarium ein.

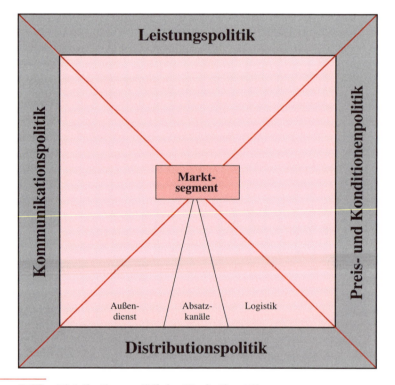

Abbildung B.88: Distributionspolitik im Marketing-Mix

8.1 Ziele der Distributionspolitik

Im Rahmen der Distributionspolitik versuchen Hersteller, Ziele zu erreichen, die sich sowohl auf Endabnehmer, als auch auf Absatzorgane beziehen. Dabei lassen sich die Ziele folgenden Kategorien zuordnen (Specht 1998, S. 135 ff.) (vgl. Abb. B.89):

Psychographische Ziele	Ökonomische Ziele
Sicherstellung eines guten Vertriebsimage, Sicherstellung einer hohen Beratungsqualität, Erhöhung der Kooperationsbereitschaft der Absatzorgane (des Handels).	Erhöhung der Absatzmenge, Umsätze oder Marktanteile, Sicherstellung der Deckungsbeiträge, Sicherstellung des Preisniveaus, Senkung der Distributions- und Logistikkosten.

Abbildung B.89: **Ziele der Distributionspolitik**

Darüber hinaus lassen sich noch versorgungsorientierte Ziele identifizieren:

- Steigerung des Distributionsgrads (numerisch, gewichtet),
- Beeinflussung der Bevorratungsverhaltens der Absatzmittler (Handel),
- Senkung der Lieferzeiten,
- Erhöhung der Lieferbereitschaft und -zuverlässigkeit.

8.2 Distributionspolitische Strategien

Um die distributionspolitischen Ziele umzusetzen, bedarf es der Ableitung von Strategien, die den Orientierungsrahmen für Maßnahmen bilden. Im Rahmen dieser Strategiefestlegung stehen grundsätzliche Entscheidungen über die Auswahl und Gestaltung des Absatzkanals, sowie die Steuerung der Absatzorgane im Vordergrund. Im Folgenden werden die Selektions-, Akquisitions-/Stimulierungs- und Kontraktstrategie sowie die Marketing-Führerschaft und die Auswahl von Reisenden und Handelsvertretern dargestellt.

8.2.1 Selektionsstrategie

Im Rahmen der Selektionsstrategie legt der Hersteller fest, welche Vertriebswege bzw. Absatzkanäle zum Einsatz kommen, um die Endabnehmer mit seinen Leistungen zu versorgen. Unter einem Absatz- bzw. Distributionskanal fasst man die rechtlichen, ökonomischen und kommunikativ-sozialen Beziehungen aller an der Leistungsübermittlung beteiligten Personen und Institutionen zusammen (Meffert 2000, S. 600). Dabei treten innerhalb des Distributionskanals zwischen Hersteller und Endabnehmer **Absatzorgane** auf, die auf dem Weg des Produktes Distributionsaufgaben übernehmen.

Absatzorgane lassen sich in Absatzmittler und Absatzhelfer unterteilen. **Absatzmittler** stellen rechtlich und wirtschaftlich selbständige Organe dar, deren Hauptaufgabe darin besteht, Waren und Dienstleistungen im eigenen Namen und auf eigene Rechnung zu erwerben und wieder zu verkaufen. Hierunter fallen hauptsächlich Groß- und Einzelhandelsbetriebe, die somit im Distributionsprozess absatzpolitische Maßnahmen eigenständig einsetzen. Bei **Absatzhelfern** handelt es sich um rechtlich selbständige Organe, die den Distributionsprozess unterstützen, aber selbst kein Eigentum an der Ware erwerben. Als Beispiele lassen sich Agenturen, Spediteure oder Lagerbetriebe nennen (Olbrich/Schröder 1995, S. 13 ff).

Wesentlicher Entscheidungstatbestand der Selektionsstrategie stellt die Bestimmung der vertikalen und horizontalen Absatzkanalstruktur dar (vgl. Abb. B.90).

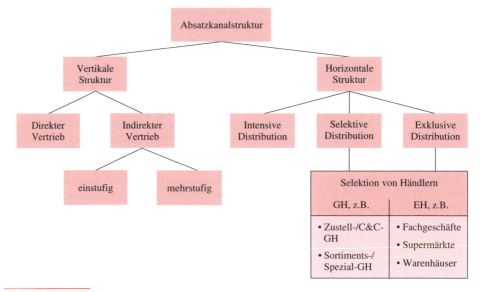

Abbildung B.90: Entscheidungstatbestände bei der Festlegung der Absatzkanalstruktur
(*Quelle:* Schröder/Ahlert 2001, S. 1810)

8.2.1.1 Vertikale Absatzkanalstruktur

Bei der Festlegung der vertikalen Struktur steht die Entscheidung über die Art und Zahl von Absatzstufen zwischen Hersteller und Endabnehmer im Vordergrund. Damit wird die Länge des Absatzweges festgelegt. Grundsätzlich lassen sich der direkte und indirekte Vertrieb unterscheiden.

Beim **direkten Vertrieb** setzt der Hersteller keine Absatzmittler ein und verkauft seine Produkte **unmittelbar** oder über **unternehmenseigene Absatzorgane** an den Endabnehmer. Diese Form des Vertriebs ist im Business-to-Business-Bereich weit verbreitet, findet aber auch im Konsumgütergeschäft Anwendung, wie z.B. Tupperware oder Vorwerk Staubsauger. Aufgrund der zunehmenden Verbreitung und Bedeutung des Electronic Commerce wächst auch die Verbreitung des Direktvertriebs an.

Unternehmenseigene Filialen oder **Niederlassungen** stellen eine weitere Variante des Direktvertriebes dar. Sie handeln rechtlich und wirtschaftlich unselbstständig und werden vom Hersteller selbst kontrolliert. Als Beispiel lassen sich Factory Outlets oder Werksverkäufe nennen.

Ein **indirekter Vertrieb** liegt vor, wenn der Hersteller Absatzmittler einsetzt, d.h. **Einzel-** und **Großhändler**. Bezüglich der Länge des Absatzkanals unterscheidet man zwischen dem **einstufigen** Vertrieb mit nur einer Absatzstufe und dem **mehrstufigen** Vertrieb, bei dem mehrere Absatzmittlerstufen eingeschaltet werden. Dabei können verschiedene Formen von Absatzmittlern (Groß- und Einzelhandel, Export-/Importhandel) zum Einsatz kommen (Arnold 1995, S. 31 ff.).

Zur Kategorie des **Großhandels (GH)** gehören Unternehmen, die Produkte in eigenem Namen und auf eigene Rechnung an gewerbliche Unternehmen (Weiterverarbeiter, Handelsunternehmen, gewerbliche oder öffentliche Großverbraucher) vertreiben. Gegenüber dem Großhandel lassen sich **Einzelhändler (EH)** durch Verkauf von Produkten und Dienstleistungen an den Endabnehmer unterscheiden (Winkelmann 2000, S. 257).

In den letzten Jahren erfolgte eine Konzentration des Umsatzes auf einige Betriebsformen, was zu einer rückgängigen Zahl kleinerer, selbstständiger Unternehmen geführt hat. Gleichzeitig steigt durch Kooperations- und Konzentrationstendenzen die Nachfragemacht des Handels.

Bei Gütern des täglichen Bedarfs dominiert der indirekte Vertrieb, im Maschinen- und Anlagenbau der Direktvertrieb. PC's werden sowohl über den Fachhandel als auch im Direktvertrieb vermarktet (z.B. DELL über das Internet). Beide Vertriebsformen besitzen Vor- und Nachteile (vgl. Abb. B.91) (Arnold 1995, S. 34 ff.):

- Beim Direktvertrieb fallen beim Hersteller vergleichsweise hohe **Vertriebskosten** an (z.B. für Außendienstmitarbeiter oder eigene Niederlassungen); beim indirekten Vertrieb trägt der Handel die Kosten.

- Dem stehen aber entgegengesetzt die erzielbaren **Deckungsspannen** gegenüber. Der Handel erhält für seine Übernahme von Funktionen eine Handelsspanne, definiert als Differenz zwischen Verkaufs- und Einkaufspreis (z.B. im Bereich Bekleidung 50 %).

- Beim Direktvertrieb ist es eher möglich, im Wettbewerb eine **Alleinstellung** zu erreichen.

- Beim Direktvertrieb sind **Koordination und Kontrolle der Marketing-Instrumente** besser gewährleistet. Beim indirekten Vertrieb ist der Hersteller auf die Kooperationsbereitschaft des Handels angewiesen (vgl. Punkt A 1.2).

- Beim indirekten Vertrieb ist die **Aufbaudauer** eines flächendeckenden Vertriebs kürzer – vorausgesetzt, der Handel ist zur Mitarbeit (Listung) zu gewinnen (vgl. dazu Punkt B 8.2.2).

- Beim indirekten Vertrieb lässt sich flächenmäßig eine gute **Marktabdeckung** erreichen, beim Direktvertrieb „rechnet" es sich häufig nicht, umsatzschwache Regionen abzudecken. (Allerdings besteht die Möglichkeit, in umsatzstarken Regionen Reisende einzusetzen, in umsatzschwachen Regionen dagegen Mehrfirmenhandelsvertreter, vgl. dazu Punkt B 8.2.5).

- Beim Direktvertrieb lassen sich leichter **Marktinformationen** besorgen als beim indirekten Vertrieb.

- Viele Produkte müssen in ein Sortiment mit vielen anderen Produkten zusammengefasst werden (zu Verbundeffekten vgl. Punkt B 5.3.5). Der Handel weist i.d.R eine wesentlich größere **Sortimentsbreite** als der Hersteller auf.

- Beim indirekten Vertrieb ist die **Angebotspräsenz** des gesamten Absatzprogramms des Herstellers nicht gewährleistet, weil sich die Händler z.B. auf Schnelldreher konzentrieren wollen.

Beurteilungskriterien	direkter Vertrieb	indirekter Vertrieb
Vertriebskosten	–	+
Deckungsspannen	+	–
Alleinstellung	+	–
Kontrolle der Marketing-Aktivitäten	+	–
Aufbaudauer	–	+
Marktabdeckung	–	+
Marktinformationen	+	–
Sortimentsbreite	–	+
Angebotspräsenz	+	–

Abbildung B.91: **Vergleich des direkten und indirekten Vertriebs anhand ausgewählter Kriterien**

8.2.1.2 Horizontale Absatzkanalstruktur

An die Festlegung der vertikalen Struktur des Absatzkanals schließt sich die Bestimmung der horizontalen Struktur des Vertriebskanals an. Dabei steht die quantitative und qualitative Selektion der Absatzmittler innerhalb der ausgewählten Absatzstufen im Mittelpunkt. Sowohl bei der qualitativen Auswahl von Großhändlern als auch Einzelhändlern stellt deren Betriebsform ein wichtiges Beurteilungsmerkmal dar. Als **Betriebsformen des Großhandels** lassen sich folgende Formen nennen (Specht 1998, S. 32 ff.; Täger 1995):

- **Zustell-GH:** Weiterverkauf an Einzelhandel nach Bestellung (z.B. Buchhandel).

- **Cash & Carry-GH:** Selbstabholung und direkte Bezahlung durch den EH, wie z.B. der Lebensmittelverkauf für die Gastronomie.

- **Rack-Jobber-GH:** GH, der die Regalpflege beim EH für bestimmte Produktkategorien übernimmt (Zeitschriften, Zigaretten).

- **Strecken-GH:** EH ersteht beim GH die Ware, die ihm aber vom Hersteller zugestellt wird.

- **Sortiments-GH:** GH mit breitem, aber flachem Angebotssortiment.

- **Spezial-GH:** GH mit engem und tiefem Sortiment.

Die folgenden **Betriebsformen des Einzelhandels** lassen sich vorwiegend nach ihrer Dienstleistungs- und Sortimentsstruktur, ihrem Standort und ihrem Preis und Ausstattungsniveau unterscheiden (Specht 1998, S. 45 ff.; Müller-Hagedorn 2002, 68 ff.):

- **Fachgeschäfte:** Haben ein tiefes Sortiment mit einem hohen qualitativen Anspruch an die Produktauswahl und an die Beratung. Zusätzlich bieten sie Serviceleistungen an (z.B. Sportgeschäft).
- **Spezialgeschäft:** Unterscheiden sich von Fachgeschäften nur in Bezug auf die Konzentration auf einen Sortimentsbereich (z.B. Brautmoden).
- **Warenhäuser:** Charakteristisch für ein Warenhaus ist ein sehr breites Sortiment (z.B. Karstadt).
- **Kaufhäuser:** Besitzen gegenüber Warenhäusern ein schmaleres, Branchen orientiertes Sortiment (z.B. C&A).
- **Versandhäuser:** Bieten ihre Produkte nur in Katalogen an. Dabei unterscheiden sich Großversandhändler (z.B. Quelle) und Spezialversender (z.B. Conrad).
- **Supermärkte:** Anbieter von Food- und Non-Food Produkten in Form der Selbstbedienung auf einer Verkaufsfläche zwischen 400 und 800 qm.
- **Verbrauchermärkte:** Zeichnen sich gegenüber Supermärkten und SB-Warenhäuser durch das breitere und preisgünstigere Angebotssortiment auf einer größeren Fläche aus. Kleinere Verbrauchermärkte: 800 – 1.500 qm, große Verbrauchermärkte 1.500 – 5.000 qm und SB-Warenhäuser mit mehr als 5.000 qm (z.B. Globus).
- **Discounter:** Gelten als preisaggressive Einzelhändler, die selbsterklärende Produkte mit einer Reduzierung auf die notwendigsten Dienstleistungen anbieten (z.B. Aldi).
- **Fachmärkte:** Auf ein bestimmtes Sortiment spezialisierte EH, die ein tiefes Sortiment zu günstige Preisen, meist in geographischen Randlagen anbieten (z.B. Heimwerkermärkte, Unterhaltungselektronik, Spielzeug).
- **Tankstellen-Shops:** Schmales Food- und Non-Food-Sortiment, das den täglichen Bedarf abdeckt.

Es lassen sich drei **Typen des Vertriebs** unterscheiden (Homburg/Krohmer 2003, S. 716 f.; Schröder/Ahlert 2001, S. 1812):

Um einen hohen Erhältlichkeitsgrad seiner Produkte (Ubiquität) zu erzielen, akzeptiert der Hersteller im Rahmen des **intensiven Vertriebs** jeden Absatzmittler, der bereit ist, sein Produkt anzubieten. Der Hersteller legt bei diesem sogenannten Universalvertrieb keinerlei qualitativen oder quantitativen Kriterien bei der Auswahl der Absatzmittler zugrunde. Als Beispiele lassen sich Coca Cola, Zigaretten, Zeitungen oder Schokoladensnacks nennen.

Im Rahmen des **selektiven Vertriebs** sucht der Hersteller die Absatzmittler nach qualitativen Kriterien aus. Als Selektionskriterien dienen Ausstattungsmerkmale, wie Betriebsgröße, Umsatzbedeutung, Lage, Qualität des Service und der Beratung sowie die Preispolitik und die Bereitschaft zur Kooperation mit dem Hersteller. Der selektive Vertrieb kommt z.B. bei Elektrogeräten (Haushalt, Unterhaltung) zum Einsatz.

Der **exklusive Vertrieb** stellt eine Sonderform des selektiven Vertriebs dar, bei dem der Hersteller zusätzlich die Zahl der Absatzmittler beschränkt. Gerade für Premiumprodukte wie Kosmetika, exklusive Mode, Uhren und Schmuck bietet sich der exklusive Vertrieb an. In extremen Fällen vergibt der Hersteller gebietsbezogene Exklusivverträge.

Abbildung B.92 stellt die unterschiedlichen horizontalen Vertriebsarten gegenüber.

Kanalstruktur	Vertriebstyp		
	intensiver Vertrieb	selektiver Vertrieb	exklusiver Vertrieb
Breite des Absatzkanals (Zahl der Absatzmittler)	keine Einschränkung	Einschränkung durch qualitative Anforderungen	quantitative Selektion
Tiefe des Absatzkanals (Art der Absatzmittler)	keine Einschränkung	qualitative Selektion	qualitative Selektion

Abbildung B.92: **Grundtypen der horizontalen Absatzkanalstruktur**

Die Auswahl der Absatzwege und Absatzmittler stellt ein komplexes Entscheidungsproblem dar. Dabei können Hersteller eine Vielzahl von Kriterien in Betracht ziehen. Abbildung B.93 fasst die unternehmensexternen und -internen Kriterien zusammen.

Produktbezogene Einflussfaktoren	Erklärungsbedürftigkeit, Bedarfshäufigkeit, Sicherstellung von Kundendienstleistungen, Transport- und Lagerfähigkeit.
Unternehmensbezogene Einflussfaktoren	Finanzkraft und Größe des Unternehmens, Erfahrung mit Vertriebswegen, Markstellung des Unternehmens, Marketing-Konzeption, Festgelegte Produktstrategie.
Marktbezogene Einflussfaktoren	Marktposition der Vertriebskanäle, Wachstumsraten der Vertriebskanäle, Marketing-Potential der Betriebstypen.
Kundenbezogene Einflussfaktoren	Anzahl und geographische Verteilung, Image der Betriebstypen beim Endabnehmer, Einkaufsverhalten, Aufgeschlossenheit gegenüber Betriebstypen.
Absatzmittlerbezogene Einflussfaktoren	Vertragliche Bindung zu Absatzmittlern, Flexibilität der Absatzmittler, Standort und Verfügbarkeit der Handelsbetriebe, Beeinflussbarkeit und Kontrolle der Absatzmittler, Vertriebskosten, Qualifikation des Vertriebspersonals.

Abbildung B.93: **Kriterien zur horizontalen und vertikalen Selektion**
(*Quelle:* Meffert 2000, S. 623)

Konkurrenzbezogene Einflussfaktoren	Vertriebskanäle der Hauptkonkurrenten,
	Marktstellung der Konkurrenten in den Vertriebskanälen,
	Möglichkeiten der Wettbewerbsprofilierung durch neue Vertriebskanäle.
Umfeldbezogene Einflussfaktoren	Einfluss neuer Technologien auf die Vertriebskanäle,
	Wirkung der Gesetzgebung auf die Tätigkeit von Vertriebskanälen,
	Einfluss soziokultureller Veränderungen auf das Einkaufsverhalten.

Abbildung B.93: **Kriterien zur horizontalen und vertikalen Selektion (Forts.)**
(*Quelle:* Meffert 2000, S. 623)

Zur **Bewertung und Auswahl von Absatzkanälen** lassen sich folgende Verfahren einsetzen:

- ■ **Punktbewertungsverfahren** (Scoring-Modell): Bewertung alternativer Entscheidungen nach quantitativen und qualitativen Beurteilungskriterien,
- ■ **Stärken-Schwächen-Analyse**: Erstellung von Profilen,
- ■ **Chancen-Risiken-Analysen**: Ermittlung von Wachstumschancen einzelner Betriebsformen,
- ■ **Portfolio-Analysen**: Positionsbestimmung anhand von zwei Merkmalen, z.B. Attraktivität und Wettbewerbsvorteil,
- ■ **Investitionsrechnungsverfahren**: Berechnung der Vorteilhaftigkeit von Investitionen.

Im Rahmen der Selektionsstrategie bietet sich das Punktbewertungsverfahren an, da eine größere Anzahl von Kriterien verarbeitet werden kann.

Eine Auswahl von Absatzmittlern setzt voraus, dass es entsprechend viele kooperationsbereite Händler gibt. Der (Einzel-) Handel stellt das Nadelöhr in der Distribution v.a. von Konsumgütern dar. Insbesondere Hersteller schwacher Marken haben sich verstärkt um die Gewinnung von Händlern zu bemühen (Freter 2004, S. 203).

8.2.2 Akquisitions- und Stimulierungsstrategie

Akquisitions- bzw. Stimulierungsstrategien sollen die Absatzorgane zu einem Verhalten im Sinne des Herstellers bewegen. Akquisitionsmaßnahmen kommen zum Einsatz, wenn ein Händler erstmalig zu einer geschäftlichen Transaktion mit dem Hersteller motiviert werden soll (insbesondere Listung eines neuen Produkts), beziehen sich also auf diesen speziellen Zeitpunkt. Dahingegen wird die Stimulierungsstrategie regelmäßig eingesetzt, um Absatzmittler dauerhaft zu einem herstellerkonformen Verhalten zu bewegen (Irrgang 1992, S. 1248).

Als Strategien im Rahmen der Akquisition und Stimulierung lassen sich die Endabnehmer gerichtete Strategie (Pull-Strategie) und die absatzmittlergerichtete Strategie (Push-Strategie) unterscheiden (Benkenstein 1997, S. 165).

Bei der **Pull-Strategie** richtet sich das Unternehmen insbesondere mit seinen Kommunikationsmaßnahmen direkt an die Endabnehmer. Mit der sogenannten „Sprungwerbung" beabsichtigt der Hersteller, den Bedarf bei den Endabnehmern zu wecken, so dass diese sein Produkt aktiv beim Handel nachfragen. Dieser Nachfragesog soll sich dann über die Absatzmittlerstufen bis zum Hersteller auswirken, in dem der Handel das Produkt beim Hersteller seinerseits nachfragt, um den Bedarf der Endabnehmer zu decken (Szeliga 1995, S. 18 f.).

Im Gegensatz dazu zielt die **Push-Strategie** darauf ab, durch Anreize gegenüber den Absatzmittlern einen Absatzdruck zu erzeugen. Mittels Anreizinstrumenten versucht der Hersteller, die Absatzmittler zu einer Listung und aktiven Vermarktung der Produkte zu bewegen.

Abbildung B.94 verdeutlicht die Wirkungszusammenhänge beim Einsatz der Push- und Pull-Strategie.

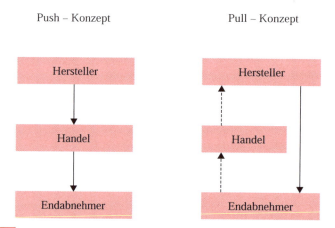

Abbildung B.94: Wirkungszusammenhänge beim Einsatz von Push- und Pull-Strategien

Absatzmittlergerichtete Maßnahmen lassen sich in monetäre und nicht-monetäre Anreizinstrumente unterteilen. Handelsspannen, Rabatte, Boni und Finanzhilfen stellen **monetäre Stimuli** dar. Dabei besitzen Handelsspannen eine große Bedeutung. Sie stellen die Differenz zwischen dem vom Absatzmittler realisierten Verkaufspreis und dem vom Hersteller fixierten Handelsabgabepreis dar und wirken sich direkt auf den Gewinn des Absatzmittlers aus. Eine besonders stimulierende Wirkung kommt den Handelsspannen zu, wenn sie über dem branchenüblichen Wert liegen und somit eine Erhöhung des Deckungsbeitrags ermöglichen. Rabatte stellen nicht nur ein Instrument der Preispolitik dar, sondern zielen im Rahmen der Stimulierungsstrategien auf den Aufbau des Angebotsdrucks im Absatzkanal. Hierbei existieren prinzipiell zwei Zielsetzungen, die der Hersteller durch den Einsatz von verschiedenen Rabattarten verfolgt. Um den **Hineinverkauf** seiner Ware, also den Verkauf der Ware an die Absatzmittler, zu fördern, setzt der Hersteller Rabatte ein, die sich auf den Zeitpunkt, die Absatzmenge oder den Umsatz beziehen. Für den **Herausverkauf** der Ware, d.h. den Verkauf der Ware an den Endkonsumenten durch den Absatzmittler, wählt er z.B. Werbekostenzuschüsse oder andere Funktionsrabatte.

Als weitere Form der monetären Anreizinstrumente nutzen Hersteller Finanzhilfen, die nicht im Zusammenhang mit dem Abverkauf der Ware stehen, sondern eine Verbesserung der Wettbewerbssituation des Absatzmittlers zum Ziel haben. Diese monetären Hilfen können z.B. für den Neu- oder Umbau des Ladenlokals eingesetzt werden (z.B. bei Brauereien).

Zur Kategorie der **nicht-monetären Anreize** zählen z.B. die Vergabe von exklusiven Vertriebsrechten in Bezug auf das Produktangebot für einen bestimmen Absatzraum, Serviceleistungen und die Know-how-Vermittlung.

Der Erfolg von Akquisitions- und Stimulierungsstrategien lässt sich anhand der Kennziffer **Distributionsgrad** messen. Dieser berechnet sich als Verhältnis von Händlern, die das betreffende Produkt führen, zur Gesamtheit der Händler, die für den Absatz dieses Produkts in Frage kommen. Wenn z.B. 30.000 von 120.000 Händlern das Produkt führen, beträgt der Distributionsgrad 25% (Ahlert 1995, S. 1512).

8.2.3   Kontrakt-Strategie

Inhalt der Kontrakt-Strategie stellt die vertragliche Bindung der Partner in Vertriebssystemen dar, um die durchgängige Realisation der Marketing-Strategie aus Sicht des Herstellers für einen längeren Zeitraum zu sichern (Irrgang 1995; Olbrich 1995, S. 2621).

Der **Kommissionsvertrieb** gehört zu den klassischen Formen der Vertriebssysteme. Kommissionäre sind Kaufleute (§ 338 HGB), die gewerbsmäßig Waren auf Rechnung eines anderen im eigenen Namen kaufen oder verkaufen. Im Rahmen des Kommissionsvertriebs existieren für den Kommittenten (Hersteller) und den Kommissionär (Händler) folgende Rechte und Pflichten:

- Ausführungs- und Sorgfaltspflicht des Kommissionärs,
- Interessenwahrungspflicht,
- Verpflichtung des Kommissionärs, den Weisungen des Kommittenten zu folgen,
- Benachrichtigungspflicht des Kommissionärs,
- Rechenschaftspflicht des Kommissionärs,
- Verpflichtung, den Erlös aus dem Kommissionsgeschäft an den Kommittenten weiterzuleiten (Meffert 2000, S. 634).

Vertriebsbindungssysteme kommen in der Praxis zum Einsatz, um selektive Vertriebskonzepte zu realisieren. Händler, die aufgrund festgelegter Anforderungen oder Auflagen ausgewählt wurden, sollen durch die vertragliche Bindung einen vom Hersteller definierten Absatzweg einhalten. In der Praxis sind Bindungen räumlicher, personeller und qualitativer Art verbreitet. Bindungssysteme räumlicher Art beinhalten eine Beschränkung auf ein geographisch begrenztes Absatzgebiet. Systeme personeller Art zielen auf eine Beschränkung auf einen bestimmten Abnehmerkreis, und Systeme qualitativer Art weisen Vorgaben bezüglich der Leistungsmerkmale (z.B. Service, Beratung, Lagerung) auf.

Alleinvertriebssysteme dienen der Absicherung des Exklusivvertriebs. Sie unterscheiden sich von Vertriebsbindungssystemen hinsichtlich der Art und Intensität der Bindungen. Alleinvertriebssysteme gehen über die qualitative Selektion hinaus und sichern einer bestimmten Anzahl von Handelsunternehmen quasi alleinige Vertriebsrechte für einen festgelegten geographischen Raum zu. Im Gegenzug verpflichtet sich der Händler, umfassende Leistungsmerkmale wie Werbung, Abverkaufsmaßnahmen und Marktforschung mit dem Hersteller abzustimmen und gleichzeitig Reparatur, Ersatzteil- und Garantiedienste zu übernehmen.

Vertragshändlersysteme zielen auf eine noch engere Bindung zwischen Hersteller und Händler ab. Das Handelsunternehmen verpflichtet sich i.d.R., ausschließlich die Produkte des Herstellers zu vertreiben. In der Praxis findet man diese Form des Vertriebs im Automobilhandel, im Mineralölhandel und bei Getränken in der Gastronomie.

Franchisesysteme verkörpern die engste Bindung zwischen Hersteller und Händler auf einer umfassenden vertraglichen Basis. Im Rahmen dieser kooperativen Zusammenarbeit stellt der Hersteller (Franchisegeber) einer Vielzahl von Händlern (Franchisenehmern) gegen Entgelt ein Produktkonzept und ein Vermarktungssystem mit Namen, Warenzeichen und Ausstattung zur Verfügung. Im Gegenzug verpflichtet sich der selbstständige Franchisenehmer, die vertraglich festgelegten Vorgaben einzuhalten. Ziel dieser Kooperation aus Herstellersicht ist die Gewährleistung einer einheitlichen Produktqualität, eines einheitlichen Erscheinungsbildes der Marke und der Vertriebsmethode. Zu den bekanntesten Beispielen des Betriebsfranchising zählen BENETTON oder MARC O'POLO.

8.2.4   Marketing-Führerschaft

Beim indirekten Vertrieb kooperieren wirtschaftlich und rechtlich selbstständige Hersteller- und Handelsunternehmen. Der Erfolg eines Produktes hängt auch davon ab, wie die Teilnehmer in einem Absatzkanal (Vertriebssystem) ihre Maßnahmen aufeinander abstimmen. Das betrifft insbesondere den koordinierten Einsatz der Marketing-Instrumente. Das Image eines Produktes wird sowohl von den Maßnahmen des Herstellers als auch der eingeschalteten Händler beeinflusst (vgl. dazu die Ausführung im Kapitel A.1.2 zum Koordinationsaspekt).

In diesem Buch wird die Perspektive eines Herstellerunternehmens eingenommen, das Marketing für seine Produkte betreibt und dabei u.a. Entscheidungen über die Gewinnung und Auswahl geeigneter Handelsunternehmen zu treffen hat. Dabei wird impliziert davon ausgegangen, dass der Hersteller die sog. Marketing-Führerschaft im Absatzkanal besitzt. Für starke Markenartikel (z.B. MON CHERIE, PERSIL, NIVEA) trifft dieser Fall weitgehend zu, auch wenn der Endabnehmerpreis vom Handel festgelegt wird. Eine Preisbindung durch den Hersteller ist bis auf wenige Ausnahmen (z.B. Verlagserzeugnisse, verschreibungspflichtige Präparate) gesetzlich verboten.

In vielen Fällen liegt aber die Marketing-Führerschaft beim Handel, insbesondere bei nachfragestarken Konzernen. Der Handel übt einerseits eine gatekeeper-Funktion aus, d.h. er bestimmt, welche Produkte gelistet werden, und bei stets knappen Regalflächen können nicht alle vorhandenen Produkte geführt werden. In diesem Sinne betreibt der Handel im Rahmen seiner Sortimentspolitik eine Lieferantenauswahl und pro Lieferant ggf. eine Produktauswahl. Andererseits greifen die Handelskonzerne in die Kernaufgabe der Hersteller ein, indem sie die Kontrolle über die Produktgestaltung übernehmen. Das äußert sich insbesondere bei den Handelsmarken (Meffert 2000, S. 869 ff.), seien es Gattungsmarken (z.B. „JA" und „DIE WEISSEN" von Rewe, „A&P" von Tengelmann, „DIE SPARSAMEN" von Spar), Eigenmarken (z.B. bei Hennes & Mauritz und bei Body Shop) oder – zumeist selten – Premiummarken (z.B. NATURKIND von Tengelmann). In der Regel lässt der Handel die Handelsmarken bei Herstellern produzieren. Der Handel kontrolliert das Marketing-Mix. Im Vergleich zum Herstellermarkenartikel besitzen die Handelsmarken eine eingeschränkt Distribution, da sie nur über ein Distributionssystem vertrieben werden.

Der Hersteller gibt in diesem Fall die Kontrolle über das Marketing auf. Er produziert Handelsmarken, weil er zu schwach ist, eigene Herstellermarken aufzubauen, weil er freie Kapazitäten auslasten will (z.B. Brauereien) oder weil er vom Handel gedrängt wird, neben eigenen Herstellermarken auch Handelsmarken zu produzieren.

Die Marketing-Führerschaft hängt von den Machtverhältnissen in den Absatzkanälen ab und besitzt erhebliche Auswirkungen auf den Einsatz der Marketing-Instrumente sowohl des Herstellers als auch des Handels (Olbrich 1995, S. 2618).

8.2.5   Auswahl von Reisenden und Handelsvertretern

Distributionspolitische Strategien betreffen neben der Gestaltung des Absatzkanals die Entscheidung darüber, ob unternehmenseigene (Reisende) oder unternehmensfremde Verkäufer (Handelsvertreter) zum Einsatz kommen.

Reisende zeichnen sich durch das feste Angestelltenverhältnis aus und besitzen dadurch eine vertraglich gesicherte Weisungsgebundenheit. Als Formen lassen sich z.B. Key-Account-Manager und der reisende Außendienstmitarbeiter unterscheiden. Key-Account-Manager sind in der Unternehmenszentrale präsent und betreuen einige wenige Schlüsselkunden (Key-Accounts). Reisende Außendienstmitarbeiter besuchen einen i.d.R. regional abgegrenzten Kundenkreis vor Ort.

Handelsvertreter sind als rechtlich Selbständige vertraglich an den Hersteller gebunden. Es lassen sich insbesondere folgende Formen unterscheiden:
- **Bezirksvertreter** sind in einem vertraglich fixierten Gebiet tätig. Alle aus diesem Gebiet stammenden Verkäufe werden zu dessen Gunsten gerechnet. **Alleinvertretern** bleibt ein Verkaufsgebiet exklusiv zugesichert. **Generalvertreter** können zur Wahrnehmung der ihnen übertragenen Aufgaben auch weitere Untervertreter einschalten.
- **Abschlussvertreter** sind berechtigt, im Namen des Kunden Geschäfte abzuschließen. **Vermittlungsvertreter** hingegen dürfen nur vermittelnd tätig werden, den Kaufabschluss führt das Unternehmen selbst durch.
- **Einfirmenvertreter** arbeiten ausschließlich für ein Unternehmen. In der Praxis treten **Mehrfirmenvertreter** jedoch häufiger auf.

Reisende und Handelsvertreter übernehmen ähnliche Aufgaben, was den direkten Vergleich ermöglicht. Zentrale Fragestellung ist deshalb, mit welcher der beiden Formen die anstehenden Aufgaben und Ziele effizienter und effektiver gelöst bzw. erreicht werden können. Zur Entscheidungsfindung bieten sich ein quantitatives und ein qualitatives Verfahren an. Das quantitative Verfahren berücksichtigt ausschließlich quantitative Größen wie Umsatz,

Kosten und Gewinn (vgl. dazu die Kostenvergleichsrechnung im Punkt 8.4.2). Das qualitative Verfahren setzt eine Reihe von Beurteilungskriterien ein (Dichtl 1981, S. 128):

- Unternehmerisches Denken und Eigeninitiative,
- Flexibilität des Einsatzes (Austauschbarkeit) der Außendienstmitarbeiter,
- Qualität und Intensität der Kundenberatung,
- Umfang des betreuten Sortiments,
- Steuerbarkeit des Einsatzes (Weisungsgebundenheit, Kontrollierbarkeit),
- Informationsfluss (Berichterstattung),
- Marktkenntnis und Fachwissen,
- Qualität der Abnehmerbeziehungen (soziale Akzeptanz),
- Umfang des Absatzrisikos,
- Imagewirkungen,
- preispolitisches Verhalten,
- Reklamationsabwicklung,
- Übernahme von Zusatzaufgaben (Auslieferung, Verkaufsförderung, Regalpflege).

Um die entscheidungsrelevanten Faktoren vergleichbar zu machen, versucht man, diese mit Hilfe eines **Punktbewertungsverfahrens (Scoring-Modell)** zu verdichten.

Grundsätzlich handelt es sich, wie die Praxis zeigt, bei der Entscheidung für Reisende oder Handelsvertreter nicht um eine Ausschlussentscheidung. Viele Firmen setzten die beiden Varianten auch parallel ein.

8.3 Distributionspolitische Maßnahmen

Die Maßnahmen der Distributionspolitik beschäftigen sich mit dem Einsatz und der Steuerung des Außendienstes (Albers/Krafft 2004; Weis 2000), sowie mit Entscheidungen über die Marketing-Logistik.

8.3.1 Führung des Außendienstes

8.3.1.1 Steuerung der Außendienstmitarbeiter

Um die distributionspolitischen Ziele zu erreichen, bedarf es der gezielten Steuerung der Außendienstmitarbeiter. Die umfangreichen Planungsschritte, die für den effizienten Einsatz der Absatzorgane im Außendienst erforderlich sind, lassen sich unter dem Begriff der Außendiensteinsatzplanung zusammenfassen. Im Folgenden sollen einige wesentliche Entscheidungstatbestände dargestellt werden (Goehrmann 1984, S. 56 ff.).

Die **Aufteilung der Verkaufsgebiete** in Bezirke stellt einen der ersten Planungsschritte dar. Dabei wird jedem Außendienstmitarbeiter ein bestimmter Verkaufsbezirk zugeordnet, für den er die Ergebnisverantwortung besitzt. Zur Aufteilung des Gesamtmarktes dienen vorrangig quantitative Größen, wie Anzahl und Größe der Kunden, Nachfragepotenzial, räumliche Entfernung zwischen den Kunden sowie die zeitliche Belastung, die zur Bearbeitung der Kunden erforderlich erscheint.

Im Rahmen der **Planung der Verkaufsquoten** legt der Hersteller die ökonomischen Zielvorgaben für die einzelnen Mitarbeiter fest. Hierzu lassen sich zur einfachen Handhabung Umsatzzahlen heranziehen. Diese Orientierung an Umsatzzahlen bietet sich für die Kontrollierbarkeit zwar an, besitzt aber den Nachteil, dass Mitarbeiter kurzfristiges Umsatzdenken entwickeln und die langfristige Gewinnentwicklung außer Acht lassen. Sinnvoller erscheint die Orientierung an Deckungsbeiträgen, da diese eine Gewinnorientierung bei den Mitarbeitern forcieren. Eine vertriebsorientierte Deckungsbeitragrechnung, die Deckungsbeiträge nach Produkten, Kunden oder Gebieten staffelt, stellt eine wesentliche Voraussetzung dieser Vorgehensweise dar. Als weitere Zielvorgaben sind z.B. Neuprodukteinführungen, Neukundengewinnung oder die Besuchshäufigkeit denkbar. Wegen der Heterogenität innerhalb des Außendienstes können die Verkaufsquoten unterschiedlich gestaffelt sein.

Die **Planung der Verkaufsrouten** wird meistens vom Vertriebsmitarbeiter selbst durchgeführt. Die Routenplanung hängt von der Entfernung zu den einzelnen Kunden sowie den Reise- und Arbeitszeiten des Mitarbeiters ab. Sie kann aber auch durch das zentrale Vertriebsmanagement vorgegeben werden, ähnlich wie die **Besuchshäufigkeit** pro Kunde. Diese ergibt sich aus der beschränkten Kapazität des Außendienstmitarbeiters und der unterschiedlichen Bedeutung einzelner Kunden. Die Besuchsrhythmen werden durch die Beziehung zwischen dem Unternehmen und dem Kunden, den Auftragsvolumina, der Bestellhäufigkeit und der Entfernung zum Kunden determiniert. In der Praxis hat sich eine Einteilung der Kunden in Abhängigkeit des realisierten Umsatzes in A-, B- und C- Kunden verbreitet (vgl. dazu Punkt B 5.4.6).

Um den Verkaufsprozess optimal zu gestalten, benötigt der Vertriebsmitarbeiter **verkaufsrelevante Informationen**, die ihm der Hersteller bereit stellt. Hierzu zählen Umsatzstatistiken, aufbereitete Kostenrechungsinformationen, Informationen über Anfragen und Beschwerden der Kunden, Lagerbestände sowie Produkt -, Markt- und Wettbewerbsinformationen. Gleichzeitig nutzen Hersteller ihre Vertriebsmitarbeiter auch als Instrument der Marktforschung.

Die **Schulung** und das **Training des Verkaufspersonals** stellen ebenfalls einen bedeutenden Aspekt des Vertriebsmanagement dar. Im Rahmen von Schulungsmaßnahmen wird z.B. produktspezifisches Wissen vermittelt, der Umgang mit dem Kunden bei Beschwerden oder bei Verkaufsverhandlung (Gesprächs- und Verhandlungtechnik) trainiert. Schulungsmaßnahmen dienen der Motivation der Mitarbeiter, ihre Umsatzziele zu erreichen und zur Vermittlung spezifischer Informationen über Kunden, Wettbewerber und Produkte (insbesondere bei Neueinführungen).

Um die Leistung ihrer Außendienstmitarbeiter zu beurteilen und zu kontrollieren, greifen Herstellerunternehmen auf die vom Außendienst ausgefüllten Berichtsbögen zurück. Gleichzeitig setzen sie aber auch auf die Urteile der Kunden im Rahmen von externen Kundenzufriedenheitsuntersuchungen. Als Kriterien ziehen die Unternehmen sowohl quantitative Größen, wie Absatz- und Umsatzzahlen heran, aber auch qualitative Merkmale wie Produkt- und Marktkenntnis, Umgangsformen, Redegewandtheit, Verkaufstechnik und Argumentationsstärke bilden die Basis zur Leistungsbeurteilung.

8.3.1.2 Motivation der Außendienstmitarbeiter

Motivation gilt als Voraussetzung für die Realisation der Vertriebsziele und das bestimmter gewünschter Verhaltensweisen. Hierzu kommen Anreizsysteme materieller und immaterieller Art zum Einsatz, die auch zur Steuerung der Vertriebsorgane dienen.

Immaterielle Anreize zielen auf die Steigerung des Status nach innen und außen. Hierunter fallen Anreize wie z.B. Beförderungen, Auszeichnungen, Karriereplanungsmöglichkeiten, Arbeitszeiten- und Urlaubsregelungen. Gleichzeitig zählen aber auch Reisen und Clubzugehörigkeiten zu dieser Gruppe. **Materielle Anreizsysteme** werden oft mit dem Entlohnungssystem kombiniert. Dabei erhält der Außendienstmitarbeiter neben einem Festgehalt (Fixum) in Abhängigkeit vom realisierten Umsatz bzw. Deckungsbeitrag eine Provision. Dieser als Prozentsatz kalkulierte Zuschlag kann, abhängig vom realisierten Ergebnis, linear, progressiv oder degressiv steigen. Daneben setzen Hersteller Prämiensysteme ein, bei denen der Außendienst im Rahmen eines Verkaufswettbewerbs je nach Verkaufserfolg nach Punkten gestaffelt Geld- oder Sachpreise gewinnen kann. Weiterhin gelten geldwerte Leistungen, wie z.B. Dienstwagen oder Lebensversicherung, als materieller Anreiz für Außendienstmitarbeiter (Plinke 1995, S. 127).

8.3.2 Marketing-Logistik

Historisch stand die reine physische Distribution von Produkten im Sinne von Raum- und Zeitüberbrückung zwischen Produktion und Konsumtion im Vordergrund. Im umfassenden Sinn beinhaltet die (Absatz-) Logistik den Transport und die Lagerung von Gütern (inklusive der Kommissionierung) sowie der damit zusammenhängenden Informationen (Pfohl 2000).

8.3.2.1 Ziele und Aufgaben

Grundsätzlich lassen sich die Ziele und Aufgaben der Marketing-Logistik mit dem folgenden Paradigma beschreiben (Winkelmann 2002, S. 387). Ein Logistiksystem soll in der Lage sein,

- das richtige **Produkt**,
- in der richtigen **Menge**,
- am richtigen **Ort**,
- zur richtigen **Zeit**,
- im richtigen **Zustand**,
- zu den dafür minimalen **Kosten**

zur Verfügung zu stellen.

Vorrangiges **Ziel** der Marketing-Logistik ist die Realisation des Lieferservice zu minimalen Kosten (Minimumprinzip) bzw. des maximal möglichen Lieferservice zu gegebenen Kosten (Maximumprinzip).

Der **Lieferservice** wird als Outputgröße der Marketing-Logistik bezeichnet und stellt eine vom Unternehmen erbrachte sekundäre Dienstleistung dar, die vom Handel und der Industrie zusätzlich zur eigentlichen Produktleistung angeboten wird. Im Einzelnen beinhaltet der Lieferservice folgende Komponenten (Toporowski 1996, S. 41 f.):

- Als **Lieferzeit** bezeichnet man die Zeitspanne von der Auftragserteilung bis zum Erhalt der Ware durch den Kunden. Sie besteht aus distributionsunabhängigen Lieferzeiten (Produktionszeit beim Hersteller und Lieferanten) sowie aus distributionsabhängigen Lieferzeiten (Zusammenstellung und Verpackung des Auftrags sowie Verladung und Transport).

- **Lieferzuverlässigkeit** steht für die Einhaltung des vereinbarten Liefertermins. Diese hängt von der Lieferbereitschaft und der Zuverlässigkeit der logistischen Arbeitsabläufe ab.

- Die **Lieferungsbeschaffenheit** gibt Auskunft darüber, ob die Ware im bestellten und gewünschten Zustand nach Art und Menge geliefert wurde. Mit **Liefergenauigkeit** bezeichnet man die Korrektheit der bestellten Ware mit der Gelieferten nach Art und Menge. Der **Lieferzustand** gibt über eventuelle Beschädigungen der Ware Auskunft.

- **Lieferflexibilität** beschreibt die Fähigkeit des Logistiksystems, Sonderwünsche des Kunden zu berücksichtigen und zu realisieren. Hierunter fallen z.B. Modalitäten der Auftragserteilung (Mengenabnahme, Auftragsübermittlung), der Lieferung (Art der Verpackung, Lieferung auf Abruf, Transportvariationen) und der Information des Kunden (Lieferstatus).

Einzelnen Komponenten des Lieferservice kommt je nach produkt- bzw. unternehmensspezifischen Gegebenheiten unterschiedliche Bedeutung zu. Als **Einflussgrößen** lassen sich vor allem nennen:

- Grad der Substituierbarkeit der Produkte (Akzeptanzvorteil durch Lieferservice),
- Physische Produkteigenschaften (Verderblichkeit, Sperrigkeit),
- Lieferserviceniveau der Konkurrenz,
- Standort des Kunden (z.B. Ballungszentren vs. ländliche Gegend),
- Abhängigkeit der Kunden (z.B. bei geringer Lagerhaltung des Kunden),
- Unternehmenspolitische Zielvorstellungen (Image).

Die Gestaltung des Lieferservice wirkt sich unmittelbar auf den Absatz des Produktes aus. Als Teilfunktion des Produktes dient es der Schaffung von Präferenzen beim Kunden und als Instrument des Herstellers gegenüber dem Wettbewerb. In einigen Branchen hat das Lieferserviceniveau weitreichenden Einfluß auf den Erfolg des Unternehmens. Als Beispiel lassen sich der Transport verderblicher Waren im Einzelhandel oder die „Just-in-Time"-Lieferung von Zulieferteilen für die Automobilindustrie nennen.

Um das festgelegt Niveau des Lieferservice realisieren zu können, werden im Rahmen der operativen Logistikplanung räumliche und strukturelle Strukturen der Warenverteilung determiniert. Diese Entscheidungsfelder lassen sich in Auftragsabwicklung, Lagerhaltung und Transport unterteilen.

8.3.2.2 Gestaltung der Auftragsabwicklung

Das Aufgabengebiet der Auftragsabwicklung erstreckt sich von der Auftragsübermittlung, über die Auftragsbearbeitung, die Zusammenstellung und den Versand der Ware bis zur Fakturierung und Rechnungslegung. Bei der Auftragsabwicklung steht die Steuerung und Kontrolle des Güterstroms im Absatzkanal durch die Lenkung der relevanten Informationen im Mittelpunkt. Diese Aufgabe basiert auf der systematischen Erfassung der relevanten Auftragsdaten, wie Mengen, Preise, Rabatte, Liefertermine, Kunden- und Auftragsnummern, sowie der Verwaltung der Auftragsunterlagen, wie Auftragsbestätigungen, Lieferscheine, Rechnungen und Statistiken.

Basis für die informationslogistische Aufgabe stellen Datenbanken dar, die alle relevanten Kundeninformationen beinhalten. Gleichzeitig dienen diese Datenbanken als Logistikinformationssysteme, auf die Absatzmittler und Kunden über Netzanbindungen zugreifen und Informationen über Verfügbarkeit von Gütern oder Statusinformationen über aktuelle Aufträge abrufen können.

Im Rahmen der Auftragsabwicklung hat gerade der Handel rechnergestützte **Warenwirtschaftssysteme** etabliert, die den Warenfluss zwischen Hersteller und Handel mengen- und wertmäßig artikelgenau abbilden können. Durch diese Warenwirtschaftssysteme versucht der Handel, ein Informationsmanagement aufzubauen, mit dem Prozesse gesteuert und Rationalitätsreserven mobilisiert werden können. Bei der großen Zahl von Produkten bildet die Scanner-Technologie einen wesentlichen Baustein, um den Verkauf einzelner Produkte anhand des Preises, des Verkaufsorts sowie -zeitpunkts durch Scanner-Kassen automatisch zu erfassen.

8.3.2.3 Entscheidungen über die Lagerhaltung

Die Art der angebotenen Leistungen bzw. die Ziele des Lieferservice determinieren im Wesentlichen die Lagerhaltung. Diese Entscheidungstatbestände unterliegen zu einem Großteil kostenwirtschaftlichen Aspekten. So erzeugt die Sicherstellung einer hohen Lieferbereitschaft durch Aufbau eines angemessenen Lagerbestandes auch dementsprechende Lagerkosten.

Grundsätzlich erfordert die Lagerhaltung Entscheidungen über die Stufigkeit des Warenverteilungssystems, über die Lagereinrichtung, über Eigen- oder Fremdlager sowie über die Lagerbestände (Specht 1998, S. 83 ff.).

Die Entscheidung über die **Stufigkeit des Warenverteilungssystems** wird von der Art der Produkte bzgl. ihrer Verderblichkeit und physischen Beschaffenheit sowie der Anzahl, Größe und geographischen Verteilung der Kunden unter Berücksichtigung von Kosten- und Erlösaspekten beeinflusst. Ausgehend vom Fertigwarenlager in der Produktionsstätte lassen sich Zentral- und Auslieferungslager des Herstellers, Umschlagslager der Transportträger (Speditionen) und Lager der Groß- und Einzelhandelsbetriebe in die Kette des Warenverteilungssystems einbinden.

Die **Festlegung der Standorte, Anzahl und Größe der Lager** folgt aus der Entscheidung über die Anzahl der Lagerstätten. Dabei spielen sowohl produkt- als auch marktorientierte Kriterien eine Rolle. Als Entscheidungskriterien lassen sich die Auslieferungskosten, das festgelegte Serviceniveau, die Charakteristika des Produktes sowie die Verkehrsinfrastruktur und die geographische Verteilung der Kunden über das Absatzgebiet aufführen. Kosten der Lagerhaltung und des Transports besitzen wesentlichen Einfluß auf dieses Entscheidungsfeld.

Der Hersteller hat zu entscheiden, ob er **betriebseigene Lagerstätten** einrichtet oder **betriebsfremde Lager** nutzen will. Im Wesentlichen hängt die Entscheidung in dieser Fragestellung von den verfügbaren finanziellen Mitteln und von Flexibilitätsüberlegungen ab. Bei stabiler Nachfrage, konzentrierten Märkten, einer notwendigen Endbearbeitung der Produkte oder einem hohen Kontrollaufwand bietet sich die Errichtung eigener Lagerstätten an. Handelt es sich dagegen um neue Produkte, deren Nachfrage schwankt, stellt die Nutzung fremder Lagerbetriebe die vorteilhaftere Alternative dar.

Im Rahmen der **Entscheidung über die Höhe der Lagerbestände** legt der Hersteller fest, ob alle Produkte in allen Lager bereitgestellt (vollständige Lagerhaltung) oder ob nur ausgewählte Produkte in bestimmten Lagern bevorratet (selektive Lagerhaltung) werden sollen. Das Bestellverhalten des Handels bzw. der Kunden (Zyklus, Mengen und Zeitpunkte), die Wiederbeschaffungszeit der Produkte und die Sicherheitsbestände determinieren die Höhe der Lagerbestände.

8.3.2.4 Entscheidung über den Transport

Ähnlich wie Entscheidungen über die Lagerhaltung hängt die Festlegung der Transportwege und -mittel in hohem Maße von den spezifischen Eigenschaften des Produktes ab (Verderblichkeit, Sperrigkeit, Wert, Empfindlichkeit). Im Mittelpunkt stehen Entscheidungen über die Wahl der Transportmittel (LKW, Bahn, Flugzeug, Schiff), der Träger der Transportleistung (eigene Organisation, Spedition) und die Organisation der Transportabwicklung.

Bei der Entscheidung über die **Wahl des Transportmittels** spielen folgende Kriterien eine Rolle, die z.B. im Rahmen eines Punktbewertungsverfahrens zur Entscheidungsfindung herangezogen werden können (Specht 1998, S. 104 f.):

- Transportkosten,
- Transportgeschwindigkeit und -frequenz,
- Verläßlichkeit der Auslieferung,
- Flexibilität und Verfügbarkeit des Einsatzes,
- Vernetzungsfähigkeit der Transportfähigkeit,
- Anfangs- und Endpunkte der Transportmittel,
- geographische Reichweite der Transportmittel,
- Nebenleistung der Transportmittel (z.B. akquisitorische Eignung des LKW).

Die Entscheidung über den **Träger der Transportleistungen** hängt vom Investitionsaufwand, den Betriebskosten, der Marktabdeckung des Unternehmens, der Zuverlässigkeit, den Kontrollmöglichkeiten und der Verfügbarkeit ab.

8.4 Informationsbeschaffung und -verarbeitung

Im Folgenden werden zwei Teilaspekte vertieft, nämlich die Auswahl von Reisenden und Handelsvertretern mittels einer Kostenvergleichsrechnung sowie ein Verfahrensvergleich zwischen Transportmitteln.

8.4.1 Auswahl von Reisenden und Handelsvertretern mittels Kostenvergleichsrechnung

Im Rahmen der quantitativen Analyse zur Auswahl von Reisenden und Handelsvertretern lässt sich die Kostenvergleichsrechnung einsetzen. Dabei werden die jeweils verursachten Kosten (Provisionen und Gehälter) in Abhängigkeit vom erzielten Umsatz betrachtet, um für einen gegebenen Umsatz die kostengünstigere Alternative zu ermitteln.

Zunächst ist der **kritische Umsatz** zu berechnen:

Kosten des Reisenden:

1. $\qquad K_R = F_R + q_R \cdot U$

Kosten des Handelsvertreters:

2. $\qquad K_{HV} = F_{HV} + q_{HV} \cdot U$

Durch Gleichsetzen der Kosten und Auflösung nach dem Umsatz ergibt sich der kritische Umsatz:

3. $\qquad U_k = \dfrac{F_{HV} - F_R}{q_R - q_{HV}}$

mit:

K = Kosten	F = Fixum
U_k = kritischer Umsatz	R = Reisender
HV = Handelsvertreter	q = Provisionssatz

Unterhalb des kritischen Umsatzes ist der Handelsvertreter kostengünstiger, oberhalb der Reisende (vgl. dazu Abb. B.95).

Dieses Vorgehen setzt voraus, dass beide Alternativen gleich hohe Umsätze erzielen, d.h. dass das Umsatzvolumen im Verkaufsbezirk unabhängig vom Ergebnis der Entscheidung ist. Kann einer der beiden einen höheren Umsatz erzielen, muss eine Gewinnvergleichsrechnung durchgeführt werden.

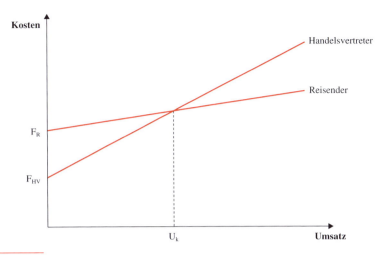

Abbildung B.95: **Kostenvergleich Reisender und Handelsvertreter**

Bei der Auswahl von Reisenden oder Handelsvertretern sind über die monetären Konsequenzen hinaus qualitative Aspekte zu berücksichtigen (vgl. dazu die Ausführungen in Punkt 8.3.1.1).

8.4.2 Verfahrensvergleich zwischen Transportmitteln

Eine Entscheidung über die Auswahl von Transportmitteln (z.B. Post, Bahn, eigener LKW) kann mit Hilfe eines Verfahrensvergleichs unterstützt werden. Bei unterschiedlichen fixen und variablen Kosten, die mit dem Einsatz der Transportmittel in Abhängigkeit der Transportmenge entstehen, lässt sich das jeweils kostengünstigste Verfahren berechnen (vgl. Abb. B.96). Bis zu einer Versandmenge von x_1 stellt die Post die kostengünstigste Alternative dar, zwischen den Mengen x_1 und x_2 die Bahn, während der eigene LKW erst ab einer Menge von über x_2 Vorteile aufweist. Das soll an einem Rechenbeispiel verdeutlicht werden:

Beispiel: Die drei Verfahren mögen jeweils eine lineare Kostenfunktion aufweisen:

Post: $K_P = 20 + 10x$

Bahn: $K_B = 120 + 5x$

LKW: $K_L = 210 + 2x$

Berechnung von x_1:

$K_P = K_B$

$20 + 10x_1 = 120 + 5x_1$

$5x_1 = 100$

$x_1 = 20$

Berechnung von x_2:

$K_B = K_L$

$120 + 5x_2 = 210 + 2x_2$

$3x_2 = 90$

$x_2 = 30$

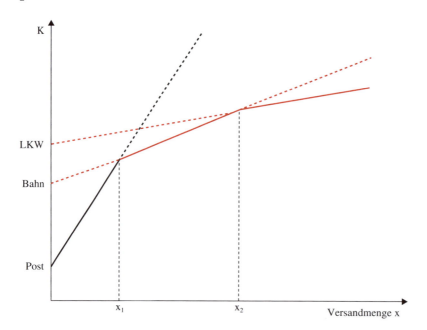

Abbildung B.96: **Verfahrensvergleich zwischen alternativen Transportmittel**

Bei einer Transportmenge von z.B. x = 25 stellt die Bahn das kostengünstigste Transportmittel dar.

Beurteilung:

- Der Kostenvergleich setzt voraus, dass sich die Alternativen nur in dieser Eigenschaft unterscheiden und dass sich z.B. keine Auswirkungen auf den Lieferservice ergeben.
- Der Vergleich vernachlässigt schwankende Versandmengen (z.B. bei saisonal schwankender Nachfrage). In diesem Fall kann die Vorteilhaftigkeit der Transportmittel variieren. Bei einem Einzelversand über Dritte (Post, Bahn) ist das unproblematisch, nicht dagegen in Bezug auf den eigenen LKW, weil hier die Fixkosten nicht pro Versand anfallen, sondern pro Periode.
- Bei gegebener Transportmenge pro Jahr hängt die Menge pro Transport auch von der Zahl der Lieferungen pro Jahr ab.

Übungen

I. Wiederholungsaufgaben

1. Nennen Sie die **Hauptziele** sowie die **zentralen Aufgabenfelder** der Distributionspolitik! (S. 174 f.)
2. Welche **Entscheidungen** sind im Rahmen der Absatzkanalgestaltung zu treffen? Beschreiben Sie diese kurz! (S. 175 f.)
3. Von welchen Bestimmungsfaktoren wird die **Auswahl eines Absatzweges** beeinflusst? (S. 180 f.)
4. Vergleichen Sie **Vor-** und **Nachteile** des **direkten** und **indirekten Vertriebs** über Groß- und Einzelhandel aus der Sicht des Konsumgüterherstellers! (S. 179)
5. **Vergleichen** Sie anhand von vier selbstgewählten Kriterien die folgenden **Absatzwege** über unterschiedliche Betriebsformen des Handels miteinander:
   a. Verkauf über Fachgeschäfte,
   b. Verkauf über Verbrauchermärkte!
   Analysieren Sie, aus welchen Gründen es Markenartikelhersteller teilweise ablehnen, Verbrauchermärkte mit Ihren Produkten zu beliefern! (S. 179 ff.)
6. Benennen Sie **Formen** des **Groß- und Einzelhandels**! (S. 178 f.)
7. **Marketing im Absatzkanal**
   a. Nennen Sie je zwei Beispiele für den Einsatz von Marketing-Instrumenten im Absatzkanal!

   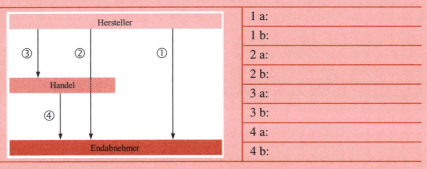

1 a:	
1 b:	
2 a:	
2 b:	
3 a:	
3 b:	
4 a:	
4 b:	

   b. Welche Schlussfolgerungen ergeben sich daraus für das Verhältnis von Hersteller- und Handelsunternehmung? (S. 181 ff.)
8. Welche Bedeutung hat der **Einzelhandel** bei einer erfolgreichen Durchsetzung der Marketing-Mix-Konzeption eines Konsumgüterherstellers?
9. Welche Zusammenhänge bestehen beim **indirekten Vertrieb** zwischen dem Einsatz der Marketing-Instrumente beim Hersteller und beim Handel?
10. Welche Einflussfaktoren spielen bei der **Selektion** von **Absatzmittlern** eine Rolle? (S. 180 f.)
11. Beschreiben Sie die beiden Alternativen im Rahmen der **Stimulierungsstrategien**! Worin liegt der wesentliche Unterschied? (S. 181 ff.)

12. Welche **Formen** von **Handelsvertretern** lassen sich unterscheiden? (S. 185)

13. Welche Maßnahmen zur **Steuerung** von **Außendienstmitarbeitern** stehen einem Unternehmen zur Verfügung? (S. 186 ff.)

14. Welches Ziel verfolgt ein Unternehmen im Rahmen der **Marketing-Logistik**? (S. 189)

15. Was versteht man unter dem Begriff **Lieferservice** und welche Komponenten enthält er? Nennen Sie je Komponente ein selbstgewähltes Beispiel! (S. 189)

16. Welche Entscheidung fallen in den Bereich der **Lagerhaltung** und welche in den Bereich des **Transports**? (S. 190 f.)

II. Vertiefungsaufgaben

1. Diskutieren Sie die Behauptung, dass der Handel den **zentralen Engpass** beim Absatz von Konsumgütern darstellt!

2. Welche Probleme ergeben sich für einen Konsumgüterhersteller aus der Tatsache, dass insbesondere der Lebensmittelhandel in **Verbundsystemen** (Einkaufsgenossenschaften, Filialisten, Freiwillige Ketten) organisiert ist?

3. Welche **Betriebsformen** des **Einzelhandels** eignen sich Ihrer Meinung nach besonders für den Absatz von (1) Nahrungs- und Genußmitteln, (2) Werkzeugen und (3) Heizöl?

4. Nennen Sie die wesentlichen **Entscheidungstatbestände** bei der **Wahl der Absatzwege**! Nehmen Sie dabei Bezug auf einen Elektrogerätehersteller, der erstmalig einen Staubsauger in sein Sortiment aufnehmen will!

5. Nach welchen Kriterien kann ein Kopiergerätehersteller seine alternativen **Absatzwege** bewerten, wenn er vor der Frage steht, ob er seine Produkte direkt oder indirekt unter Einschaltung des Handels an die Endkäufer absetzen soll?

6. Ein Unternehmen hat ein Gerät zur Entkeimung von Wasser entwickelt. Da vergleichbare Produkte noch nicht am Markt sind, steht der **Facheinzelhandel**, der als Absatzmittler gewonnen werden soll, dem neuen Produkt eher zurückhaltend gegenüber. Wie kann das Unternehmen die notwendige Zahl von Absatzmittlern zur Mitarbeit gewinnen?

7. **Reisender versus Handelsvertreter**
   a. Für ein gegebenes Absatzgebiet kann ein Reisender (Fixum: 120 GE; Provision 2 % vom Umsatz) oder ein Handelsvertreter (Fixum: 30 GE; Provision 5 % vom Umsatz) eingestellt werden. Ist der Reisende oder der Handelsvertreter kostengünstiger?
   b. Neben den Kosten können bei der Entscheidung „Reisender oder Handelsvertreter" zusätzlich qualitative Faktoren berücksichtigt werden. Vergleichen Sie die beiden Alternativen anhand vier ausgewählter Beurteilungskriterien!
   c. Führen Sie einen **Verfahrensvergleich für zwei Transportmittel** mit den folgenden Kostenverläufen durch:

$$K_I = 100 + 10x$$
$$K_{II} = 160 + 4x!$$

Teil C
Koordination der Marketing-Entscheidungen

Teil B behandelte eine Reihe von Einzelinstrumenten. Ein erfolgreiches Marketing setzt aber den Einsatz mehrerer, aufeinander abgestimmter Instrumente voraus. Diese notwendige Abstimmung der Instrumente bildet den Gegenstand des letzten Kapitels. Dabei werden zwei unterschiedliche Perspektiven gewählt. Zunächst steht die Diskussion der instrumentellen Abstimmung im Mittelpunkt. Da Instrumente aber nicht abstrakt in einem Unternehmen vorhanden sind, sondern Menschen diese Instrumente planen und durchführen, hängt die Abstimmung der Instrumente entscheidend von der Koordination der verschiedenen Entscheidungsträger im Unternehmen ab. Hauptinstrument zur Abstimmung bilden organisatorische Überlegungen, wobei im Folgenden die Aufbauorganisation im Mittelpunkt steht.

Lernziele dieses Teils

In diesem Kapitel lernen Sie die wichtigsten Konzepte zur Abstimmung verschiedener Marketing-Instrumente sowie Maßnahmen zur Implementierung der Marktorientierung im Unternehmen kennen. Nach der Bearbeitung dieses Kapitels sollen Sie Folgendes wissen und können:

- Kenntnis des Marketing-Mix-Problems,
- Kenntnis der integrierten Kommunikation,
- Kenntnis des Dorfmann/Steiner-Ansatzes zur Marketing-Mix-Optimierung,
- Anwendung der verschiedenen aufbauorganisatorischen Alternativen zur Integration des Marketing in die Gesamtunternehmung,
- Anwendung der verschiedenen aufbauorganisatorischen Alternativen zur Gestaltung der Marketing-Abteilung.

Kapitel

9 Abstimmung der Marketing-Instrumente

Ein Hauptproblem der Marketing-Mix-Gestaltung resultiert zunächst aus der Vielzahl von **Kombinationsmöglichkeiten**. Bei Annahme von nur vier Instrumenten (z.B. Preis, Werbung, Absatzkanalwahl, Produktgestaltung) mit jeweils nur drei Ausprägungen ergeben sich bereits $3^4 = 81$ Kombinationsmöglichkeiten. Allerdings steht dem Marketing-Management in der Realität eine weitaus größere Zahl von Instrumenten mit einer weit höheren Anzahl von Alternativen zur Verfügung. Das Problem der Mixgestaltung vergrößert sich u.a. noch durch folgende Aspekte:

- **Substituierbarkeit**: Die Instrumente bzw. einzelne Ausprägungen können sich gegenseitig ersetzen; bspw. ist eine Preiserhöhung in gewissen Grenzen durch eine Erhöhung des Werbebudgets ersetzbar.

- **sachliche Abhängigkeiten**: Zwischen den einzelnen Instrumenten existieren sachliche Zusammenhänge: bspw. ist eine Produktvariation in Form einer Sonderausstattung eines Autos mit einer Preisdifferenzierung verbunden.

- **zeitliche Abhängigkeiten**: Instrumente stehen in einem zeitlichen Abhängigkeitsverhältnis: bspw. bedingt die Einführung einer Produktinnovation zeitlich vorgelagert die Planung der Distribution und der Einführungswerbung.

- **Prognoseproblem**: Alle Planungen der Instrumente beziehen sich auf die Zukunft und basieren zumindest implizit auf bestimmten Annahmen über die Wirkung der Instrumente beim Abnehmer (z.B. Werbewirkungsfunktion als Grundlage der Budgetierung) und sind deswegen mit Ungewissheit verbunden.

Aufgrund dieser Probleme existieren keine allgemein gültigen Vorgehensweisen zur optimalen Planung des Marketing-Mix. Als Planungsansätze lassen sich grob zwei Gruppen von Ansätzen unterscheiden: die erste Gruppe von Ansätzen versucht, einen **einzelnen Submix-Bereich** zu optimieren. Zu dieser Gruppe zählt das Konzept der integrierten Kommunikation. Die zweite Gruppe dagegen schlägt Lösungen für die **Optimierung des gesamten Marketing-Mix** vor. Zu dieser Gruppe zählen marginalanalytische Mix-Modelle. Die folgenden Abschnitte skizzieren diese Ansätze.

9.1 Integrierte Kommunikation

Der Ansatz der integrierten Kommunikation (ausführlich siehe Esch 2001, Kroeber-Riel/ Esch 2001) versucht, für den Submix-Bereich Kommunikation eine Abstimmung der Instrumente zu erreichen. Grundsätzlich versteht man unter integrierter Kommunikation die Planung und Organisation, die darauf abzielt, aus den differenzierten Quellen der internen und externen Kommunikation ein für die Zielgruppe **konsistentes Erscheinungsbild** über das Unternehmen bzw. die Marke zu vermitteln (Bruhn 1999, S. 246). Als Hauptansatzpunkte für eine Integration dienen die in Abbildung C.1 dargestellten Prinzipien.

Folgende **Beispiele** verdeutlichen die Umsetzung einzelner Prinzipien der integrierten Kommunikation:

- Inhaltliche Integration: MAGGI-Kochstudio als persönliche Kommunikation (Vereinskonzept, Restaurant in Frankfurt) taucht auch in der klassischen Werbung auf.

- Kommunikation für YELLOW-Strom ist in allen Kommunikationskanälen (z.B. Werbung, PoS-Stände, Internet-Kommunikation) durch die gelbe Farbe miteinander verbunden.

- COCA-COLA: Klassische Werbung mit dem „Weihnachts-Truck" wird immer einige Wochen vor der eigentlichen Tour (Event) geschaltet.

- Sechs Wochen vor der Industriemesse in Hannover lädt ein mittelständisches Maschinenbauunternehmen seine wichtigsten Kunden durch ein Direct-Mail ein.

Prinzipien	Gegenstand	Ziele	Hilfsmittel	Zeithorizont
Inhaltliche Integration	thematische Abstimmung durch Verbindungslinien	Konsistenz, Eigenständigkeit, Kongruenz	Sprache (z.B. Slogans) und Bilder (z.B. Schlüsselbilder), Vernetzung der Instrumente	langfristig
Formale Integration	Einhaltung formaler Gestaltungsprinzipien	Präsenz, Prägnanz, Klarheit	Einheitliche Logos, Schrifttypen, Größen und Farben; Corporate Design-Maßnahmen	mittel- bis langfristig
Zeitliche Integration	Abstimmung innerhalb und zwischen Planungsperioden	Konsistenz, Kontinuität	Ereignisplanung („Timing")	kurz- bis mittelfristig

Abbildung C.1: **Formen der integrierten Kommunikation**
(*Quelle:* Bruhn 1999, S. 247)

Das Konzept der integrierten Kommunikation stellt durch die drei Prinzipien lediglich eine **Heuristik** dar, weil sie nicht zu einer optimalen Lösung führt. Weiterhin beschränkt sie sich nur auf einen Instrumentalbereich. Schließlich ist auch die unterstellte Wirkungsfunktion, dass eine integrierte Kommunikation zu einer Erhöhung des Zielerreichungsgrades führt, empirisch nicht nachweisbar. Neben der Unbestimmtheit des Kommunikationszieles führen auch situative Faktoren, die Vielzahl von Kombinationsmöglichkeiten sowie zeitliche Verzögerungseffekte dazu, dass eine empirische Überprüfung nicht eindeutig möglich ist. In der Praxis führt das Konzept zu Problemen der organisatorischen Abstimmung, insbesondere dann, wenn mit externen Partnern (z.B. Werbeagenturen, PR-jAgenturen) zusammengearbeitet wird.

9.2 Marginalanalytisches Marketing-Mix-Modell

Marginalanalytische Marketing-Mix-Modelle versuchen, das Problem der Mix-Gestaltung über die mathematische Bestimmung des Optimums (Maximierung, Minimierung) einer Zielfunktion zu lösen. Im Folgenden werden am Beispiel des Dorfman/Steiner-Modells die Vorgehensweise und Problematik eines marginalanalytischen Ansatzes zur Mix-Gestaltung dargestellt.

Es soll davon ausgegangen werden, dass die Absatzmenge (x) von den drei Instrumenten Preis (p), Werbebudget (b) und Produktqualität (q) abhängt. Damit ergibt sich folgende Absatzfunktion:

(1) $$x = f(p, b, q)$$

Bei Unterstellung, dass die durchschnittlichen Produktionskosten (k) von der Absatzmenge und der Produktqualität abhängig sind, lässt sich folgende Durchschnittskostenfunktion ableiten:

(2) $$k = f(x, q)$$

Als Zielfunktion ergibt sich eine Gewinnfunktion (G), die zu maximieren ist:

(3) $$G = U - K \rightarrow \max! \quad \text{bzw.}$$

(4) $$G = p \cdot f(p, b, q) - (x \cdot f(x, q) + b) \rightarrow \max!$$

Durch partielles Ableiten nach p, b und q und Nullsetzen lässt sich eine Optimalitätsbedingung bestimmen (vgl. dazu Meffert 2000, S. 983 ff.).

Beurteilung:

- Der Ansatz geht von einem Einproduktunternehmen aus. Verbundeffekte zwischen den Produkten eines Absatzprogramms werden nicht erfasst.

- Es werden nur drei Instrumente berücksichtigt. So fehlt der Submix-Bereich Distributionspolitik. Die drei erfassten Submix-Bereiche werden jeweils nur durch ein Instrument abgebildet.

- Die Abbildung der Werbeaktivität durch das Werbebudget vernachlässigt qualitative Faktoren (z.B. Werbegestaltung). Auch die Abbildung der Produktpolitik durch die (objektive) Produktqualität ist problematisch, da die Produktqualität mehrere Dimensionen aufweist (vgl. dazu Punkt B 5.3.1).

- Das Verfahren setzt voraus, dass die Zusammenhänge zwischen den Instrumenten (Preis, Werbung, Produktqualität) und der Absatzmenge bekannt sind (vgl. dazu Kapitel A 3.5). Es handelt sich um eine multikausale Marktreaktionsfunktion, deren Wirkungsparameter sich nicht in funktionaler Form empirisch bestimmen lassen.

- Die mathematische Funktion muss stetig und differenzierbar sein. Das ist in Bezug auf die Belegung von Werbemedien nicht der Fall.

- Mit der Zielgröße Absatzmenge wird ein ökonomisches Ziel unterstellt. Speziell in der Werbung werden aber aufgrund der Zurechnungsprobleme eher psychographische Ziele verfolgt.

- Zudem stellt der Ansatz ein statisches Modell dar; Perioden übergreifende Wirkungen bleiben unberücksichtigt.

- Es fehlt eine explizite Berücksichtigung von Konkurrenzaktivitäten.

(Vgl. zu diesen Kritikpunkten auch Punkt B 7.4.2.)

Kapitel

10 Marketing-Organisation

Marketing als Konzept marktorientierter Unternehmensführung hat in den letzten Jahrzehnten stark an Bedeutung gewonnen. Die Unternehmen gehen verstärkt dazu über, ihre Aktivitäten an den Wünschen des Kunden bzw. des Endabnehmers auszurichten und erhoffen sich dadurch den Aufbau einer stärkeren Marktposition. Das folgende Praxisbeispiel verdeutlicht am Beispiel eines B-to-B-Unternehmens die Berücksichtigung einer marktorientierten Unternehmung in den Unternehmensgrundsätzen.

Unternehmensgrundsätze der Rittal GmbH & Co. KG
(Hersteller von Schaltschränken)

1. Die zielorientierte Zusammenarbeit aller Mitarbeiter ist das Kapital unseres Unternehmens.

2. Wir wissen um die Zusammenhänge zwischen Qualifikation, Motivation und Unternehmenserfolg, d.h. wir fördern unsere Mitarbeiter im Bereich der Aus- und Weiterbildung und wir beteiligen unsere Mitarbeiter am Gesamterfolg.

3. Unsere Kunden sind für uns Partner und entscheiden über den Erfolg unseres Unternehmens: Wir müssen die Wünsche und Probleme unserer Kunden lösen, denn durch sie verdienen wir unser Geld und sichern unsere Zukunft! Unsere Produkte müssen klare Vorteile und Nutzen für den Kunden bieten, vor allem in Qualität, technischer Ausführung, Sortimentsumfang und Lieferfähigkeit!

4. Wir müssen schneller und besser sein als der Wettbewerb. Diesen Vorsprung müssen wir unseren Kunden täglich aufs Neue beweisen!

5. Unsere Ideen und unsere Kreativität sichern unseren Vorsprung; d.h. wir müssen uns ständig um neue Denkanstöße und Ideen und deren konsequente sowie professionelle Umsetzung bemühen!

6. Die perfekte Beherrschung unseres Tagesgeschäfts sichert unsere Existenz und ermöglicht es uns, die Anforderungen der Zukunft zu meistern!

7. Unser Ziel ist es, zu unseren Lieferanten eine partnerschaftliche, langfristige Beziehung aufzubauen. Voraussetzung hierfür ist der Wettbewerb in Qualität, Lieferservice, Preis und eine optimale Problemlösung!

8. Wir konzentrieren unsere ganze Kraft darauf, unsere Produkte perfekt und wirtschaftlich zu fertigen, sowie professionell zu verkaufen und zuverlässig zu liefern!

9. Wir sind uns bewusst über die Verantwortung gegenüber unserer Umwelt und dem Umfeld in dem wir leben. Wir wollen mitgestalten und verbessern!

10. Umschalten auf Perfektion – ist uns Programm und Verpflichtung!

Quelle: Rittal 2004

Fraglich ist nun, wie ein Unternehmen die Marktorientierung in eine bestehende Organisationsform integrieren kann, um die Koordination aller marktgerichteten Unternehmensaktivitäten möglichst effektiv zu gestalten. Dabei lassen sich zwei Ebenen voneinander abgrenzen (Weis 2004, S. 120 ff.):

- organisatorische Einbindung der Marketing-Funktion in die Unternehmensorganisation,
- Organisation der Marketing-Abteilung.

10.1 Integration der Marketing-Funktion in die Unternehmensorganisation

Allgemein bestimmen insbesondere die Spezialisierung und das Leitungssystem die Aufbauorganisation einer Unternehmung. Die **Spezialisierung** betrifft den Umfang und die Art der Teilaufgaben, die eine Organisationseinheit wahrnimmt. Die Art der Spezialisierung lässt sich idealtypisch in die Formen Funktions- und Objektorientierung untergliedern.

Bei einer **funktionalen Organisation** erfolgt unterhalb der Leitungsebene eine Gliederung nach dem Verrichtungsprinzip, d.h. es werden einer organisatorischen Einheit ähnliche Aufgaben zugeordnet. Abbildung C.2 zeigt eine funktionale Organisationsstruktur.

Abbildung C.2: **Integration des Marketing in eine funktionale Organisation**

Dagegen erfolgt bei einer **objektorientierten Organisation** die Bildung von Organisationseinheiten nach bestimmten Objekten, wie z.B. Produktgruppen, Regionen oder Kundengruppen. Abbildung C.3 zeigt exemplarisch eine objektorientierte Organisation, die nach Produktgruppen gegliedert ist. Die Marketing-Funktionen werden in einer solchen Aufbauorganisation erst auf einer dritten Ebene integriert. Für jede Produktgruppe gibt es eine gesonderte Marketing-Abteilung.

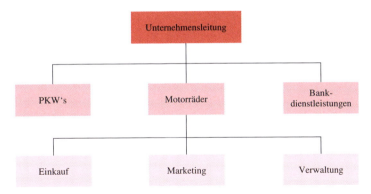

Abbildung C.3: Integration des Marketing in eine objektorientierte Organisation nach Produkten

Die zweite Dimension betrifft das **Leitungssystem**, wobei sich die Idealtypen Einlinien- und Mehrliniensysteme voneinander abgrenzen lassen. Das **Einliniensystem** (eindimensional) basiert auf dem Prinzip der Einheitlichkeit der Auftragserteilung, d.h. der Mitarbeiter hat nur einen Vorgesetzten. Es kann durch Stabsstellen erweitert werden. Bei einer **Stabsstelle** handelt es sich um eine Assistenzstelle, welche die Leitungsinstanz berät und unterstützt, selbst aber keine Entscheidungs- und Weisungsbefugnisse besitzt (vgl. Abb. C.4). Von besonderer Bedeutung ist hierbei das Verhältnis zwischen der Stabsstelle Marketing einerseits und der Linieninstanz Vertrieb andererseits.

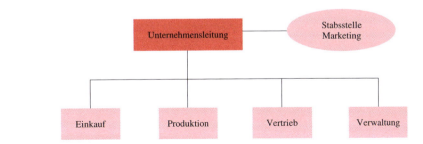

Abbildung C.4: Integration des Marketing als Stabsstelle

10.2 Organisation der Marketing-Funktion

Der organisatorische Aufbau der Marketing-Abteilung berücksichtigt ebenfalls die vorher behandelten Grundprinzipien der Aufbauorganisation (Spezialisierung und Leitungssystem). Abbildung C.5 gibt einen Überblick über die verschiedenen Gliederungsmöglichkeiten. Grundsätzlich ist zwischen einer funktions- und einer objektorientierten Marketing-Organisation zu unterscheiden. Bei letzterer werden drei Varianten dargestellt. Es handelt sich dabei um Prinzipien, die in der konkreten Anwendung kombiniert eingesetzt werden. Diese Organisationsprinzipien lassen sich nicht nur im Marketing anwenden, sondern auch bei der Organisation des gesamten Unternehmens (siehe weiter oben).

Eindimensionale Gliederung der Organisation			Mehrdimensionale Gliederung der Organisation
Linienorganisation		Stab-Linien-Organisation	Matrixorganisation
Funktions-orien-tierung	Objektorientierung – Produkt-orien-tierung / Kunden-orien-tierung / Regionen-orien-tierung	Ergänzung des Linien-systems durch Stabs-stellen	Gliederung nach zwei Dimensionen

Abbildung C.5: **Grundmodelle der Marketing-Organisation**
(*Quelle:* Meffert 2000, S. 1069)

10.2.1 Funktionsorientierung

Kennzeichnend für die funktionsorientierte Marketing-Organisation ist die Untergliederung nach gleichartigen Tätigkeiten (z.B. Marktforschung, Werbung, Vertrieb) (vgl. Abb. C.6).

Die funktionsorientierte Marketing-Organisation, die auch als klassische Organisationsform bezeichnet wird, findet sich insbesondere bei mittelständischen Unternehmen, bei Ein-Produkt-Unternehmen und in der rohstoffnahen Industrie.

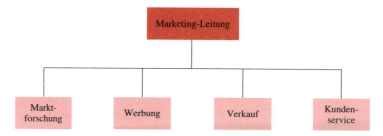

Abbildung C.6: **Funktionsorientierte Marketing-Organisation**

Beurteilung:

- Die **Vorteile** dieser Organisationsform liegen vor allem in der Spezialisierung der Mitarbeiter, die durch die Verrichtung ähnlicher Tätigkeiten über eine gute fachliche Kompetenz verfügen.
- Ein weiterer Vorteil ergibt sich durch den geringen Koordinationsaufwand innerhalb der Abteilung.

Den Vorteilen steht eine Reihe von Problemen bzw. **Nachteilen** gegenüber.

- Zum einen ist die Flexibilität einer solchen Organisationsform relativ gering, da die Mitarbeiter nur mit den Aufgaben und Problemen der eigenen Abteilung konfrontiert werden, wodurch sie nur bedingt den Anforderungen des Marktes entspricht. Dieses betrifft beispielsweise die Einführung neuer Produkte.

- Ebenso neigt jede Abteilung dazu, die eigenen Interessen zu vertreten, was zu Unstimmigkeiten oder Meinungsverschiedenheiten zwischen den Abteilungen führen kann. In diesem Fall hat die Marketing-Leitung als übergeordnete Instanz die Diskrepanzen auszuräumen, was zu einer hohen Belastung führen kann.
- Bei einem heterogenen Absatzprogramm bestehen Probleme, die einzelnen Produkte optimal zu managen. Deswegen kann eine grundsätzlich funktionsorientierte Marketing-Organisation um eine zusätzliche produktorientierte Komponente ergänzt werden, den Produkt-Manager (vgl. Punkt C 6.2.3).

10.2.2 Objektorientierung

Zu den objektorientierten Marketing-Organisationsformen gehören die produktorientierte, die kundenorientierte und die regionenorientierte Marketing-Organisation. Bei der folgenden Darstellung wird zugleich auf die Strukturierung der nächsten Hierarchieebene eingegangen.

10.2.2.1 Produktorientierte Marketing-Organisation

Die produktorientierte Marketing-Organisation bietet sich insbesondere bei Unternehmen an, die über ein breites und heterogenes Produktprogramm verfügen. Kennzeichnend für die Form der Marketing-Organisation ist eine Schwerpunktsetzung nach Produktgruppen, z.B. nach Haarpflegeprodukten, Kosmetika, Waschmitteln oder Klebstoffen, wodurch die Besonderheiten der einzelnen Produkte berücksichtigt werden können. Die jeweilige Produktgruppe wird von einem speziellen Manager betreut. Im Rahmen dieser Organisationsform erfolgt unterhalb der Marketing-Leitung eine Aufteilung nach Produktgruppen. Erst auf unteren Stufen der Marketing-Organisation finden funktionale Aspekte wie z.B. Marktforschung oder Werbung in der Aufbauorganisation Berücksichtigung (vgl. Abb. C.7).

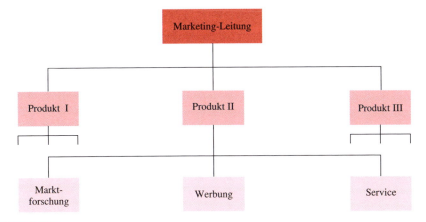

Abbildung C.7: Produktorientierte Marketing-Organisation

Beurteilung:
- Diese Organisationsform zeichnet sich durch eine hohe Marktorientierung aus, da das Produkt bzw. die Produktgruppe die Marktleistung darstellt.
- Weiterhin weist diese Organisationsform eine eindeutige Kompetenzabgrenzung auf, da Produktgruppen einfacher gegeneinander abgrenzbar sind als Werbe- und PR-Abteilungen im Rahmen einer funktionalen Marketing-Organisation.
- Erfolgsbeiträge lassen sich Produkten besser als Funktionen zuordnen.
- Schließlich bilden die hohe Produktkenntnis und die daraus resultierende Marktkenntnis einen Vorteil dieser Organisationsform.
- Als Nachteile sind die möglichen Parallelarbeiten (mehrere Marktforschungs-, Kommunikations- und Servicebereiche) sowie das geringe Spezialistenwissen zu nennen, wenn auf der nachfolgenden Hierarchiestufe nach Marketing-Funktionen untergliedert wird.
- Weiterhin führt diese Organisationsform zu einer starren Abgrenzung der einzelnen Einheiten („Subunternehmen"), wodurch Konflikte bei der Ressourcenverteilung (z.B. Werbebudget) auftreten können.

10.2.2.2 Kundenorientierte Marketing-Organisation (Key-Account-Management)

Das Key-Account- oder auch Kundengruppen-Management (ausführlich siehe Senn 2001; Bickelmann 2002; Sidow 1997) zeichnet sich dadurch aus, dass die Marketing-Aktivitäten eines Unternehmens in erster Linie kundenspezifisch gebündelt werden. Diese Organisationsform bietet sich insbesondere dann an, wenn sich die Nachfrage stark konzentriert. Beispielhaft für diese Entwicklung ist die Nachfrage im Lebensmittelbereich zu nennen. Hier reduziert sich die Anzahl der Nachfrager auf wenige Lebensmittelketten wie METRO, WAL-MART, ALDI, TENGELMANN.

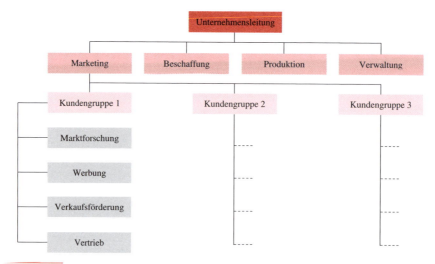

Abbildung C.8: **Kundenorientierte Marketing-Organisation (Key Account-Management)**
(*Quelle:* Fritz/Oelsnitz 1998, S. 222)

Im Key-Account-Management ist ein Manager nicht mehr für die Belange eines Produktes bzw. einer Produktgruppe zuständig, sondern kümmert sich ausschließlich um die Ansprüche seines Kunden bzw. seiner Kundengruppe (vgl. Abb. C.8).

Beurteilung:

- Das Key Account-Management spiegelt die Ansprüche der heutigen Marketing-Philosophie wider. Der **Kunde** (häufig: Handel) wird in den Mittelpunkt der Betrachtung gerückt, was auch im organisatorischen Aufbau des Unternehmens berücksichtigt wird.

- Auch hier wird davon ausgegangen, dass auf der Ebene unterhalb der Kunden-Manager eine Stellenbildung nach Marketing-Funktionen stattfindet. Wie bei einer reinen Produktorientierung mit einer tieferen Untergliederung nach Marketing-Funktionen ergibt sich auch hier eine **Vervielfachung von Marketing-Stellen**: Es wird drei Mal Marktforschung, Werbung sowie Verkaufsförderung betrieben, und es bestehen drei Vertriebe.

- Bei einem heterogenen Absatzprogramm stellt sich das Problem, die einzelnen **Produkte** optimal zu managen.

10.2.2.3 Regionenorientierte Marketing-Organisation

Hier wird auf der Ebene unterhalb der Marketing-Leistung eine Unterteilung nach Regionen vorgenommen (vgl. dazu Abb. C.9). Dabei kann es sich um einzelne Regionen eines Landes oder um Länder bzw. Ländergruppen handeln. V.a. im internationalen Marketing stellt sich die Frage nach einer adäquaten organisatorischen Berücksichtung von Ländern/Ländergruppen.

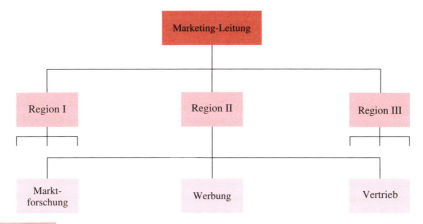

Abbildung C.9: **Regionenorientierte Marketing-Organisation**

Beurteilung:

- Die regionenorientierte Marketing-Organisation ermöglicht es, die Unterschiede zwischen den Kunden in den einzelnen Regionen zu erkennen und bei der Marketing-Planung zu berücksichtigen, um ggf. **landesspezifische Differenzierungen** vornehmen zu können.

- Wie bei dem anderen objektorientierten Organisationsformen wird auch davon ausgegangen, dass unterhalb der Regional-Manager eine Unterteilung nach Marketing-Funktionen stattfindet (**Vervielfachung** von Marketing-Stellen).
- Bei einem heterogenen Absatzprogramm bleibt offen, wie eine Koordination nach **Produkten** stattfinden kann.

10.2.3 Produkt-Management als Kombination von Funktions- und Produktorientierung

Die oben dargestellten Organisationsprinzipien werden in der Praxis kombiniert eingesetzt. Es gibt nicht „die" optimale Organisationsform; in jeder Situation ist die dafür optimale Form zu suchen. Die Kombinationen verändern sich im Laufe der Entwicklung eines Unternehmens, da sich z.B. das Absatzprogramm verändert oder neue Marktsegmente angesprochen werden.

Im Folgenden wird eine bekannte Kombinationsform vorgestellt: das Produkt-Management. Es kennzeichnet sich dadurch, dass unterhalb der Marketing-Leitung eine Gliederung nach Marketing-Funktionen stattfindet und gleichzeitig eine produktorientierte Zuständigkeit organisiert wird (vgl. Abb. C.10).

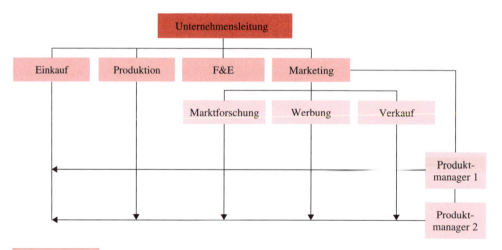

Abbildung C.10: **Produkt-Management als Stabsstelle der Marketing-Leitung**

Die Produkt-Manager werden zusätzlich eingestellt (d.h. mindestens zwei) und nehmen eine produktbezogene (ggf. produktgruppenbezogene) Koordination zwischen den einzelnen Unternehmensbereichen und den Marketing-Stellen bzw. -Abteilungen vor. In Abbildung C.10 wird unterstellt, dass die Produkt-Manager dem Marketing-Leiter unterstellt sind. Da die Produkt-Manager nicht nur die produktbezogenen Aktivitäten der Marketing-Abteilung koordinieren sondern alle produktbezogenen Aktivitäten im Unternehmen, besteht eine Alternative darin, die Produkt-Manager der Unternehmensleitung zu unterstellen.

Wegen der zweidimensionalen Organisation stellt sich die Frage, ob die ProduktManager den Linienmitarbeitern **Anweisungen** geben dürfen. Wenn das nicht der Fall ist, stellen die Produkt-Manager Stabsstellen dar, die Informationen sammeln und bearbeiten, Planungen vornehmen und Entscheidungen vorbereiten. Zwar wird ihm häufig die Ergebnisverantwortung auferlegt, die Entscheidungen liegen dennoch bei der Marketing- bzw. bei der Geschäftsleitung. Die Einflussmöglichkeiten des Produkt-Manager sind in diesem Fall von seiner persönlichen Überzeugungsfähigkeit abhängig (Meffert 2000, S. 1076 f.). Wenn der Produkt-Manager den Mitarbeitern, die sich um sein Produkt kümmern, Anweisungen geben darf, ergibt sich eine sog. **Matrix-Organisation**. Die Mitarbeiter in den Funktionsbereichen erhalten hierbei sowohl Anweisungen von ihrem Linien-Manager als auch von einem (ggf. mehreren) Produkt-Managern.

Beurteilung:

- Die Kombination der Organisationsprinzipien verbindet die jeweiligen Vorteile der Prinzipien.
- Nachteilig wirkt allerdings der erhöhte finanzielle Aufwand durch zusätzliche Stellen.
- Durch die Existenz von Produkt-Managern steigt der Koordinationsaufwand innerhalb der Organisation.
- Im Fall einer Matrix-Organisation als Gliederungsstruktur ergeben sich weitere Nachteile. Hier besteht ein erhöhtes Konfliktpotential durch unklare Kompetenzen oder Meinungsverschiedenheiten zwischen Produkt-Manager und Funktions-Manager.

Das Produkt-Management hat sich in den letzten Jahren immer mehr durchgesetzt. Zahlreiche Großunternehmen wie Henkel, Bayer, Coca Cola oder Krupp haben das Produkt-Management als Form der Marketing-Organisation institutionalisiert (Meffert 2000, S. 1078).

Übungen

I. Wiederholungsaufgaben

1. Erklären Sie die Probleme der **optimalen Marketing-Mix**-Gestaltung! (S. 199)

2. Erläutern sie das **Konzept** der **integrierten Kommunikation**! (S. 199 ff.)

3. Erklären Sie die Probleme der **optimalen Marketing-Mix**-Gestaltung! (S. 199 ff.)

4. Darstellung und Würdigung des **Ansatzes von Dorfman/Steiner** zur Optimierung des Marketing-Mix. (S. 201 f.)

5. Wie lassen sich **qualitative Ausprägungen** von Marketing-Instrumenten in mathematischen Ansätzen zur Optimierung des Marketing-Mix berücksichtigen? (S. 201 f.)

6. Vergleichen Sie die **Integration** des **Marketings** in die Unternehmensorganisation als gleichberechtigte Linieninstanz und als Stabsstelle der Unternehmensleitung in einem funktional organisierten Unternehmen miteinander! (S. 204 f.)

7. Vergleichen Sie die **funktions**- und die **produktorientierte Marketing-Organisation** miteinander! (S. 205 ff.)

8. Vergleichen Sie die **produkt- und die kundenorientierte Marketing-Organisation** miteinander! (S. 207 ff.)

9. Erläutern Sie, warum es in der Praxis sinnvoll ist, die einzelnen **Organisationsprinzipien** zu **kombinieren**! (S. 210 f.)

10. Welche Probleme ergeben sich bei einer Organisation des **Produkt-Managements als Matrix-Organisation**? (S. 211)

II. Vertiefungsaufgaben

1. Vergleichen Sie die Ansätze der **integrierten Kommunikation** und des **marginalanalytischen Mix-Modells** anhand folgender Kriterien miteinander:

   - Einfachheit und Verständlichkeit,
   - Realitätsnähe,
   - eindeutiges Optimalitätskriterium,
   - Anzahl der berücksichtigten Instrumente,
   - Erreichung eines Optimums.

2. Analysieren Sie, wie sich dieses Buch in mehreren Kapiteln mit **Marktreaktionsfunktionen** auseinandersetzt!

3. Verdeutlichen Sie die drei Prinzipien der **integrierten Kommunikation** mit Hilfe von jeweils drei realen Beispielen!

4. Diskutieren Sie die verschiedenen Möglichkeiten der **Aufbauorganisation** in Bezug auf die Realisierung einer integrierten Kommunikation!

Klausuraufgaben

Es handelt sich um einstündige Leistungspunkteklausuren mit jeweils einer maximal erreichbaren Punktzahl von 100.

Klausur 1

1. **Was versteht man unter** (36 Punkte):
   a. einer Pull-Strategie (im Rahmen der Distributionspolitik),
   b. einer Produktpositionierung,
   c. einer Umsatzstrukturanalyse,
   d. einer Panelforschung,
   e. einer internen Überschneidung (im Bereich der Werbeträgerauswahl),
   f. Breite und Tiefe des Absatzprogramms,
   g. komplementären und substitutiven Beziehungen zwischen Produkten,
   h. einer Dachmarkenstrategie,
   i. der langfristigen Preisuntergrenze?

2. **Marktabgrenzung** (12 Punkte)

   Analysieren Sie die Marktabgrenzung nach vier Dimensionen am Beispiel von Snowboards!

3. **Produktlebenszyklus** (18 Punkte)
   a. Stellen sie den Produktlebenszyklus grafisch dar, und benennen sie die einzelnen Phasen!
   b. Analysieren Sie, ob das Produktlebenszyklusmodell ein Marktreaktionsmodell darstellt!
   c. Welche Strategien bieten sich am Ende des Produktlebenszyklus an?

4. **Distributionspolitik** (18 Punkte)

   Marketing im Distributionssystem (Hersteller/Einzelhandel/Konsumenten)
   a. Welche Ebenen der Marktbearbeitung lassen sich unterscheiden?
   b. Welche Bedeutung ergibt sich daraus für das Marketing eines Konsumgüterherstellers?
   c. Geben Sie für jede Ebene zwei einsetzbare Marketing-Instrumente an!

5. **Werbung** (16 Punkte)

Führen Sie einen Wirtschaftlichkeitsvergleich von zwei Zeitschriften durch!

Zeitschrift A erreicht 6.000 Männer und 4.000 Frauen; eine Belegung kostet € 100,00. Zeitschrift B erreicht jeweils 5.000 Männer und Frauen; eine Belegung kostet € 120,00.
   a. Berechnen Sie die Tausenderpreise für die Zeitschrift A und B! Welche Zeitschrift ist wirtschaftlicher?
   b. Ändert sich die Beurteilung der beiden Zeitschriften, wenn als Zielgruppe nur Frauen in Frage kommen?

6. **Preispolitik** (20 Punkte)

Die linear fallende Preis-Absatz-Funktion eines Monopolisten lautet: $p = 10 - x$. Die Kostenfunktion lautet: $K = 20 + x$

Berechnen Sie die optimale Preisforderung bei den folgenden Zielsetzungen:
   a. Gewinnmaximierung,
   b. Umsatzmaximierung,
   c. Absatzmengenmaximierung!

Klausur 2

1. **Was versteht man unter** (36 Punkte)
   a. einem Absatzverbund,
   b. einer Marktreaktionsfunktion,
   c. einem Angebotsmonopol,
   d. einer Sekundärforschung,
   e. einem Distributionsgrad,
   f. einer externen Überschneidung (in Bereich der Werbeträgerauswahl),
   g. einer Betriebsform des Einzelhandels,
   h. einem indirekten Vertrieb,
   i. einer Push-Strategie?

2. **Grundlagen** (8 Punkte)

Vergleichen Sie den Konsumgüter- (Business-to-Consumer) und den Investitionsgütermarkt (Business-to-Business) anhand von vier ausgewählten Kriterien miteinander!

3. **Produktpolitik** (28 Punkte)
   a. Verdeutlichen Sie am Beispiel der Grobauswahl von Neuproduktvorschlägen die einzelnen Schritte der Anwendung eines Punktbewertungsverfahrens! (15 Punkte)
   b. Zur Beurteilung eines Neuproduktvorschlags soll eine Gewinnschwellen-Analyse durchgeführt werden. Das Produkt kann zu einem Preis von € 4,00 verkauft werden. Die Fixkosten betragen € 100,00 und die variablen Stückkosten € 2,00. Es wird mit einer Verkaufsmenge von 70 Stück gerechnet. Prüfen Sie rechnerisch und grafisch, ob das Produkt eingeführt werden sollte! (13 Punkte)

4. **Reisender und Handelsvertreter** (18 Punkte)

Für ein gegebenes Absatzgebiet kann ein Reisender (Fixum 100 Geldeinheiten (GE); Provision 1% vom Umsatz) oder ein Handelsvertreter (Fixum 20 GE; Provision 5% vom Umsatz) eingestellt werden.

  a. Ist der Reisende oder der Handelsvertreter günstiger, wenn in dem Gebiet ein Umsatz von 2.200 GE erzielt werden kann (rechnerische und graphische Lösung)?

  b. Vergleichen Sie den Reisenden und den Handelsvertreter anhand von vier ausgewählten Kriterien!

5. **Werbung** (10 Punkte)

Analysieren Sie, welche der folgenden Möglichkeiten zur Erfassung der Werbewirkung sinnvoller ist:

  a. Umsatz als Funktion der Werbekosten,

  b. Bekanntheitsgrad als Funktion der durchschnittlichen Zahl von Werbekontakten!

6. **Preispolitik** (20 Punkte)

Eine Unternehmung mit s-förmigem Gesamtkostenverlauf ist auf einem Markt mit atomistischer Konkurrenz tätig.

  a. Tragen Sie in eine Grafik folgende Kurven ein: Preis-Absatz-Kurve, Grenzkostenkurve, Durchschnittskostenkurve, variable Stückkostenkurve!

  b. Kennzeichnen Sie die Preis-Mengen-Kombination für das Gewinnmaximum, die kurz- und die langfristige Preisuntergrenze!

  c. Beurteilen Sie den Aussagewert der Preisuntergrenze für ein Mehrproduktunternehmen!

Klausur 3

1. **Was versteht man unter** (36 Punkte)

  a. einer Sekundärforschung,

  b. einem Angebotsmonopol,

  c. einem Produktlebenszyklus,

  d. einer Diversifikation,

  e. einem indirekten Vertrieb,

  f. einem Buying Center,

  g. der Reichweite eines Werbeträgers,

  h. einer Abschöpfungspreisstrategie,

  i. einer objektorientierten Marketing-Organisation?

2. **Grundlagen** (12 Punkte)

Erläutern Sie das Konzept einer marktorientierten Unternehmensführung!

3. **Produktpolitik** (15 Punkte)

Eine Gruppe von Konsumenten wird gebeten, drei Automarken nach den Kriterien, „Sportlichkeit" und „Wirtschaftlichkeit" zu bewerten. Jeder Marke wird eine Skala von 1-7 für jede Eigenschaft zugeteilt. Jeder Konsument gibt auch die Werte eines nach seinem Geschmack idealen Autos an. Die Durchschnittsbewertung lautet wir folgt:

Marke	Sportlichkeit	Wirtschaftlichkeit
A	3	5
B	5	2
C	6	3
I (Ideal)	5	5

a. Welche zwei Marken werden von den Konsumenten als die ähnlichsten angesehen? Welche Marke kommt der Idealvorstellung der Konsumenten am nächsten? (jeweils Begründung!)
b. Verdeutlichen Sie die Markenpositionen in einer Grafik!

4. **Distributionspolitik** (15 Punkte)

Welche Zusammenhänge bestehen beim indirekten Vertrieb zwischen dem Einsatz der Marketing-Instrumente beim Hersteller und beim Handel?

5. **Werbung** (14 Punkte)

Folgende Zeitschriften stehen zur Verfügung:

Zeitschrift A :   10 Mio. Leser

Zeitschrift B: 8 Mio. Leser

Die interne Überschneidung von zwei Ausgaben des Werbeträgers A beträgt 4 Mio. Leser, d.h. 40 % der Leser lesen beide Ausgaben. Die externe Überschneidung zwischen A und B betragen 5 Mio. Leser. Berechnen Sie folgende Kennzahlen:
a. Brutto-Reichweite bei einmaliger Belegung von A und zweimaliger Belegung von B,
b. Netto-Reichweite bei jeweils einmaliger Belegung von A und B,
c. Bruttoreichweite bei zweimaliger Belegung von A,
d. Durchschnittskontakte bei jeweils einmaliger Belegung von A und B!

6. **Preispolitik** (16 Punkte)

Die Kostenfunktion eines Einproduktunternehmens lautet: $K = 20 + x$.

Die Kapazitätsgrenze beträgt $x = 8$.
a. Die Unternehmung sei Monopolist mit folgender Preis-Absatz-Funktion:
$p = 10 - x$. Berechnen Sie die gewinnmaximale Preisforderung!
b. Der Marktpreis stellt für die Unternehmung ein Datum dar (atomistische Konkurrenz). Berechnen Sie die kurz- und langfristige Preisuntergrenze!

7. **Marketing-Koordination** (12 Punkte)

Nennen Sie jeweils einen Vor- und einen Nachteil der organisatorischen Untergliederung der Marketing-Abteilung nach Funktion und nach Produkten!

(*Anmerkung:* Aufgabe 3. bezieht sich auf die Produktpositionierung, die in diesem Buch nicht mehr behandelt wird.)

Klausur 4

1. **Was versteht man unter** (36 Punkte)
   a. einer Sekundärforschung,
   b. einer Umsatzstrukturanalyse,
   c. einer Preis-Absatz-Funktion,
   d. einem Direktvertrieb,
   e. einem Werbeträger,
   f. einer funktionsorientierten Marketing-Organisation,
   g. einem Tausend-Kontakt-Preis,
   h. einer kurzfristigen Preisuntergrenze,
   i. einem Distributionsgrad?

2. **Grundlagen** (12 Punkte)

   Grenzen Sie Konsumgüter, Investitionsgüter und Dienstleistungen voneinander ab!

3. **Produktpolitik** (20 Punkte)

   Welche Unterschiede bestehen zwischen der Beurteilung von Neuproduktvorschlägen mittels eines Punktbewertungsverfahrens und mittels eines Gewinnschwellenanalyse?

4. **Distributionspolitik** (18 Punkte)

   Für ein gegebenes Absatzgebiet kann entweder ein Reisender (Fixum 120 GE; Provision 2% vom Umsatz) oder ein Handelsvertreter (Fixum 0 GE; Provision 5% vom Umsatz) eingestellt werden.
   a. Ist der Reisende oder der Handelsvertreter günstiger, wenn in dem Gebiet ein Umsatz von 4.200 GE erzielt werden kann (rechnerische und graphische Lösung)?
   b. Vergleichen Sie den Reisenden und Handelsvertreter anhand von drei ausgewählten qualitativen Kriterien!

5. **Werbung** (16 Punkte)

   Führen Sie einen Wirtschaftlichkeitsvergleich zwischen zwei Werbeträger durch. Werbeträger A erreicht 6.000 Männer und 4.000 Frauen; eine Belegung kostet 1.200 €. Werbeträger B erreicht 4.000 Männer und 8.000 Frauen; eine Belegung kostet 1.600 €.
   a. Berechnen Sie die Tausend-Kontakt-Preise für die Werbeträger A und B! Welcher Werbeträger ist wirtschaftlicher?
   b. Ändert sich die Beurteilung der beiden Werbeträger, wenn als Zielgruppe nur Frauen in Frage kommen?

6. **Preispolitik** (18 Punkte)

Eine Preis-Absatz-Funktion der allgemeinen Form p = a + bx hat die Steigung –1/5.
a. Berechnen Sie im Punkt (p = 2; x = 5) die Preis-Elastizität der Nachfrage!
b. Wie lautet die Preis-Absatz-Funktion?

Klausur 5

1. **Was versteht man unter** (18 Punkte)
   a. Markt,
   b. Marktsegmentierung,
   c. abhängigen Zielen,
   d. Situationsanalyse,
   e. psychographischen Zielen,
   f. Primärforschung,
   g. Sekundärforschung,
   h. gewichteten Distributionsgrad,
   i. ungewichteten Distributionsgrad?

   (*Hinweis*: Beschränken Sie sich bei Ihren Antworten auf die relevanten Merkmale!)

2. **Grundlagen** (24 Punkte)
   a. Grenzen Sie anhand der drei Kriterien Einkaufsziele, Entscheidungsträger und Kaufentscheidungsprozess den Markt für PKW ab! Geben Sie pro Kriterium je zwei Ausprägungen an! (12 Punkte)
   b. Führen Sie je zwei Anspruchsgruppen aus den Bereichen Markt und Gesellschaft und Recht/Politik an, und nennen Sie die von ihnen artikulierten (unternehmens-bezogenen) Ansprüche! (12 Punkte)

3. **Produktpolitik** (24 Punkte)

   Charakterisieren Sie die einzelnen Phasen der Produktlebenszyklus anhand des Umsatz- und Gewinn-Kurvenverlaufs und stellen Sie diese grafisch dar!

4. **Kontrahierungspolitik** (32 Punkte)

   Die vor drei Jahren gegründete und mittlerweile am Markt etablierte Fluggesellschaft „Business Wings AG", die vor allem Städteverbindungen für Geschäftsreisende innerhalb Europas anbietet, überlegt, eine Veränderung der bisherigen Preispolitik vorzunehmen. Die bisherigen preispolitischen Strategien sollen entsprechend kritisch geprüft werden und gegebenenfalls verändert werden. Was kann Auslöser solcher Überlegungen sein? Nennen Sie sechs Ansätze!

5. **Distributionspolitik** (32 Punkte)
   a. Welche Faktoren begrenzen vor allem das Entscheidungsfeld möglicher Absatzwegealternativen? (10 Punkte)
   b. Nennen Sie stichwortartig die wichtigsten Aufgaben der Marketinglogistik! (6 Punkte)

c. Absatzkanalstruktur:
   i) Was versteht man unter der vertikalen Absatzstruktur? (2 Punkte)
   ii) Beschreiben Sie stichwortartig die wesentlichen Ausprägungen der vertikalen Absatzkanalstruktur! (6 Punkte)
   iii) Was versteht man unter der horizontalen Absatzkanalstruktur? (6 Punkte)
   iv) Beschreiben Sie stichwortartig die wesentlichen Ausprägungen der horizontalen Absatzkanalstruktur! (6 Punkte)

6. **Kommunikationspolitik** (18 Punkte)

   Zentrales Kriterium zur Festlegung der Media-Streuplanung ist der Tausend-Leser-Preis.
   a. Was versteht man unter Inter- und Intra- Mediaselektion? (2 Punkte)
   b. Was drückt der Tausender-Leser Preis aus? (1 Punkt)
   c. Welche Probleme sind mit der Anwendung dieser Kennziffern verbunden? Nennen Sie stichwortartig fünf kritische Aspekte! (5 Punkte)
   d. Welche Kriterien sollten herangezogen werden? Intra- als auch die Ebene Inter-Mediaselektion. (10 Punkte)

Klausur 6

1. **Was versteht man unter** (8 Punkte)
   a. Anspruchsgruppen,
   b. Käufermarkt,
   c. Verkäufermarkt,
   d. Zielbeziehungen?

   Beschränken Sie sich bei Ihren Antworten auf die relevanten Merkmale!

2. **Grundlagen** (32 Punkte)
   a. Welche (sechs) Funktionen hat die Marketing-Forschung? (12 Punkte)
   b. Eine international tätige Fast Food-Kette überlegt, ob ihr bisheriges Produktangebot in den Restaurants dreier europäischer Länder zu erweitern. Zur Beantwortung der Frage, welche Produktform(en) neu in das Programm aufgenommen werden könnte(n), wird diskutiert, zunächst eine Sekundärforschung zu betreiben. Eine andere Möglichkeit wird darin gesehen, eine Befragung bei den Besuchern der Restaurants durchzuführen. Inhalt dieser Befragung soll deren grundsätzliches Ernährungsverhalten sein. Beurteilen Sie die Vorteilhaftigkeit der angeführten Marktforschungsmethoden anhand fünf Ihnen bekannter Kriterien! (20 Punkte)

3. **Produktpolitik** (16 Punkte)

   Von der „Powergames GmbH" wurde ein neues Computerspiel entwickelt, das unter dem Namen „Carforce I" auf den Markt gebracht werden soll. Die fixen Kosten betragen insgesamt 40.000 GE, die variablen Kosten 30 GE pro ME. Verkauft werden soll das Spiel zu einem Preis von 80 GE pro ME.
   a. Berechnen Sie die kritische Absatzmenge für „Carforce I" unter der Verwendung der Break-even-Analyse. Wie ist dieser Wert zu interpretieren? (8 Punkte)

b. Berechnen Sie die Deckungsbeitragsrate für „Carforce I", leiten Sie daraus die Gewinnschwelle ab und interpretieren Sie diese Ergebnisse! (8 Punkte)

4. **Kontrahierungspolitik** (16 Punkte)

Der Whiskey-Hersteller „McFree GmbH" hat als neues Produkt eine alkoholfreie Whiskeymarke auf den Markt gebracht. Angesichts der Patentierung der – zudem streng geheim gehaltenen – Rezeptur, tritt das Unternehmen mit diesem Produkt seinen (potenziellen) Kunden gegenüber als Monopolist auf.

Die variablen Kosten für eine gefüllte 0,7 Liter-Flasche (1 ME) betragen 8 GE, Fixkosten fallen für die nächste Planungsperiode in Höhe von 300.000 GE an. Für den Zusammenhang zwischen Preis und Absatz wird von folgender Funktion ausgegangen:

$$p = 60 - \frac{x}{30.000}$$

a. Wie hoch ist der Prohibitivpreis auf diesem Markt und was bedeutet er? (6 Punkte)
b. Das Unternehmen möchte seinen Gewinn maximieren. Berechnen Sie die gewinnmaximale Menge und den dazugehörigen Preis! (10 Punkte)

5. **Distributionspolitik** (22 Punkte)

Für ein gegebenes Absatzgebiet kann ein Reisender oder ein Handelsvertreter eingesetzt werden. Das Unternehmen geht davon aus, dass ein Reisender für Lohn, Fahrzeug und andere Reisekosten sowie sämtliche sonstige Auslagen insgesamt jährlich 290.00 GE Kosten verursacht. Darüber hinaus würden erfahrungsgemäß umsatzabhängige Kosten (Prospektmaterial, Telefonkosten u.ä.) in Höhe von 1% des Umsatzes entstehen. Ein vernünftiger Reisender erhält in der Branche eine Provision in Höhe von 2 % vom Umsatz. Ein Handelsvertreter würde üblicherwiese 20.000 GE für die Wahrnehmung von Marketing- und Berichtaktivitäten, sowie 12 % vom Umsatz Provision verlangen.

Vom Umsatz bleibt eine Deckungsspanne von 20 % (vor Vertriebskosten) übrig.
a. Welche Rechnungsverfahren eigenen sich prinzipiell für den Vorteilhaftigkeitsvergleich zwischen Reisendem oder Handelsvertreter? (2 Punkte)
b. Ist der Reisende oder der Handelsvertreter in der oben beschriebenen Situation vorzuziehen? (Hinweis: Führen Sie Ihre Berechnung nachvollziehbar durch und erläutern Sie kurz das Ergebnis) (8 Punkte)
c. In einem alternativen Szenario geht die Unternehmung (bei sonst gleichen Annahmen) davon aus, daß ihr Reisender 2,8 Mio. GE Umsatz macht, während der Handelsvertreter nur 2,2 Mio. GE Umsatz schafft. (Hinweis: Führen Sie Ihre Berechnung nachvollziehbar durch und erläutern Sie kurz das Ergebnis.) (8 Punkte)
d. Nennen Sie 4 qualitative Kriterien die bei der Entscheidung über die Vorteilhaftigkeit herangezogen werden können. (4 Punkte)

6. **Kommunikationspolitik** (26 Punkte)
   a. Beschreiben Sie stichwortartig das Entscheidungsproblem der Mediaselektion! (8 Punkte)
   b. Nennen Sie sechs mögliche Bestimmungsfaktoren der Höhe des Werbebudgets! (9 Punkte)
   c. Grenzen Sie Werbemittel von Werbeträger ab und geben Sie jeweils ein eindeutiges Beispiel! (4 Punkte)
   d. Welches Problem ergibt sich, wenn man die Werbewirkung am Umsatz messen will? Begründen Sie stichwortartig, welche Faktoren in einzelnen vorliegen können! (5 Punkte)

Klausur 7

1. Kennzeichnen Sie die **Strukturelemente einer Marketing-Entscheidung** anhand einer Ergebnis-/Entscheidungsmatrix! (36 Punkte)

2. Eine **Preis-Absatz-Funktion** hat die Form $p = 10 - x$. Die Kostenfunktion lautet: $K = 8 + x$. (12 Punkte)
   a. Berechnen Sie die gewinnmaximale Preisforderung!
   b. Berechnen Sie die umsatzmaximale Preisforderung!

3. Führen Sie eine **Gewinnschwellenanalyse** für ein neues Produkt durch! Der erzielbare Preis beträgt 4 €. Die Fixkosten betragen 60 € und die variablen Stückkosten 2 €. Analysieren Sie rechnerisch und graphisch, ob das Produkt eingeführt werden sollte! (18 Punkte)

4. Entwickeln Sie einen Ansatz zur **Inter-Mediaselektion** mittels eines Punktbewertungsverfahrens! (18 Punkte)

5. Vergleichen Sie die **Einzelmarken- mit der Dachmarkenstrategie** anhand ausgewählter Beurteilungskriterien! (16 Punkte)

6. Vergleichen Sie die funktionsorientierte **Marketing-Organisation** mit der produktorientierten anhand ausgewählter Beurteilungskriterien! (20 Punkte)

Klausur 8

1. Erläutern Sie, warum bei der Bearbeitung von Unternehmen (Investgütermärkte) andere **Bestimmungsfaktoren des Kaufverhaltens** zu berücksichtigen sind als bei der Bearbeitung von Konsumenten (Konsumgütermärkte)! (16 Punkte)

2. Setzen Sie sich kritisch mit folgender **Marktreaktionsfunktion** der Werbung auseinander:

$$Umsatz = f \ (Werbebudget)!$$

Mit welchem experimentellen Design lässt sich der Werbung eine Umsatzwirkung zuordnen? (Darstellung des Designs!) (20 Punkte)

3. Entwickeln Sie einen Ansatz zum Vergleich des **direkten und des indirekten Vertriebs** mittels eines Punktbewertungsverfahrens! (18 Punkte)

4. Führen Sie rechnerisch und graphisch einen **Verfahrensvergleich** für zwei Transport-mittel mit den folgenden Kostenverläufen durch: (15 Punkte)
   i)   K1 = 100 + 10 x
   ii) K2 = 120 + 8 x
   a. Welches Transportmittel ist kostengünstiger, wenn mit einer Transportmenge von x = 8 zu rechnen ist?
   b. Analysieren Sie zwei Aspekte zur kritischen Beurteilung dieses Verfahrensvergleichs!

5. Eine **Preis-Absatz-Funktion** der allgemeinen Form p = a + bx hat die Steigung –2.
   a. Berechnen Sie die Preiselastizität der Nachfrage für den Punkt (p = 4; x = 8).
   b. Wie lautet die konkrete Preis-Absatz-Funktion? (15 Punkte)

6. Analysieren Sie das Problem der **Koordination im Marketing** unter Bezugnahme auf einen einstufigen indirekten Vertrieb! (16 Punkte)

„Musterlösung" zur Klausur 1

1. **a. Pull-Strategie:**
   Die Pull-Strategie gehört zu den Akquisitions- und Stimulierungsstrategien, mit denen die Absatzorgane zu einem Verhalten im Sinne des Herstellers bewegt wer-den sollen. Mit der sog. Sprungwerbung richtet sich das Unternehmen direkt an den Endabnehmer, weckt bei diesem einen Bedarf und bewirkt somit, dass der Endabnehmer das entsprechende Produkt aktiv beim Handel nachfragt.

   b. Produktpositionierung:
   Die durch den Endabnehmer subjektiv empfundenen Produkteigenschaften werden bei der Produktpositionierung in einem mehrdimensionalen Eigenschaftsraum abgebildet. Sie sind Beurteilungsobjekte, die entweder isoliert oder unter gleichzeitiger Einord-nung von Vergleichsobjekten (Konkurrenzprodukte, Idealprodukte) analysiert werden.

   c. Umsatzstrukturanalyse:
   Mit der Umsatzstrukturanalyse wird der kumulierte Anteil der Produkte am Gesamtumsatz in Form der Lorenzkurve dargestellt. Mit ihrer Hilfe können erste Hinweise auf eliminierungsverdächtige Produkte gefunden werden.

   d. Panelforschung:
   Unter Panelforschung werden empirische Untersuchungen verstanden, die bei ei-nem bestimmten gleich bleibenden Kreis von Untersuchungseinheiten (Personen, Einkaufsstätten…) in (regelmäßigen) zeitlichen Abständen wiederholt zum glei-chen Untersuchungsgegenstand durchgeführt werden.

   e. interne Überschneidung (Werbeträgerauswahl):
   Bei der internen Überschneidung werden mehrere Ausgaben desselben Werbe-trägers belegt, wodurch ein Teil der Mediennutzer mehrfach erreicht werden.

   f. Breite und Tiefe des Absatzprogramms:
   Die Breite des Absatzprogramms betrifft die Anzahl verschiedenartiger Produkt-gruppen, die in ihm enthalten sind. Ein Programm ist breit, wenn es relativ viele ver-schiedenartige Produktgruppen umfasst; es ist schmal, wenn es eher wenige enthält. Die Tiefe des Absatzprogramms legt die Anzahl verschiedenartiger Produkte in-nerhalb der Produktgruppen fest. Ein Programm ist flach, wenn es relativ wenige

verschiedenartige Produkte innerhalb einer Produktgruppe umfasst; es ist tief, wenn es eher viele enthält.

g. komplementäre und substitutive Beziehung zwischen Produkten:
Eine komplementäre Beziehung besteht zwischen Produkten, die sich gegenseitig ergänzen (Zigarettenblättchen und Tabak), während eine substitutive Beziehung zwischen Produkten vorliegt, die im subjektiven Empfinden des Endabnehmers gegeneinander austauschbar sind und ihm denselben Nutzen stiften (Feuerzeug und Streichhölzer).

h. Dachmarkenstrategie:
Bei einer Dachmarkenstrategie werden alle Leistungen eines Unternehmens unter einer Marke angeboten, die häufig identisch mit der Firmenmarke ist.

i. langfristige Preisuntergrenze:
Die Preisuntergrenze stellt den niedrigsten Preis dar, bei dem ein Produkt noch angeboten oder ein Auftrag noch angenommen werden kann. Langfristig betrachtet sollte ein Preis sowohl die fixen als auch die variablen Kosten, d.h. die Stückkosten, decken.

2. **Marktabgrenzung nach vier Dimensionen am Beispiel von Snowboards:**
   – Sachliche Abgrenzung:
   Konkurriert das Snowboard mit klassischen Skiern, mit Carving-Skiern, mit Snowbobs, mit Schlitten oder mit anderen Wintersportgeräten?
   – Personelle Abgrenzung:
   Welche Altersklasse gehört z.B. zur potenziellen Zielgruppe?
   – Räumliche Abgrenzung:
   Werden bspw. die Snowboards eines Herstellers lokal, regional, national, auf dem EU-Markt oder auf dem Weltmarkt nachgefragt?
   – Zeitliche Abgrenzung:
   Wie lange dauert die Snowboard-Saison? Wann werden neue Snowboards gekauft?

3. **Produktlebenszyklus**
   a.

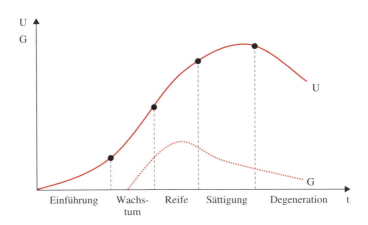

b. Bei einem Marktreaktionsmodell wird eine abhängige Größe (z.B. Umsatz) durch eine (ggf. mehrere) unabhängige Variablen (z.B. Werbebudget) erklärt (U = f(W)). Bei einer entsprechenden Prognose handelt es sich um eine Wirkungsprognose. Im Zeitpunkt t_0 stellt der Produktlebenszyklus eine nicht-lineare Entwicklungsprognose dar (U = f(t)). Es handelt sich somit nicht um ein Marktreaktionsmodell.

c. Es bieten sich folgende Strategien am Ende des Produktlebenszyklus an:
   – Relaunch (Umsatz steigt wieder),
   – Eliminierung (Produkt wird aus dem Markt genommen),
   – Versteinerung (Produkt bleibt auf einem geringeren Umsatzniveau im Markt).

4. Marketing im Distributionssystem

a. Ebenen der Marktbearbeitung:
   ① direkte endabnehmergerichtete Aktivitäten
   ② indirekte endabnehmergerichtete Aktivitäten
   ③ handelsgerichtete Aktivitäten
   ④ vom Handel ausgehende endabnehmergerichtete Aktivitäten

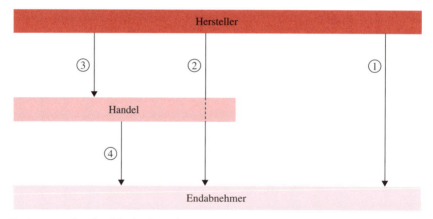

b. Bedeutung für das Marketing eines Konsumgüterherstellers:
Die Wahrnehmung des Herstellerprodukts wird oft auch von den Maßnahmen des Handels beeinflusst. Somit sollte der Konsumgüterhersteller diese Maßnahmen im Rahmen eines vertikalen Marketings mit seinen eigenen Maßnahmen abstimmen.

c. einsetzbare Marketing-Instrumente:
   ① Produktpolitik, Werbung in Publikumszeitschriften
   ② Preisempfehlungen, Verkaufsförderungsmaßnahmen
   ③ Handelswerbung, Konditionen
   ④ Sortimentspolitik, persönliche Beratung

5. Wirtschaftlichkeitsvergleich von zwei Zeitschriften:

   a. $TP = \dfrac{Belegungskosten}{Kontakte\ Nutzer} \cdot 1.000$

       A: $\dfrac{100}{10.000} \cdot 1.000 = 10$ B: $\dfrac{120}{10.000} \cdot 1.000 = 12$

Der Tausenderpreis der Zeitschrift A ist wirtschaftlicher, da ich hier mit 10 € 1.000 Leser erreichen kann, während ich bei Zeitschrift B 12€ hierfür ausgeben muss.

   b. $TP = \dfrac{Belegungskosten}{Kontakte\ Zielperson} \cdot 1.000$

       A: $\dfrac{100}{4.000} \cdot 1.000 = 25$ B: $\dfrac{120}{5.000} \cdot 1.000 = 24$

Wenn als Zielgruppe nur Frauen in Frage kommen, ist Zeitschrift B zu bevorzugen, da sie den wirtschaftlicheren (niedrigeren) Tausenderpreis aufweist.

6. optimale Preisforderung des Monopolisten:

$p = 10 - x \quad U = p \cdot x = (10 - x) \cdot x = -x^2 + 10x$

$K = 20 + x \quad G = U - K = -x^2 + 10x - 20 - x = -x^2 + 9x - 20$

   a. Gewinnmaximierung:

$$G'(x) = -2x + 9 = 0 \Leftrightarrow 2x = 9 \Leftrightarrow x = 4,5$$

$$\rightarrow p = 10 - 4,5 = 5,5$$

   b. Umsatzmaximierung:

$$U'(x) = -2x + 10 = 0 \Leftrightarrow 2x = 10 \Leftrightarrow x = 5$$

$$\rightarrow p = 10 - 5 = 5$$

   c. Absatzmengenmaximierung:

Unter der Voraussetzung des Normalfalls einer fallenden Preis-Absatz-Funktion ist die Absatzmenge maximal, wenn das Gut kostenlos ist.

$$\rightarrow p = 0$$

Literaturverzeichnis

Aaker, D. A.; Joachimsthaler, E. (2001 a):	Adidas und Nike – Lektionen über den Aufbau von Marken, in: Aaker, D. A.; Joachimsthaler, E. (Hrsg.): Brand Leadership – Die Strategie für Siegermarken, München, S. 175 – 206.
Aaker, D. A.; Joachimsthaler, E. (Hrsg.) (2001 b):	Brand Leadership – Die Strategie für Siegermarken, München.
Adidas-Salomon (2002):	Persönlicher Kontakt per e-Mail am 11.09.2002.
Adidas (2004):	Unternehmensporträt, http://www.adidas.de; Stand: 20.04.2004.
Adidas-Salomon (2004 a):	Unternehmensporträt, http://www.adidas-salomon.com; Stand: 20.04.2004.
Adidas-Salomon (2004 b):	Geschäftsbericht 2003, o.O. (Herzogenaurach).
Ahlert, D. (1995):	Distribution, in: Tietz, B.; Köhler, R.; Zentes, J. (Hrsg.): Handwörterbuch des Marketing, 2. Aufl., Stuttgart, S. 499 – 515.
Ahlert, D. (2003):	Distributionspolitik, 3. Aufl., Stuttgart.
Ahlert, D. (2004):	Distributionspolitik, 4. Aufl., Stuttgart.
Andreasen, A. (2003):	Strategic Marketing for Nonprofit Organizations, 6th ed., Upper Saddle River.
Ansoff, H. I. (1966):	Management-Strategie, München.
Arnold, U. (1995):	Absatzwege, in: Tietz, B.; Köhler, R.; Zentes, J. (Hrsg.): Handwörterbuch des Marketing, 2. Aufl., Stuttgart, S. 29 – 41.
AWA (2002):	Allensbacher Werbeträgeranalyse 2001, o. O.
Backhaus, K. (1997):	Industriegütermarketing, 5. Aufl., München.
Backhaus, K. (2003):	Industriegütermarketing, 7. Aufl., München.
Backhaus, K. u.a. (2003):	Multivariate Analysemethoden, 10. Aufl., Berlin; Heidelberg.
Balderjahn, I. (2003):	Erfassung der Preisbereitschaft, in: Diller, H.; Hermann, A. (Hrsg.): Handbuch Preispolitik, Wiesbaden, S. 387 – 404.
Bänsch, A. (1998):	Einführung in die Marketing-Lehre, 4. Aufl., München .
Bänsch, A. (2002):	Käuferverhalten, 9. Aufl., München u.a.
Bauer, E. (1984):	Produkttests, in: Wirtschaftswissenschaftliches Studium, 13. Jg., H. 4, S. 157 – 164.
Baumgarth, C. (2001):	Markenpolitik, Wiesbaden.

Baumgarth, C. (2003):	Wirkungen des Co-Branding: Erkenntnisse durch Mastertechnikpluralismus, Wiesbaden.
Baumgarth, C. (2004):	Markenpolitik, 2. Aufl., Wiesbaden.
Becker, J. (1998):	Marketing-Konzeption, 6. Aufl., München.
Becker, J (2001 a):	Marketing-Konzeption, 7. Aufl., München.
Becker, J. (2001 b):	Einzel-, Familien- und Dachmarke als grundlegende Handlungsoptionen, in: Esch, F.-R. (Hrsg.): Moderne Markenführung, 3. Aufl., Wiesbaden, S. 297 – 316.
Benkenstein, M. (1997):	Strategisches Marketing, Stuttgart u.a.
Benkenstein, M. (2001):	Entscheidungsorientiertes Marketing, Wiesbaden.
Berekoven, L. (1978):	Zum Verständnis und Selbstverständnis des Markenwesens, in: Markenartikel heute, o. Hrsg., Wiesbaden, S. 35 – 48.
Berekoven, L. (1992):	Von der Markierung zur Marke, in: Dichtl, E.; Eggers, W. (Hrsg.):Marke und Markenartikel als Instrument des Wettbewerbs, München, S. 25 – 45.
Berekoven, L.; Eckert, W.; Ellenrieder, P. (1999):	Marktforschung, 8. Aufl., Wiesbaden.
Berekoven, L.; Eckert, W.; Ellenrieder, P. (2001):	Marktforschung, 9. Aufl., Wiesbaden.
Berekoven, L.; Eckert, W.; Ellenrieder, P. (2004):	Marktforschung. Methodische Grundlagen und praktische Anwendung, 10. Aufl., Wiesbaden.
Berndt, R.; Hermanns, A. (Hrsg.) (1993):	Marketingkommunikation, Wiesbaden.
Biberstein, I. (2001):	Dienstleistungsmarketing, Ludwigshafen.
Bickelmann, R.E. (2002):	Key Account Management. Erfolgsfaktoren für die Kundensteuerung – Strategien, Systeme, Tools, Wiesbaden.
Böcker, F. (1978):	Die Bestimmung der Kaufverbundenheit von Produkten, Berlin.
Böcker, F.; Helm, R. (2003):	Marketing, 7. Aufl., Stuttgart.
Brockhoff, K. (1999):	Produktpolitik, 4. Aufl., Stuttgart.
Bruhn, M. (1997):	Kommunikationspolitik. Bedeutung – Strategien – Instrumente, München.
Bruhn, M. (2002):	Marketing, 6. Aufl., Wiesbaden.

Bruhn, M. (2003):	Kommunikationspolitik, 2. Aufl., München.
Bruhn, M.; G. E. M. (2003):	Was ist eine Marke, Gräfelfing.
Call, G. (1997):	Entstehung und Markteinführung von Produktneuheiten, Diss. Wiesbaden.
Chernatony, L. de; McDonald, M. (1998):	Creating Powerful Brands, 2. Aufl., Oxford.
Clef, U. (1998):	Die Ausgezeichneten. Unternehmenskarrieren mit Marketing, München.
Clef, U. (2001):	Marketing verleiht Flüüügel, in: Absatzwirtschaft, 44. Jg., Sonderausgabe Oktober, S. 22 – 30.
Dichtl, E.; Raffee, H.; Niedetzky, H.-M. (1981):	Reisende oder Handelsvertreter, München.
Dichtl, E.; Eggers, W. (Hrsg.) (1992):	Marke und Markenartikel als Instrument des Wettbewerbs, München.
Diller, H. (Hrsg.) (1992):	Vahlens Großes Marketing Lexikon, München.
Diller, H. (1998):	Nutzwertanalysen, in: Diller, H. (Hrsg.): Marketingplanung, 2. Aufl., München, S. 247 – 265.
Diller, H. (2000):	Preispolitik, 3. Aufl., Stuttgart.
Diller, H. (Hrsg.) (2001):	Vahlens Großes Marketing Lexikon, 2. Aufl., München.
Diller, H. (2002):	Grundprinzipien des Marketing, Nürnberg.
Diller, H. (2003):	Kundenorientierung. Bausteine für ein exzellentes Customer Relatioship Management (CRM), 2. Aufl., München.
Diller, H.; Hermann, A. (Hrsg.) (2003):	Handbuch Preispolitik, Wiesbaden.
Eisenführ, M.; Kaapke, A. (2003):	Marketing, 2. Aufl., München.
Engelhardt, W. H.; Kleinaltenkamp, M.; Reckenfelderbäumer, M. (1995):	Leistungstypologien als Basis des Marketing. Ein neues Plädoyer für die Aufhebung der Dichotomie von Sachleistungen und Dienstleistungen, in: Die Betriebswirtschaft, 55. Jg., H. 5, S. 673 – 678.
Erdem, T. (2001):	An Empirical Analysis of Umbrella Branding, in: Journal of Marketing Research, 35. Jg., H. 3, S. 339 – 351.
Esch, F.-R. (2001):	Wirkung integrierter Kommunikation, 3. Aufl., Wiesbaden.
Esch, F.-R. (2004):	Strategie und Technik der Markenführung, 2. Aufl., München.

Esch, F.-R. (Hrsg.) (2001):	Moderne Markenführung, 3. Aufl., Wiesbaden.
Fassnacht, M. (2003):	Preisdifferenzierung, in: Diller, H.; Hermann, A. (Hrsg.): Handbuch Preispolitik, Wiesbaden, S. 484 – 502.
Freter, H. (1974):	Mediaselektion. Informationsgewinnung und Entscheidungsmodelle für die Werbeträgerauswahl, Wiesbaden.
Freter, H. (1983):	Marktsegmentierung, Stuttgart u.a.
Freter, H. (2004):	Markenpolitische Strategien mittelständischer Konsumgüterhersteller, erscheint in: Schlüchtemann, J.; Tebroke, H.-J. (Hrsg.): Mittelstandsforschung in Theorie und Praxis 25 Jahre BF/M, Bayreuth.
Fritz, W.; von der Oelsnitz, D. (2001):	Marketing. Elemente marktorientierter Unternehmensführung, 3. Aufl., Stuttgart.
Froböse, M.; Kaapke, A. (2000):	Marketing: Eine praxisorientierte Einführung mit Fallbeispielen, Frankfurt/M.
Gedenk, K. (2002):	Verkaufsförderung, München.
Gerhards, M.; Klingler, W. (2002):	Programmangebote und Spartennutzung im Fernsehen 2001, in: Media Perspektiven, H. 11, 33. Jg., S. 544 – 556.
Geschka, H. (1986):	Kreativitätstechniken, in: Staudt, E. (Hrsg.): Das Management von Innovationen, Frankfurt/M., S. 147 – 160.
Goehrmann, K. E. (1984):	Verkaufsmanagement, Stuttgart.
Groeben, F.v.d. (1978):	Schnittstellen-Management mobilisiert Reserven, in: Absatzwirtschaft, 10. Jg., Sonderausgabe, S. 118 – 121.
Gröne, A. (1977):	Marktsegmentierung bei Investitionsgütern, Wiesbaden.
Haedrich, G.; Tomczak, T. (1996):	Produktpolitik, Stuttgart u.a.
Hempelmann, B. (1995):	Generic Marketing, in: Tietz, B.; Köhler, R.; Zentes, J. (Hrsg.): Handwörterbuch des Marketing, 2. Aufl., Stuttgart, S. 743 – 748.
Herrmann, A. (1998):	Produktmanagement, München.
Herrmann, A.; Homburg, C. (Hrsg.) (1999):	Marktforschung, Wiesbaden.
Hermanns, A. (1997):	Sponsoring: Grundlagen, Wirkungen, Management, Perspektiven, 2. Aufl., München.
Hermanns, A. (2003):	Sponsoring und Events im Sport, München.
Hermanns, A.; Riedmüller, F. (Hrsg.) (2001):	Management-Handbuch Sport-Marketing, München.

Homburg, C.; Herrmann, A.; Plesser, C. (1999):	Methoden der Datenanalyse im Überblick, in: Herrmann, A.; Homburg, C. (Hrsg.): Marktforschung, Wiesbaden, S. 101 – 125.
Homburg, C.; Krohmer, H. (2003):	Marketingmanagement. Strategie – Instrumente – Umsetzung – Unternehmensführung, Wiesbaden.
Hruschka, H. (1996):	Marketing-Entscheidungen, München.
Irrgang, W. (1989):	Strategien im vertikalen Marketing. Handelsorientierte Konzeptionen der Industrie, München.
Irrgang, W. (1992):	Vertikale Marketingstrategie, in: Diller, H. (Hrsg.): Vahlens Großes Marketing Lexikon, München, S. 1248 – 1249.
Irrgang, W. (1995):	Kontraktmarketing, in: Tietz, B.; Köhler, R.; Zentes, J. (Hrsg.): Handwörterbuch des Marketing, 2. Aufl., Stuttgart, S. 1263 – 1273.
Kaas, K. P.; Busch, A. (1996):	Inspektions-, Erfahrungs- und Vertrauenseigenschaften von Produkten. Theoretische Konzeption und empirische Validierung, in: Marketing ZfP, 18. Jg., H. 4, S. 243 – 252.
Keller, K. L. (1998):	Strategic Brand Management, Upper Saddle River.
Kepper, G. (2000):	Methoden der Qualitativen Marktforschung, in: Herrmann, A.; Homburg, C. (Hrsg.): Marktforschung, Wiesbaden, S. 159 – 202.
Knieß, M. (1995):	Kreatives Arbeiten, München.
Köhler, R. (1995):	Marketing – Organisation, in: Tietz, B.; Köhler, R.; Zentes, J. (Hrsg.): Handwörterbuch des Marketing, 2. Aufl., Stuttgart, S. 1636 – 1653.
Koppelmann, U. (1999):	Marketing: Einführung in Entscheidungsprobleme des Absatzes und der Beschaffung, 6. Aufl., Düsseldorf.
Koppelmann, U. (2000):	Produktmarketing, 6. Aufl., Berlin u.a. .
Kotler, P.; Bliemel, F. (1999):	Marketing-Management. Analyse, Planung, Umsetzung und Steuerung, 9. Aufl., Stuttgart.
Kotler, P.; u.a. (2002):	Grundlagen des Marketing, 2. Aufl., München.
Krämer, A.; u.a. (2003):	Rabattsysteme und Bonusprogramme, in: Diller, H.; Hermann, A. (Hrsg.): Handbuch Preispolitik, Wiesbaden, S. 551 – 574.
Kroeber-Riel, W. (2000):	Strategie und Technik der Werbung. Verhaltenswissenschaftliche Ansätze, 5. Aufl., Stuttgart u. a.
Kroeber-Riel, W.; Esch, F-R. (2001):	Integrierte Kommunikation, in: Diller, H. (Hrsg.): Vahlens Großes Marketing Lexikon, 2. Aufl., München, S. 669 – 673.
Kroeber-Riel, W.; Weinberg, P. (2003):	Konsumentenverhalten, 8. Aufl., München.

Löbler, H. (1988):	Diversifikation und Unternehmenserfolg, Wiesbaden.
Marketing Club München (2002):	Red Bull verleiht Flüüüüüüügel, in: Clubreport Nr. 2/2002, München, S. 1.
Meffert, H. (1980):	Marketing, 5. Aufl., Wiesbaden.
Meffert, H. (1998):	Marketing, 8. Aufl., Wiesbaden.
Meffert, H. (2000):	Marketing, 9. Aufl., Wiesbaden.
Meffert, H.; Bruhn, M. (2000):	Dienstleistungsmarketing. Grundlagen – Konzepte – Methoden, 3. Aufl., Wiesbaden.
Meffert, H.; Perrey, J. (1998):	Mehrmarkenstrategien, Arbeitspapier Nr. 121 der Wissenschaftlichen Gesellschaft für Marketing und Unternehmensführung e.V., Hrsg.: Meffert, H.; Backhaus, K., Münster.
Movie College (2004):	http://www.movie-college.de; Stand: 20.04.2004.
Müller-Hagedorn, L (2002):	Handelsmarketing, 3. Aufl., Stuttgart.
NetCologne (2004):	http://www.netcologne.de; Stand: 21.04.2004.
Nieschlag, R.; Dichtl, H.; Hörschgen, E. (1997):	Marketing, 18. Aufl., Berlin.
Nieschlag, R.; Dichtl, H.; Hörschgen, E. (2002):	Marketing, 19. Aufl., Berlin.
Nike (2004):	Unternehmensporträt, http://www.nike.com; Stand: 20.04.2004.
Olbrich, R. (1995):	Vertikales Marketing, in: Tietz, B.; Köhler, R.; Zentes, J. (Hrsg.): Handwörterbuch des Marketing, 2. Aufl., Stuttgart, S. 2612 – 2623.
Olbrich, R.; Schröder, H. (1995):	Absatzhelfer, in: Tietz, B.; Köhler, R.; Zentes, J. (Hrsg.): Handwörterbuch des Marketing, 2. Aufl., Stuttgart, S. 12 – 19.
Osborn, A. (1963):	Applied Imagination, 3. Aufl., New York.
Payback (2004):	http://www.payback.de, Stand: 21.04.2004.
Pepels, W. (2000):	Marketing-Lexikon, 2. Aufl., München.
Pfohl, H.-C. (1994):	Management der Logistikkette, Berlin.
Pfohl, H.-C. (2000):	Logistiksystem. Betriebswirtschaftliche Grundlagen, 6. Aufl., Berlin u.a.
Plinke, W. (1995):	Außendienst, in: Tietz, B.; Köhler, R.; Zentes, J. (Hrsg.): Handwörterbuch des Marketing, 2. Aufl., Stuttgart, S. 118 – 130.
Priemer, V. (2003):	Preisbündelung, in: Diller, H.; Hermann, A. (Hrsg.): Handbuch Preispolitik, Wiesbaden, S. 503 – 519.

Literaturverzeichnis

Quality Channel (2004):	http://www.quality-channel.de; Stand: 20.04.2004.
Rittal (2004):	Unternehmenspräsentation, http://www.rittal.de; Stand: 22.4.2004.
Rogers, E. M. (1962):	Diffusion of Innovation, New York.
Roth, F. (2004):	Vier Fäuste für drei Streifen, in: Horizont Sport Business Weekly am 11.02.2004, S. 2.
Scharf, A.; Schubert, B. (2001):	Marketing, 3. Aufl., Stuttgart.
Scheffler, H. (1999):	Stichprobenplanung und Datenerhebung, in: Herrmann, A.; Homburg, C. (Hrsg.): Marktforschung, Wiesbaden 1999, S. 59 – 77.
Schlegel, M. (1978):	Betriebswirtschaftliche Konsequenzen der Produktdifferenzierung, in: Wirtschaftswissenschaftliches Studium, 6. Jg., H. 1, S. 65 – 73.
Schlicksupp, H. (1999):	Ideenfindung, 5. Aufl., Würzburg.
Schmidt, R. (1996):	Marktorientierte Konzeptfindung für langlebige Gebrauchsgüter, Diss., Wiesbaden.
Schmitt-Grohé, J. (1972):	Produktinnovation, Wiesbaden.
Schneider, D. (1995):	Marketing – Ziele, , in: Tietz, B.; Köhler, R.; Zentes, J. (Hrsg.): Handwörterbuch des Marketing, 2. Aufl., Stuttgart, S. 1682 – 1696.
Schröder, H.; Ahlert, D. (2001):	Vertriebswegepolitik, in: Diller, H. (Hrsg.): Vahlens Großes Marketing Lexikon, 2. Aufl., München, S. 1809 – 1814.
Schweiger, G.; Schrattenecker, G (2001).:	Werbung, 5. Aufl., Stuttgart; Jena.
Senn, C. (2001):	Key Account Management, in: Diller, H. (Hrsg.): Vahlens Großes Marketing Lexikon, 2. Aufl., München, S. 768 – 769.
Semion (2004):	http://www.semion.com; Stand: 15.04.2004.
Sidow, H. D. (1997):	Key Account Management, 3. Aufl., Landsberg/L.
Siegener Zeitung (2004):	http://www.siegener-zeitung.de; Stand: 20.04.2004.
Simon, H. (1995 a):	Kundenzufriedenheit, 2. Aufl., Wiesbaden.
Simon, H. (1995 b):	Preismanagement kompakt. Probleme und Methoden des modernen Pricing, Wiesbaden.
Simon, H. (1998):	Kundenzufriedenheit, 3. Aufl., Wiesbaden.

Simon, H.; Möhrle, M. (1993):	Werbebudgetierung, in: Berndt, R.; Hermanns, A. (Hrsg.): Marketingkommunikation, Wiesbaden, S. 301 – 317.
Simon, H.; Wübker, G. (2003):	Preisdifferenzierung, in: Diller, H. (Hrsg.): Vahlens Großes Marketinglexikon, 2. Aufl., Wiesbaden, S. 1304 – 1309.
Specht, G. (1992):	Distributionsmanagement, 2. Aufl., Stuttgart u.a.
Specht, G. (1998):	Distributionsmanagement, 3. Aufl., Stuttgart u.a.
Sponsors (2004):	Adidas wird Partner der Olympischen Spiele 2004, Bericht vom 17.03.2004, http://www.sponsors.de; Stand: 15.4.2004.
Sportscheck (2004):	Unternehmenspräsentation, http://www.sportscheck.com; Stand: 15.4. 2004.
Stamminger, E. (2001):	Kommunikationspolitik für Wachstumsmärkte: Das Beispiel Adidas, in: Hermanns, A.; Riedmüller, F. (Hrsg.): Management-Handbuch Sport-Marketing, München, S. 477 – 483.
Staudt, E. (Hrsg.) (1986):	Das Management von Innovationen, Frankfurt/M.
Steffenhagen, H. (2000):	Marketing. Eine Einführung, 4. Aufl., Stuttgart u.a.
Steffenhagen, H. (2001):	Copy Strategy, in: Diller, H. (Hrsg.): Vahlens Großes Marketing Lexikon, 2. Aufl., München, S. 238 – 239.
Stender-Monhemius, K. (1999):	Einführung in die Kommunikationspolitik, München.
Stender-Monhemius, K. (2002):	Marketing: Grundlagen mit Fallstudien, München u.a.
Stern (2001):	Stern Markenprofile 9, 2001.
Szeliga, M. (1995):	Push und Pull in der Markenpolitik. Ein Beitrag zur modell-gestützten Marketingplanung am Beispiel des Reifenmarktes, Diss., Frankfurt/M.
Täger, U. (1995):	Betriebstypen im Großhandel, in: Tietz, B.; Köhler, R.; Zentes, J. (Hrsg.): Handwörterbuch des Marketing, 2. Aufl., Stuttgart, S. 255 – 274.
Tewes, M. (2003):	Der Kundenwert im Marketing, Wiesbaden.
Tietz, B.; Köhler, R.; Zentes, J. (Hrsg.) (1995):	Handwörterbuch des Marketing, 2. Aufl., Stuttgart.
Toporowski, W. (1996):	Logistik im Handel, Heidelberg.
VDZ (2004):	Media-Service des Verbands Deutscher Zeitschriftenverleger e.V.; http://www.pz-online.de; Stand: 20.04.2004.
Weis, H. C. (2001):	Marketing, 12. Aufl., Ludwigshafen.

Literaturverzeichnis

Weis, H. C. (2004):	Marketing, 13. Aufl., Ludwigshafen.
Weis, H. C.; Steinmetz, P. (2002):	Marktforschung, 5. Aufl., Ludwigshafen.
Weis, H. C.; Steinmetz, P. (2004):	Marktforschung, 13. Aufl., Ludwigshafen.
Winkelmann, P. (2002):	Marketing und Vertrieb. Fundamente für die Marktorientierte Unternehmensführung, 3. Aufl., München.
Witt, J. (1996):	Produktinnovation: Entwicklung und Vermarktung neuer Produkte, 8. Aufl., München.
Zatloukal, G. (2002):	Erfolgsfaktoren von Markentransfers, Diss. Wiesbaden.
ZAW (Hrsg.) (2003):	Werbung in Deutschland 2003, Bonn.
Zils, O. (2003):	Vorfreude auf das Heimspiel in Deutschland, in: Horizont Sport Business Weekly vom 24.09.2003, S. 1.

Unternehmens- und Markenverzeichnis

A&P 183

Accor 62

ADAC 102

Adidas sport heritage 57

Adidas sport performance 57

Adidas sport style 57

Adidas 11, 12, 57, 59, 63, 99, 127, 128, 171

Aldi 177, 206

Alessi 67

Apple 67

Audi 61, 62, 77

Bayer 209

Becel 62

BILD 160, 162

Body Shop 183

Bonella 62

C&A 177

Coca Cola 59, 60, 198, 209

Conrad 177

Dell 175

Die Sparsamen 183

Die Weissen 183

Du darfst 62

ESSO 140

Etap 62

Flora Soft 62

Ford 77

Globus 177

Granini 63

Hanuta 61

Henkel 209

Hennes & Mauritz 183

Ibis 62

Intel 59

Intersport 171

Jacobs Kaffee 64

Karstadt 177

Kraft 64

Krupp 209

Lätta 62

Maggi 59, 198

Marc O´Polo 182

Marlboro 64

Mars 63

Mavic 57

Maxfli 57

Mercure 62

Metro 206

Milka 64

Miller-Beer 64

MLP 65

Mon Cherie 182

Mövenpick 63

Naturkind 183

NetCologne 102

Nike 1,11

Nivea 61, 63, 67, 134, 182

Novotel 62

Pepsi 60

Persil 59, 75, 182

Philip Morris 64

Plax 74

Porsche 67

Quelle 177

Rama 62

Red Bull 68

REWE 183

Rittal 201

Salomon 12

Sanella 62

SB 62

Seat 61, 62, 64

Siemens 61

Skoda 61, 62, 64

Spar 183

Spiegel 160, 162, 164

Stern 160. 162, 163, 164, 165

Taylormade-Adidas 57, 171

Tengelmann 183, 206

Unilever 62

VDI 102

VW 61, 62, 77

Wal-Mart 206

Yellow-Strom 198

ZDF 160, 162, 167

Sachregister

A

ABC-Analyse 92, 185
Abhängigkeiten
   - sachliche 39, 197
   - zeitliche 197
Absatz
   - helfer 174
   - kanal 173, 174
   - markt 13, 19
   - menge 30, 83, 107, 137
   - mengenmaximierung 111
   - mittler 25, 151, 153, 174
   - organe 151, 173, 184
   - prognose 49, 84
   - programm 65, 77
   - verbund 93
   - weg 173
Abschöpfungsstrategie 104
Aggregationsgrad 38
Akquisition 68
Akquisitionsstrategie 179
Aktions-
   - aspekt 16
   - seite 18
Aktivierungstechniken 144
Aktivitäten 27
Aktualgenese 156
Altersstrukturanalye 93
Amortisations-
   - dauer 72, 85, 104
   - rechnung 85
Angebots-
   - monopos 22
   - polypol 22
   - präsenz 176
   - oligopol 22
Anreizsysteme 186
Anweisungen 15, 209
Anzeigen 143
   - farbe 146
   - größe 145
   - preis 150

atomistischer Bereich 116
Attribute Listing 71, 79
Aufgabenbereiche 17
Aufmerksamkeit 152
Auftragsabwicklung 188
Außendienst- 152
   - mitarbeiter 40, 151
   - bericht 185
Ausstellung 130
Ausstrahlungseffekt 159
Austauschbarkeit 21
Auswahl
   - Quoten- 43
   - verfahren 42
   - willkürliche 43
   - Zufalls- 42
Auswertung (Daten-) 45

B

Banner 143
Basisbotschaft 142
Bedarfsverbund 77
Bedürfnisbefriedigung 14
Beeinflussungsfunktion 129
Befragung 44, 155
   - Experten- 120
   - Kunden- 121
Bekanntheit 27, 35, 39, 130
Bekanntheitsgrad 39, 154
Belegungs-
   - häufigkeit 160, 163, 165
   - kosten 146
Beobachtung 45, 155
Beratung 16
Beschaffungsmarkt 13
   - forschung 41
Besuchshäufigkeit 185
Beteiligung 64
Betriebsformen
   - des Einzelhandels 177
   - des Großhandels 176

Bevorratung 152
Bionik 71, 80
Blickregistrierungsgerät 156
Blindtest 60, 72
Börse 19
Bonus 118
Botschaft
- Basis- 142
- Gestaltung 143
- Nutzen- 142
Brainstorming 71, 78
Brainwriting 78
Break-Even-Analyse 72, 83
Budgetierungsmethoden 136
- Bezugsgrößenabhängige 137
- heuristische 137
- theoretische 139
- Ziel abhängige 138
Budgetrestriktion 164
Bundling 77
Business-to-Business-Markt 22
Business-to-Consumer-Markt 22
Buying Center 26, 28, 136

C

Cash&Carry-Großhandel 172
Checklisten-Verfahren 71
Clusteranalyse 49
Conjoint Measurement 121
Consumer benefit 142
Convenience good 23
Copy-Strategie 132
Corporate
- Behaviour 131
- Communications 131
- Design 131
- Identity 130
Cournotscher Punkt 110
Cross selling 59

D

Daten
- auswertung 45
- erhebung 44
- gewinnung 41, 44

Deckungsbeitrag 92, 185
Deckungsbeitragstrukturanalyse 92
Deckungsspanne 123, 175
Degeneration 91
Delphi-Methode 51
Dienstleistungen 23
Differenzierung 16, 17
Direct Marketing 130
Discounter 177
Diskontierung 33
Display 153
Distribution 36
- akquisitorische 36
- physische 186
Distributions-
- grad 173, 181
- kanal 173
- politik 171, 196
- system 16
Diversifikation 63
- horizontal 63
- lateral 63
- vertikal 63

E

Economies of Scale 104
Einführung 91
Einführungs-
- preis 104
- rabatt 119
Einkauf 15
- stättenwahl 19, 27
Einkaufs-
- gremium 26, 82
- ziel 22
Einliniensystem 203
Einmarkenstrategie 61
Einproduktunternehmen 109, 159, 199, 204
Einschalt
- kosten 145, 146, 160
- frequenz 149
Einstellung 27, 35, 152, 156
Einzel
- fertigung 14
- handelspanel 44
- kosten 93, 122
- marke 60

Einzahlungsüberschuss 33
Elastizität 113
Elektro-Enzephalogramm 153, 156
Eliminierung (Produkt) 94
Emotionale Reize 144
Endabnehmer 151, 153
Engpassfaktor 14
Entlohnungssystem 153, 186
Entscheidungs-
- feld 29
- matrix 31
- regel 30, 84, 86, 87
- tatbestand 78, 174, 184
Entwicklungsprognosen 49
Erbauungsnutzen 68
Erfahrungseigenschaft 24
Ergebnismatrix 29, 37
Erinnerungstest 156
Erklärungsmodell 40
Erscheinungsbild 197
Erstkauf 59
Erwartungswert 30
Evaluierung 163
Event-Marketing 130
Exklusivvertrag 177
Experiment 45, 72, 155
Expertenbefragung 51, 120

F

Fabrikabgabepreis 17
Fach-
- geschäft 177
- markt 177
Factory Outlet 175
Faktorwirkung 89
Familienmarke 134
Feldexperiment 86
Festgehalt 186
Filiale 175
Finanz
- beziehung 14
- hilfen 181
- mittel 137
Flexibilität 204
Forschung und Entwicklung(F&E) 15

Forschung
- Primär- 44, 120
- Sekundär- 44
Fragebogen 42
Franchise-
- system 182
- geber 182
- nehmer 182
Führungskonzept 15
Funkspot 142
Funktions-
- bereich 13
- orientierung 204
- rabatt 150
Fusion 68

G

Gatekeeper 182
Gattungsmarke 183
Gedächtnisleistung 144
Gegenleistung 36
Geltungsnutzen 68
Gemeinkosten 93, 122
Geschmacktest 59
Gestaltungs-
- stil 132
- prinzipien 198
Gewinn
- maximum 109, 115
- schwellenanalyse 83
- spiel 153
- vergleichsrechnung 190
- zuschlag 122
Gleichgewichtspreis 113, 116
Gleitender Durchschnitt 50
Greiftest 72
Grenz-
- erlös 114, 158
- kosten 113, 158
- umsatzfunktion 107
Grob-
- auswahl 71, 82, 83
- bewertung 73
Grund-
- bedürfnis 21
- funktion 67, 75

- gesamtheit 42
- nutzen 68
Gruppendiskussion 51, 121
Güterbeziehung 14
Gütesiegel 25
Gutschein 153

H

Händler-Promotion 151
Handel 151
  - Einzel- 175
  - Groß- 175
Handels-
  - macht 117
  - marke 183
  - Panel 154
  - stufen 109
  - unternehmen 65
  - ware 64
  - werbung 16
Handelsvertreter 183, 190
  - Abschluss- 183
  - Allein- 183
  - Bezirks- 183
  - Einfirmen- 183
  - General- 183
  - Mehrfirmen- 183
  - Vermittlungs- 183
Handlungsempfehlung 29
Häufigkeiten 46
Häufigkeitsanalyse 45
Haushalts
  - Panel 44
  - test 72
Herstellerabgabepreis 117
Heuristik 33, 198
Hochrechnung 43
Höchstpreis 106
Hörfunk 142, 143, 148
Homogenitätsbedingung 21
Horizontale
  - Absatzkanalstruktur 176
  - Zielung 136
Hostesse 153

I

Image 35
  - Skala 42
Immaterialitätsgrad 24
Impulskauf 152
Informations-
  - beschaffung 41, 78, 120, 138, 154, 190
  - beziehung 14
  - funktion 129
  - seite 17
  - überlastung 144
  - verhalten 28
  - verarbeitung 41, 78, 120, 154, 190
  - vollkommene 22
Innovationsprozess 69
Innovator 73
Inspektionseigenschaften 24
Integrationsgrad 24
Integrierte Kommunikation 192
Interdependenzen 36, 39
Interessen 27, 152
Inter-Mediaselektion 144, 147
Internet 143, 148
Intervallniveau 42
Interview 44
Interviewer 42
Intra-Mediaselektion 147
Investitionsgüter 23
  - unternehmen 36
Involvement 144

J

Joint Venture 64

K

Kalkulation 94
Kalkulations-
  - verfahren 120, 122
  - zinsfuß 88
Kapazitäts-
  - grenze 113
  - auslastung 35, 59, 101
Kapitalwert- 72
  - methode 87

Käufer
- merkmale 102
- potential 75
- verhalten 19
Kauf
- absicht 27, 101, 156
- beeinflusser 135
- haus 177
- risiko 24, 104
Kaufentscheidungen
- von Konsumenten 26
- von Unternehmen 28
Kennzahlen 159
Kern
- funktion 67
- leistung 67
Key-Account-Management 206
Kino 143
Klassifikation
- von Marktleistungen 21
- von Märkten 21
KMU (kleine und mittlere Unternehmen) 14
Kombinationsmöglichkeit 197
Kommissionär 25, 181
Kommissionierung 186
Kommissionsvertrieb 181
Kommittent 181
Kommunikation 129
Kommunikations-
- instrumente 130
- mix 134
- persönliche 130
- politik 36, 130
- ziele 130
Kompetenz 206
Komplexitätskosten 75
Konjunktur 122, 150
Konkurrenz 137, 159, 187, 200
- atomistische 113
- polypolistische 116
- werbung 166
Konsument 19
Konsumenten-
- rente 101, 105
- kontrolle 18
Konsumgüter 23
Kontaktleistung 160

Kontraktstrategie 181
Kontrolle 18
Kontrollgruppe 88
Konzepttest 72
Kooperation 17
Koordination
- der Marketing-Instrumente 195
- saspekt 16, 134
- saufwand 204, 209
Kosten-
- deckungspunkt 110
- Einzel- 122
- funktion. 117
- Gemein- 122
- orientierte Preisbestimmung 117
- Plus-Preisbildung 117
- vergleichsrechnung 190
- rechnung 93
- schlüsselung. 136
Kreativitätstechniken 70, 71, 78
Kreuz-Preis-Elastizität 20
Kreuztabellierung 48
Kunden
- befragung 121
- bindung 102, 118, 115
- differenzierung 21
- gewinnung 101
- gruppe 206
- orientierung 16
- strukturanalyse 92
- treue 101
- wert 102

L

Labortest 45, 72
Lageparameter 46
Lager
- bestand 189
- haltung 152, 188
Längsschnittanalyse 50, 154
Laienumwerbung 136
Laufverhalten 45
Lebenszyklus 103
- analyse 90
Leistungs-
- beurteilung 35
- politik 35, 59

- politische Strategien 59
- programm 64
- spektrum 64
- system 203
- typologie 24
- ziele 59
Lerneffekte 89
Leuchtwerbung 144
Liefer-
    - bereitschaft 187, 189
    - beschaffenheit 187
    - flexibilität 187
    - genauigkeit 187
    - service 187
    - zeit 36, 187
    - zustand 187
    - zuverlässigkeit 187
Lieferanten
    - auswahl 182
    - kredit 118
Lineare Programmierung 159, 164
Linearität 166
Linieninstanz 203
Listenpreis 118
Listung 118, 175, 179
Litfasssäule 143
Lizenz 64
Lösungsmethoden 33
Logistik 186

M

Machtverhältnis 183
Management
    - Konzeption 12
    - Prozess 18
Makler 25
Marginalanalytischer Ansatz
    - Optimierung Mix 194
    - Optimierung Werbebudget 156
Marke 59
    - Dach- 60
    - Eigen- 183
    - Einzel- 60
    - Familien- 60
    - Gattungs- 183
    - Handels 183
    - Premium 183

Marken
    - bekanntheit 150, 152
    - politik 36, 132
    - transfer 62
Markenstrategien 59
    - dynamische 62
    - Ein- 61
    - Mehr- 61
    - statische 60
Marketing
    - Abteilung 203
    - Alternativen 29
    - Aufgabenbereiche 17
    - Begriff 14
    - Entscheidungen 29
    - Entscheidungsprozess 41
    - Forschung 41
    - Führerschaft 182
    - Funktion 202
    - Instrumente 16, 19, 35
    - Logistik 186
    - Mix 55, 73, 85, 159, 183, 197, 199
    - Organisation 201
    - operatives 18
    - Situation 34
    - strategisches 18
    - Submix 35
    - vertikales 7
    - Ziele 29, 32, 35, 81, 101
Markierung 59
Markt-
    - abgrenzung 20
      anteil 35, 59, 101, 104, 130
    - bearbeitung 101
    - Beschaffungs- 13
    - beziehungen 14
    - einführung 69
    - einführungsstrategie 73
    - einstufig 109
    - erfolg 72
    - erhaltung 16
    - erschließung 16
    - forschung 14, 41, 185
    - forschungsinstitut 25
    - kenntnis 206
    - Klassifikation 21
    - Konsumenten- 22
    - neuheit 68

- orientierte Unternehmensführung 13, 201
- orientierung 202
- Produzenten- 22
- reaktionsfunktion 37, 49, 106, 156, 200
- relevanter Markt 20
- segment 27, 36
- segmentierung 26
- selektion 82
- suche 16
- teilnehmer 19
- test 40, 45, 73, 88, 155
- typen 22
- unvollkommener 21
- vollkommener 21

Massen
- medien 146, 147
- markt 14, 104

Materialitätsgrad 23
Matrixorganisation 209

Media
- analyse 159, 160
- gattung 146

Mediaselektion 82, 146
- Inter- 144, 147
- Intra- 147

Median 46
Mediennutzung 27
Mehrliniensystem 203

Mengen-
- anpassung 111
- dimensionierung 17

Messe 130, 150
Messniveau 42
Methode 6-3-5 71, 78
Mischkonzern 64
Mittelwert 46

Modelle
- mono- und polyinstrumental 139
- statisch und dynamisch 139, 200

monadischer Test 72
Monopol 109
Monopolistischer Bereich 116
morphologischer Kasten 71
Motiv 27, 156
Motivation 35, 152

mündliche Befragung 41
Multimedia 130
multivariate statistische Verfahren 48
Mund-zu-Mund-Werbung 154

N

Nachfrage
- elastische, unelastische 104, 108
- schwankung 150, 192
- verbund 77

Neumarke 62
Neuproduktideen
- bewertung, -prüfung 71
- gewinnung 69

Niederlassung 175
Nutzen
- begründung 142
- botschaft 142
- Geltungs- 68
- stiftung 67
- vorstellung 27
- versprechen 132
- Zusatz- 68

O

Objektorientierung 202
One-stop-shopping 77
optische Zeichen 143
Organisation
- Aufbau- 202
- eindimensional 204
- funktionale 202
- Key-Account- 206
- mehrdimensional 204
- Objekt orientierte 202
- Produkt orientierte 205
- Regionen orientierte 207
- Unternehmens- 202

P

Panel
- daten 121
- forschung 44

Partial-
- model 159
- test 72
Partizipationseffekt 77
Passantenbefragung 43
Patent 105
Penetrationsstrategie 74, 104
Personalkosten 136
Personale Zielung 136
Philosophieaspekt 16
Plakat 143, 148
Planungsprozess 41, 134
Platzierung 160
Point of Purchase 151
Point of Sale 118
Polypol 113
Portfolioanalyse 82, 179
Positionierung 132, 142
Potentialausschöpfung 152
Präferenzen 29, 35, 113, 116, 152, 156
- Risiko- 30
- Zeit- 32
- Ziel- 31, 32
Preis
- Absatz-Funktion (PAF) 106, 120
- ausschreiben 153
- bereitschaft 103, 121
- bestimmung 84, 105, 117, 122
- bestimmung im Monopol 109
- bestimmung im Polypol 113
- bildung 94
- bildung zweistufig 17
- bindung 182
- elastizität der Nachfrage 107
- empfehlung 16
- experimente 121
- Gleichgewichts- 113
- Höchstpreis 106
- leistung-Verhältnis 118
- niveaustrategien 103
- politik 36
- politischer Ausgleich 103
- politischer Spielraum 116
- politische Strategien 101
- strategien 101

- verhalten 27
Preisdifferenzierung 101, 197
- personelle 102
- bündelung 102, 103
- räumliche 102
- zeitliche 102
Premiumprodukt 177
Primärforschung 44, 120
Produkt
- differenzierung 74
- eigenschaften 121, 142
- einführung 91
- eliminierung 76, 93
- gestaltung 66
- innovation 62, 68, 197
- kategorie 68
- lebenszyklus 85, 91
- listung 152
- Management 208
- modifikation 68, 74, 86, 89
- nutzen 68
- platzierung 152
- präferenz 45
- qualität 40, 199
- test 72, 88, 155
- variation 74, 197
- varianten 17
- wahl 27
Produktion 15
Produktions-
- kapazität 105
- kosten 156, 199
Prognose 18
- Entwicklungs- 49
- methoden 49
- instrument 72
- verfahren 49
- wert 83
- Wirkungs- 49
Prognostizierbarkeit 33
Programm
- breite 65
- politik 77
- strukturanalyse 92
- tiefe 65

Promotion 151
- Außendienst- 151
- Händler- 151
- Handels- 151
- Verbraucher 151
Provision 186, 190
psychische Prozesse 130
Public Relations (PR) 130
Publikumszeitschrift 148
Pull-Strategie 179
Push-Strategie 179
Punktbewertungsverfahren 71, 75, 81, 148, 159, 179, 184

Q

Qualität
- objektive 66
- subjektive 66
Querschnittsanalyse 40, 50, 155
Quotenauswahl 43

R

Rabatt 165
- Barzahlungs- 118
- Bonus 118
- Funktions- 118, 180
- gesetz 117
- höhe 119
- Mengen- 118
- politik 117
- Treue- 119
- Verbraucher- 119
- Zeit- 119
Rack-Jobber-Großhandel 176
Raumüberbrückung 186
Reaktions-
- geschwindigkeit 21, 113
- koeffizient 26
Reason why 142
Recall 72
Recognition Test 72
Regalplatzsicherung 118
Region 207

Regressionsanalyse 40, 48, 50
Reichweite 161
- Brutto- 163
- Netto- 164
Reife 91
Reisender 183, 190
Response 27
Ressourcenverteilung 206
Rezipient 160
Risiko 87, 104
Rücklaufquote 43
Rundfunk 143

S

Sachgüter 23
Sättigung 91
Sättigungsmenge 106
Saison
- rabatt 119
- schwankungen 150
Sales
- Folder 153
- Promotion 151
Scanner 188
Schaufensterwerbung 16
Schlüsselkunde 183
Schnelldreher 176
Schriftzeichen 143
Schulung 185
Scoring-Verfahren 81, 179, 174
Segmentierung 26
Sekundärforschung 44
Selbstkosten 122
Selektionsstrategie 173
Sensitivitätsanalyse 81
Shopping good 23
Sicherheit 30
Sicherheitsbestand 189
Situationsanalyse 18, 34, 41, 134
Skimming- Strategie 74, 104
Sonderkonditionen 153
Sortiment 65, 176
Sortiments-
- großhandel 176
- politik 16

Spezial
- geschäft 177
- großhandel 176
Spezialisierung 13, 204
Spot 143
Sprung-
- funktion 39
- werbung 135, 180
Stabsstelle 203
Standardabweichung 47
statistische Auswertung
- bivariate 47
- multivariate 48
- univariate 46
Steuerungsfunktion 129
Stichprobe 42
Stimulierungsstrategie 179
Stimulus-(Organismus-)
Response-Ansatz 26, 27
Store-Test 121
Strategieaspekt 16
Strategien
- distributionspolitische 173
- kommunikationspolitische 130
- leistungspolitische 59
- preispolitische 101
Streckengroßhandel 178
Streuplan 149
Streuungsparameter 47
Strukturbruch 51
Stückkosten 104
Substituierbarkeit 197
Sucheigenschaft 24
Supermarkt 177
Synektik 71

T

Tachistoskop 156
Tankstellen-Shop 177
Tausendkontaktpreis 149, 160
Teil-
- erhebung 42
- kostenrechnung 93, 94, 123
Test-
- markt 121
- verfahren 69

Tiefeninterview 156
Timing 133
Tonality 132
Tonbildschau 153
Tracking-Forschung 44
Trade-off 121
Training 185
Transaktionen 14
Transport-
- kosten 189
- mittel 189, 191
- weg 189
Trend-
- extrapolation 50
- prognose 49
Treue-
- marken 119
- rabatt 119
Triffin'scher Koeffizient 20
TV 148
Typologie 27

U

Ubiquität 177
Überschneidungen 162, 165
- externe 162, 165
- interne 163, 165

Umsatz-
- funktion 107
- kritischer 190
- maximierung 111
- strukturanalyse 92
Umwelt 34
Unique Selling Proposition 132, 142
Universalvertrieb 177
Unsicherheit 30
Unternehmens-
- grundsätze 201
- führung 15, 201
- neuheit 68
- organisation 202
- philosophie 15

V

Value-Added Service 67, 75
Varianz 47
Verbraucher
    - markt 177
    - Promotion 151
Verbundeffekte 77, 92
Verfahrensvergleich 191
Vergessenseffekte 150
Verhaltens-
    - absicht 165
    - aspekt 16
Verhältnisskala 42
Verkaufsförderung 130
    - Arten 151
    - Maßnahmen 153
    - Ziele 152
    - Zielgruppen 153
Verkäufer 183
    - förderung 151
Verkaufs-
    - gebiet 184
    - organisation 153
    - ort 77
    - personal 185
    - quote 185
    - route 185
    - wettbewerb 186
Verpackung 17
Verpackungs-
    - gestaltung 79
    - präferenz 45
Verrichtungsprinzip 202
Versand
    - haus 177
    - menge 191
Verschlüsselung 143
Verteilungsproblem 139
Vertikale
    - Absatzkanalstruktur 173
    - Kette 135
    - Zielung 135
Vertragshändler 182
Vertrauenseigenschaft 24
Vertreter 183

Vertrieb
    - Allein- 181
    - direkter 38, 174
    - einstufiger 174, 175
    - exklusiv 177
    - indirekter 38, 174, 175
    - intensiver 177
    - Kommissions- 181
    - mehrstufiger 174, 175
    - selektiver 177, 181
Vertriebs-
    - bindung 181
    - kapazität 105
    - kosten 175, 176
    - weg 173
Voll-
    - erhebung 42
    - kostenrechnung 93, 94, 122
    - kommenheitsgrad 21
    - test 72
Vorausbestellungsrabatt 119

W

Wachstum 91
Wahrnehmung 27, 35, 130
Waren
    - haus 177
    - probe 153
    - verteilungssystem 188
Weisungsbefugnis 203
Werbe-
    - agentur 25, 199
    - analyse 160
    - argumente 140
    - botschaft 140, 142
    - budget 37, 136
    - druck 150
    - erfolgskontrolle 134
    - erfolgsmessung 154
    - film 143
    - gestaltung 79, 136, 199
    - konstante 132, 140
    - kosten 157
    - kostenzuschuss 180
    - kontakte 39, 160
    - medium 146

- objekt 134
- planung 133
- wirkung 165
- wirkungsmessung 154
- ziele 138

Werbemittel 142, 143
- größe 160
- kontakt 130, 160

Werbeträger 142, 143, 146
- auswahl 146, 159
- kontakt 130, 160
- kombination 149

Werbung 133
- mit Bildern 144
- Zielgruppe 135

Wertschöpfungskette 64
Wettbewerbsvorteil 142
Wiederbeschaffungszeit 189
Wiedererkennungs-
- test 155, 156
- wert 145

Wiederkauf 59
Wiederverkäufer 118
Willkürliche Auswahl 43
Wirkungs-
- kategorien 130, 155
- prognose 40, 49, 51
- Sprungfunktion 39

Wirtschaftlichkeitsanalyse 72, 83
Wissen 35, 130, 152
Wochenmarkt 19

Z

Zahlungsüberschuss 85
Zeichen 143
- akustisch 143
- optisch 143
- Bild - 143
- Schrift- 143

Zeitlicher Einsatz 143
Zeitschrift 148
Zeitstabilitätshypothese 51
Zeitüberbrückung 186
Zeitung 148
Zentrallager 188
Ziele 29
- der Distributionspolitik 173
- der Kommunikationspolitik 130
- der Leistungspolitik 59
- der Preis- und Konditionenpolitik 101
- der Verkaufsförderung 152

Ziel-
- dimension 35
- erreichungsgrad 30
- funktion 156, 164, 199
- gewichte 32
- gruppe 26, 135, 151
- person 149, 152
- präferenz 31, 32

Zuschlagskalkulation 122
Zufallsauswahl 42
Zurechungsprobleme 154
Zusatznutzen 68
Zustell-Großhandel 177
Zweitplatzierung 153

informit.de, Partner von Pearson Studium, bietet aktuelles Fachwissen rund um die Uhr.

www.informit.de

In Zusammenarbeit mit den Top-Autoren von Pearson Studium, absoluten Spezialisten ihres Fachgebiets, bieten wir Ihnen ständig hochinteressante, brandaktuelle deutsch- und englischsprachige Bücher, Softwareprodukte, Video-Trainings sowie eBooks.

wenn Sie mehr wissen wollen ...

www.informit.de

Das europäische Konsumentenverhalten, fundiert und umfassend dargestellt

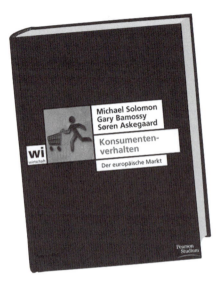

Dieses Buch untersucht die verschiedenen Aspekte des europäischen Konsumentenverhaltens. Die Autoren zeigen anhand von zahlreichen, speziell für diese Ausgabe ausgewählten Beispielen, wie zentral die Rolle des Konsumentenverhaltens für die Formulierung von erfolgreichen Marketingstrategien ist. Der sorgsam durchdachte didaktische Aufbau der Kapitel und die Konzentration auf die europäische Verbraucherkultur heben dieses Buch aus der Menge ähnlicher Lehrwerke hervor.

Konsumentenverhalten
Michael Solomon
ISBN 978-3-8273-7004-4
49.95 EUR [D]

Pearson-Studium-Produkte erhalten Sie im Buchhandel und Fachhandel
Pearson Education Deutschland GmbH
Martin-Kollar-Str. 10-12 • D-81829 München
Tel. (089) 46 00 3 - 222 • Fax (089) 46 00 3 -100 • www.pearson-studium.de

Manche Dinge werden immer besser...

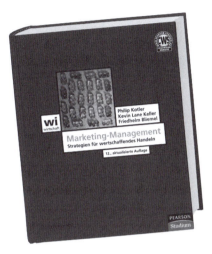

Mit dieser neuen, vollständig aktualisierten vierfarbigen 12. Auflage von „Marketing-Management" gelingt es Philip Kotler, Kevin L. Keller und Friedhelm Bliemel, das gesamte Spektrum des Marketing umfassend, handlungsorientiert und branchenübergreifend darzustellen. Die Autoren präsentieren Neu- und Weiterentwicklungen der Marketingtheorie sowie zahlreiche Beispiele aus der Unternehmenspraxis.
„Marketing-Management" genießt im deutschsprachigen Raum ein einzigartiges Renommee und wird gleichermaßen als Lehrbuch wie als Nachschlagewerk geschätzt. Es liefert das Wissen, um sich den Herausforderungen der Zukunft erfolgreich stellen zu können.

Marketing-Management
Philip Kotler; Kevin Keller; Friedhelm Bliemel
ISBN 978-3-8273-7229-1
49.95 EUR [D]
4-farbig

Pearson-Studium-Produkte erhalten Sie im Buchhandel und Fachhandel
Pearson Education Deutschland GmbH
Martin-Kollar-Str. 10-12 • D-81829 München
Tel. (089) 46 00 3 - 222 • Fax (089) 46 00 3 -100 • www.pearson-studium.de

Moderne Unternehmensstrategien analysieren und entwickeln

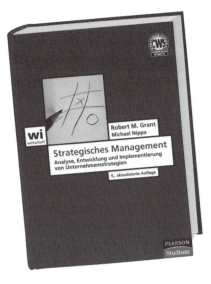

Dieser internationale Klassiker zur Unternehmensstrategie erklärt umfassend und praxisnah die theoretischen Grundlagen und Methoden der Wettbewerbsanalyse und strategischen Unternehmensführung. Die konsequente Orientierung an der Frage, wie sich durch überlegene strategische Analysen und eine effiziente Implementierung nachhaltige Wettbewerbsvorteile erzielen und aufrechterhalten lassen, erleichtern die Erschließung dieses komplexen und dynamischen Bereichs der Wirtschaftswissenschaften. Die englische Originalausgabe „Contemporary Strategy Analysis" von Robert M. Grant wird weltweit an vielen führenden Business Schools und wirtschaftswissenschaftlichen Fakultäten eingesetzt.

Strategisches Management
Robert Grant; Michael Nippa
ISBN 978-3-8273-7220-8
49.95 EUR [D]

Pearson-Studium-Produkte erhalten Sie im Buchhandel und Fachhandel
Pearson Education Deutschland GmbH
Martin-Kollar-Str. 10-12 • D-81829 München
Tel. (089) 46 00 3 - 222 • Fax (089) 46 00 3 -100 • www.pearson-studium.de

Jetzt werden Sie zum Börsenprofi!

Optionen, Futures und andere Derivate
John Hull
ISBN 978-3-8273-7142-3
69.95 EUR [D]

Lösungsbuch: Optionen, Futures und andere
John Hull
ISBN 978-3-8273-7214-7
29.95 EUR [D]

Es gibt nur wenige Management-Bücher, die weltweit ein so hohes Renommee genießen wie dieses vorliegende Werk. In beeindruckender Weise verbindet der Autor den theoretischen Anspruch des Akademikers mit den praktischen Anforderungen der Bank- und Börsenprofis. Die einzigartige Herangehensweise bei der Darstellung und Bewertung von Derivaten führte dazu, das John Hull's Buch auch als die „Bibel" der Derivate und des Risikomanagements angesehen wird. Anfänger schätzen dieses Buch aufgrund seiner behutsamen Heranführung an das Thema und den umsichtigen Einsatz der Mathematik. Fortgeschrittene Leser werden den gut strukturierten Text gerne als Nachschlagequelle benutzen.

Pearson-Studium-Produkte erhalten Sie im Buchhandel und Fachhandel
Pearson Education Deutschland GmbH
Martin-Kollar-Str. 10-12 • D-81829 München
Tel. (089) 46 00 3 - 222 • Fax (089) 46 00 3 -100 • www.pearson-studium.de